공수처,
아무도

가지 않은 길

공수처,
아무도 ——— 가지 않은 길

초대 공수처장이 말하다

김진욱 지음

알에이치코리아

이 책의 저자인 김진욱 초대 공수처장은 사법연수원생이던 1991년 8월 나를 지도교수로 하여 서울대학교 대학원에서 민법 전공으로 석사학위를 취득하였다. 그 후 그는 서울지방법원 판사, 김앤장 변호사, 헌법재판소 재판연구관 등을 거치면서 조금씩 '큰 법률가'로 성장해 갔다. 그 과정에서 그의 관심은 '국가와 개인의 관계'라는 주제로 조금씩 심화되어갔다. 그는 어떠한 문제라도 기존의 통념 또는 다수의 견해에 얽매이지 않고 자신의 기준과 가치로 끝까지 파고드는, 법률가로서의 중요한 덕성을 지녔다. 그의 경력의 정점은 2021년 1월에 임명되어 3년의 임기를 채운 고위공직자범죄수사처의 처장직이라 하겠다.

김진욱 초대 공수처장이 그동안의 경험과 사색을 밑바탕으로 하여 여기 한 권의 책을 내놓는다. 그것은 대한민국 국민인 우리 각자가 국가와 어떠한 관계에 있는가 하는, 쉽다고는 말하기 어려운, 그러나 모든 국민에게 핵심적으로 중요한 문제를 다룬 책이다. 이 중요한 문제를 가능한 한 다양한 각도에서 가능한 한 평이하게, 그리고 여러 가지 실제 예를 들어가며 설명한다. 공수처는 그 중에서 하나의 대상을 이룬다.

　　그러므로 법을 꼭 전공하지 않았더라도 이 책은 어렵지 않게 읽을 수 있으리라 믿는다. 여러분에게 아무런 유보 없이 이 책의 일독을 권한다.

양창수 서울대 명예교수, 전 대법관

머리말

인공 지능AI : Artificial Intelligence이 전 세계적으로 화두가 되고 있다. 최근 챗GPTChat GPT와 같은 대화형 인공 지능이 속속 출현하면서 AI가 인간이 쓰는 자연 언어를 고등교육 받은 사람 이상으로 잘 구사하면서 순식간에 논문 작성은 물론이고 수준 높은 곡을 작곡하거나 그림을 그리는 등의 성과를 보이자 사람들이 충격을 받기 시작했다. 인간이 만든 기계의 지능이 인간 지능에 버금가는 정도가 아니라 완전히 넘어서는 시대가 조만간에 도래할지도 모른다.

그러나 세계적 언어학자 노암 촘스키Noam Chomsky가 〈뉴욕타임스〉 기고에서 지적한 것처럼, 현재 대화형 인공 지능은 많은 양의 데이터를 받아들여 일정한 패턴을 찾고 이를 이용해 인간이 작업한 것과 유사한 산출물을 인간이 사용하는 자연 언어로 내놓는 것에 불과하고, 인간처럼 옳고 그름에 대해 사고하고 판단하는 능력이 없어서 진정한 지능true intelligence이라 할 수 없다는 비판도 있다.

여기서 촘스키는 옳고 그름의 문제를 도덕적 문제로 보았지만 단지 도덕의 차원이 아니라 법의 문제가 될 수도 있다. 예컨대, 살인하지 말라거나 남의 물건을 도둑질해서는 안 된다는 것은 도덕의 문제인 동시에 법의 문제, 법 위반의 문제가 될 수 있기 때문이다.

사과가 땅에 떨어진다거나 사람이 음식을 먹지 않으면 죽는다는 것은 선택의 여지가 없고 자연적으로 그렇게 되는 사실fact의 문제, 사실의 영역이다. 그러나 사람은 물리적 존재인 동시에 정신적 존재로 어떤 행위를 마땅히 해야 한다거나 해서는 안 된다는 생각에 따라서 자기 행위를 선택하고 결정하는 존재이다. 이런 점에서 인간에게는 자연법칙이 아닌 다른 법칙도 있는데 올바른 행위와 그릇된 행위를 구분하고 올바른 쪽을 선택하는 규범의 법칙 말이다. 그리고 이처럼 올바른 행위와 그렇지 않은 행위를 판단하여 구분하고 올바른 행위이기 때문에 그 행위를 한다는 것은 자연적으로 그렇게 되는 사실 차원의 문제가 아니다. 인간의 자유의지와 선택이 개입되는 당위norm의 영역이다.

우리 헌법은 "대한민국은 민주공화국이다."라고 시작한다. 헌법 제1조 제1항의 규정이다. 이 간단한 문장은 A는 B라는 사실명제, 즉 사실 영역의 진술처럼 보인다. 그러나 실제로는 ~

해야 한다는 규범을 진술한 당위명제(또는 규범명제)이다. 문장의 형태로는 사실명제 같지만 실제로는 "대한민국은 민주공화국이어야 한다."라거나 "대한민국은 민주공화국으로 만들어가야 한다."라는 당위를 진술한 명제라는 말이다. "대한민국은 민주공화국이다."의 당위명제로서의 성격은 지금부터 100년도 더 지난 1919년 4월 11일 대한민국 임시정부 임시의정원이 임시헌장(헌법)을 반포하면서 "대한민국은 민주공화제로 함."으로 시작한 것을 보면 더욱 분명하다.

그리고 여기서 민주공화국의 의미는 민주의 원리와 공화의 원리에 입각한 나라로서 주권자인 국민이 대의기관을 통해 다스리는 정치체제(대의민주주의)이면서 사람에 의한 자의적 지배가 아니라 입법부가 제정하고 행정부가 집행하며 사법부가 판단하는, 합리성과 객관성을 토대로 한 법이 지배하는 나라로 새김이 옳을 것이다. 프랑스 대혁명의 이론가 루소가 『사회계약론』에서 어떤 나라이든 법이 지배하는 나라를 공화국으로 부른다고 했던 의미대로 말인데, 그렇게 될 때 공화국republic의 라틴어 원어 레스 푸블리카res publica 즉 '공적인 것들'의 의미에 충실하게 집권자나 집권층의 부분적 이익이 아니라 국민 전체의 공적인 이익을 추구하는 국가가 될 것이다.

2021년 1월 21일 출범한 고위공직자범죄수사처('공수처')의 초대 처장으로 취임한 직후 관훈클럽의 초청을 받았다. 망설임 끝에 수락하고 2월 25일 열린 관훈포럼에서 '민주공화국과 법의 지배'를 주제로 기조 발제하고 질의응답도 했다. 이 주제는 사실 3년 임기 내내 고민했던 주제였다. 신설기관 공수처가 대한민국의 법의 지배 확립에 중요한 역할을 할 것이고, 또 해야 한다고 확신했기 때문이다. 사실 '법의 지배rule of law'란 말이 1885년 처음 만들어져 인구에 회자할 때 그 첫 번째 의미는, 제정되고 공포된 법의 명백한 위반이 법원에서 인정되는 경우에만 처벌이 가능하다는 의미였다. 법의 지배가 구현되어야 하는 첫 번째 영역이 형사사법이라는 말로 이해할 수도 있다.

정의 이외에 그 어떤 것도 법의 목적이 될 수 없다는 말처럼, 우리 사회가 힘이 지배하는 사회가 아니라 법이 지배하는 사회로 불리려면 형사사법에서 정의가 반드시 구현되어야 한다. '각자에게 자기 몫을 주고자 하는 한결같고 영속적인 의지'라는 정의justice에 대한 로마법대전의 고전적 정의에 맞게 지위 고하를 막론하고 범죄에 상응한 처벌이 수반되어야 하는 것이다.

그러나 그동안 우리 사회에서는 '유전무죄, 무전유죄'라는 말, '권력형 비리'라는 말이 인구에 회자하면서 소위 힘 있는 사람, 권력을 가진 사람이 수사나 재판을 통해 제대로 처벌받지 않았다는 문제의식이 오랫동안 존재해 온 것이 사실이다. 이런 문제의식이 공수처 설립을 가져왔다면 공수처가 그런 설립 취지에 맞게 제대로 작동하고 기능하여 우리나라가 힘이 지배하는 나라가 아니라 법이 지배하는 나라가 되는 데에 중요한 역할을 해야 할 것이다. 그러나 초대 처장으로서 3년 임기를 마치고 되돌아보니 국민 여러분의 높은 기대에 걸맞게 수사와 공소 업무 등을 수행해 왔는지 많은 부족함과 한계를 느끼고 늘 송구한 마음이다. 앞으로 시간이 좀 걸리더라도 공수처가 국민께서 중요하다고 생각하시는 사건에서 국민께서 납득하실 만한 성과를 한 건 두 건 축적하면서 국민 여러분의 기대를 충족시켜 드릴 날이 올 것으로 생각한다.

사실 필자는 형사사법은 물론이고 법과 별 상관이 없던 사람이었다. 법은 딱딱하고 재미없고 매일매일의 일상생활과도 동떨어진, 나와 상관없는 법률가들의 일일 뿐이라는 생각을 가진 역사학도였다. 그러다가 우연히 법학 과목을 수강해 듣다가 법에 대한 그런 선입견이 잘못됐다는 점을 깨닫고 내친김에 전공을 바꾸었고, 그 뒤 법조인이 되어 법률실무에 종사한 지 33년쯤 되었다. 법 없이 살던 삶에서 법과 더불어 사는 삶으로 변모한 것이다.

필자가 초대 공수처장이 되기 전에는 판사로서 형사재판을 1년 정도 했을 뿐이고, 헌법재판소에 입사하기 전 14년 동안은 주로 개인이나 기업들 사이의 각종 민사 분쟁 사건을 다뤘다. 판사와 변호사로 일할 때 현행법(법률)은 그냥 주어진 것이지, 그 정당성이나 유효성에 의문을 가지면서 일하지는 않았다. 법률가들은 대개 자신이 담당하는 사건에서 현행법을 해석하고 적용할 뿐이지 그것이 나중에 무효로 될 가능성까지 염두에 두고 일하지는 않기 때문이다. 그러나 헌법재판에 관여한 11년 동안 헌법을 정점으로 한 우리나라의 전체 법질서(헌법질서)에 비추어볼 때 개별 법률이나 법률조항이 정당하고 유효한지는 당연한 것이 아니고 따져보아야 할 문제라는 점을 알게 되었다. 헌법과 법의 지배의 관점에서 말이다.

2017년 문재인 정부가 들어서면서 공수처 설립 움직임이 가시화되고 논란 끝에 2019년 12월 30일 공수처법이 국회 본회의를 통과했지만, 필자가 초대 공수처장이 되리라고는 꿈에도 생각하지 못했다. 2020년 11월 초대 공수처장 후보 11명 중 하나가 되기는 했지만, 최종 후보 2인에 들 것으로 생각하지도 않았다. 그렇지만 오랜 역사를 가진 대법원과 1988년 신설된 헌법재판소 간에 견제와 균형의 원리가 잘 작동하여 국민의 자유와 권리가 보다 잘 보장되는 것처럼 검찰과 공수처 역시 향후 시간은 좀 걸리더라도 결국 견제와 균형의 상생 관계가 되리라고 생각했고, 그렇다면 헌법재판소에 오래 근무한 경험이 도움이 될 수도 있겠다는 생각이 들어 후보 추천에 응했다. 국회의장 산하 공수처장 후보 추천위원회에서 두 달간의 우여곡절 끝에 최종 후보 2인에 들었고 2020년 12월 말 초대 공수처장 후보자로 지명받았다. 인사청문회를 거쳐 2021년 1월 21일 초대 공수처장으로 취임한 뒤 2024년 1월 20일 3년의 임기를 마쳤다. 돌아보면 우리나라에서 형사사법이 크게 변모하는 격동기에 공수처라는 새로운 조직의 책임자로서 우리나라의 형사사법 전체를 조망할 수 있는 위치에 있었다. 하지만 신설기관 공수처가 그동안 국민 여러분의 높은 기대와 눈높이에 제대로 부응하지 못한 점 늘 송구한 마음이다.

이 책은 필자가 판사로, 로펌의 변호사로, 헌법재판소 연구관으로, 또 초대 공수처장으로 일하면서 생각하고 고민했던 법과 관련된 중요한 주제들 — 우리 사회에서 법이란 무엇인가? 정의와 공정이란 무엇인가? 대한민국은 법이 지배하는 나라인가? — 에 대해 나름대로 정리해 본 내용이다.

과거 유교 도덕이 지배하던 전통사회에서처럼 법 없이 사는 삶이 이상적인 삶으로 평가받은 적도 있었지만, 지금처럼 사회가 복잡해지고 전 세계적으로 실시간 연결되는 초연결 사회에서는 더 이상 법 없이, 법에 대해 신경 쓰지 않고 사는 삶은 이제 불가능해졌다. 과거에 법 없이도 살 사람조차도 법과 더불어 살아야 하는 시대가 된 것이다. 법과 더불어 살아가야 한다면 누구나 법의 기본적인 내용은 알아야 한다. 이런 점에서 법을 전공하려고 하거나 법률가가 되고자 하는 사람들뿐만 아니라 법에 관심을 가지고 법에 대해 알고자 하는 사람들이 법과 관련하여 한 번쯤은 생각하고 고민할 만한 중요한 쟁점들을 폭넓게 다루는 책이 있었으면 했다. 그런 책을 쓰고자 했고, 책을 쓰면서 동양과 서양, 그리고 옛날과 오늘날 법을 둘러싼 문제들을 바라보는 다양한 시각을 제공한다는 관점에서 필자의 역량이 허락하는 대로 되도록 고전을 많이 인용하고자 했다.

지난 1월 중순 초대 공수처장직에서 퇴임한 뒤 변호사 업무를 하지 않고 지금까지 집에서 쉬면서 이 책을 썼는데, 책의 내용을 간략히 소개하면 다음과 같다. 1장과 2장은 법이란 무엇인가를 주제로, 과거에 법 없이 사는 삶을 높이 평가하던 사회에서 모든 것을 이제 법대로 하는 사회로 급격히 변모 중인 우리 사회를 살펴보았다. 3장과 4장에서는 지난 수십 년 동안 민주화와 경제성장을 동시에 이룩한 한국 사회에서 이제 물어야 할 중요한 질문, 정의와 공정이란 무엇인가라는 우리 시대의 화두를 다루고자 했다. 5장과 6장에서는 대한민국이 과연 법이 지배하는 나라인지 물으면서 법의 지배의 핵심 중 하나인 형사사법의 변모 과정을 살펴보았다. 마지막으로, 우리나라 형사사법에서 중요한 일익을 담당하게 된 공수처 관련된 이슈들은 편집부의 제의로 마련된 대담에서 다루고자 했다. 대담을 진행해 주신 오병두 한국형사정책학회장, 이 책 출간에 애써 주신 알에이치코리아 양원석 대표와 편집부 여러분께 감사의 말씀을 드린다.

평소에 존경하는 도산 안창호 선생께서 "진리는 반드시 따르는 사람이 있고, 정의는 반드시 이루어지는 날이 있다."라고 말씀했는데 시간이 좀 걸리더라도 이 땅에 정의와 공정을 요체로 하는 법이 지배하는 날이 반드시 올 것임을 확신한다.

2024년 8월 말
김진욱

모리말

차례

제1장 — 법 없이도 살 사람

제2장 ── 법이란 무엇인가

제3장 ─ 정의와 공정

제4장 ── 대한민국은 정의롭고 공정한가

제5장 ── 법의 지배와 법치주의

제6장 — 민주공화국의 법의 지배와 형사사법

Q&A — 공수처장이 말한다

제1장

법 없이도 살 사람

법 없이도 살 사람

우리나라 사람들이 법과 관련해 흔히 쓰는 말로 '법 없이도 살 사람'이란 말이 있다. 우리 사회에서 어떤 사람을 '법 없이도 살 사람'으로 지칭할 때는 좋은 의미로 이 말을 쓰는 것이 보통이다. 착한 사람, 선한 사람의 대명사로 말이다. 행실이 본래 올바르고 착해서 굳이 '법'으로 강제하지 않아도 사람 된 도리를 잘하면서 남에게 피해를 주는 일도 없이 사는 좋은 사람의 의미로 말이다.

법 없이도 살 사람은 법을 통한 강제가 필요 없을 정도로 착한 사람이라는 것이니 여기서 '법'이란 어떤 명령이나 강제, 이를 통해 사람들을 구속하는 것으로 우선 상정해 볼 수 있다. 그리고 여기서 명령하고 강제하고 구속하는 주체는 물론 국가이다. 학교에도 법이 있고(학칙), 교회에도 법이 있지만(교회법), 여기서 법은 국가권력을 배경으로 한 법이다.

법 없이도 살 사람은 법으로 강제하지 않아도 올바른 말과 행동, 사람들에게 칭찬받을 만한 말과 행동을 하는 사람이다. 그런 말과 행동을 통해서 다른 사람에게 절대 피해를 줄 리도 만무하다. 이에 반해서 법이 있어야 하는 사람은 법으로 강제해야 하는 사람이다. 법 없이도 살 사람이 법을 통한 강제가 필요 없는 자율적인 사람이라면, 법이 있어야 하는 사람은 법에 의한 강제가 필요한 타율적인 사람이다.

오랫동안 유교의 이념이 지배했던 우리나라와 중국에서 법에 따라서 사는 삶은 그리 좋은 삶으로 평가되지 않았다. 유교 사회에서는 법보다는 예禮와 덕德에 따라서 사는 삶, 즉 법이 아니라 도덕에 따라 사는 삶을 높이 평가하고 이상으로 삼았다. 또 국가에서 법法이라고 하면 주로 형사법이나 처벌 위주로 운용했다. 이런 유교 사회가 그동안 법 없이도 살 만한 도덕적인 사람의 양성을 목표로 삼고 사회적으로 높은 평가를 해 왔다고 볼 수 있다. 이런 유교 사회에서는 법은 없이 살아도 되는 것이고, 법 없이 사는 삶이 이상적인 삶이라는 일종의 사회적인 공감대가 있었다.

한국인의 법의식

우리나라 사람들이 '법'을 명령이나 강제로, 사람들에게 의무나 부담을 지우고 구속하는 존재로 인식한다는 것을 잘 보여주는 자료가 있다. 한국인들이 법을 어떻게 인식하는지 조사·연구한 최근 자료로 국책 연구기관 한국법제연구원의 2021년 국민 법의식 조사가 있다.

우리나라 사람들이 법이라는 말을 들었을 때 어떤 생각이 드는지, 법에 대한 인식을 먼저 물었다. 이 조사에 따르면, 법이란 말을 들었을 때 권력이나 권위, 질서 등을 떠올린 사람들이 가장 많았다. 사람들이 법을 권력이나 권위와 동일시한다는 것이다. 권력이나 권위를 가진 사람이 명령하고 강제하는 것을 법으로 본 것이다. 사람들이 법을 자유나 평등, 정의 등을 주장할수 있는 근거로 보기보다는 권력자가 내리는 명령이나 강제로 인식해 왔다는 것인데, 사람들의 법에 대한 인식이 이런 식이었다면 법을 가까이하기보다는 당연히 멀리하려고 했을 것이다.

한국 사람들의 법에 대한 이런 인식과 법 없이도 살 사람이 착한 사람, 선한 사람이란 인식은 서로 잘 연결된다. 법을 가급적 피해야 할 대상으로 보면 법과 상관없이 사는 삶을 좋은 삶으로 보게 되고, 그러면 '법 없이 살 사람'이 좋은 사람으로 평가되는 것이다.

그런데 '법 없이도 살 사람'이라는 명제의 당연한 전제는 법없이 사는 것, 법 없이 잘 사는 것이 얼마든지 가능하다는 것이다. 이것은 전통적인 유교 사회의 법 인식처럼 '법'을 사람들에게 어떤 행위를 하라거나 하지 말 것을 명령하고(행위명령이나 금지명령), 이에 위반하면 죄를 정하고 처벌함으로써 법의 이행을 강제하는 것으로 좁게 볼 때나 가능한 논리이다.

그러나 현대 사회에서 법은 그런 식의 제한된 역할만 수행하는 것이 아니다. 훨씬 폭넓은 역할과 기능을 하고 있다. 국가와 같은 공동체를 조직하고 운영하는 데 법이 필요한 것은 물론이고, 개인이나 단체가 어떤 권리나 권한을 주장하는 데에도 법은 꼭 필요하다.

경제개발 시대에 청계천 봉제공장에서 일하던 노동운동가 전태일이 1970년 마지막으로 외쳤던 말은 "근로자들을 일요일은 쉬게 하라, 근로기준법을 준수하라."는 것이었다. 근로기준법을 공부하고 근로자의 휴식권 등 여러 가지 권리가 법으로 보장된 사실을 알게 된 전태일은 법을 근거로 노동자의 권리를 주장해 반향을 일으켰다.

또한 법은 사람들이나 단체들 사이에서 권리·의무에 관한 분쟁이 생겼을 때 어떤 기준과 절차에 입각해 분쟁을 해결할지를 정할 때에도 반드시 필요하다.

이처럼 법이 있어야, 법적인 근거나 기준이 있어야 국가를 조직하고 운영할 수 있고, 개인이나 단체가 자신의 권한이나 권리를 주장할 수 있으며, 분쟁이 생겼을 때 이를 해결할 수도 있다. 그리고 이렇게 나라가 법에 근거해서 법에 따라 운영될 때 법이 다스리는 나라라고 부른다.

　우리가 사는 사회는 이제 나날이 복잡해지면서 현재 법이 수행하는 역할이나 기능은 과거 전통사회에서의 법의 역할이나 기능과 비교할 수조차 없다. 현대 사회에서는 선거제도나 정당제도같이 국가 운영에 관한 기본 제도뿐만 아니라 사법제도나 검찰제도, 가족제도, 결혼제도, 상속제도, 보험제도, 공교육제도, 회사제도 등 많은 제도와 시스템을 헌법과 법률 등에 근거해 운영하고 있고 새로운 것들도 속속 생기고 있다. 우리가 의식하든 의식하지 못하든, 우리는 이런 제도를 이용하고 있고 혜택도 받고 있다. 물고기가 물속에 살 듯이 사람이 법과 제도 속에 살고 있다고 해도 과언이 아니다.

　그렇다면 배가 갑자기 난파해 평생 혼자 무인도에서 살게 된 경우라면 몰라도 사람이 다른 사람과 사회를 이루고 함께 살면서 법 없이 사는 것, 더구나 오늘날처럼 복잡한 현대 사회를 법 없이 살아가는 것이 가능한지 의문이다. 더구나 세상은 점점 가까워지고 전 세계적으로 실시간 연결되는 초연결 사회가 되고 있지 않은가? 이런 상황에서 법을 무시하거나 법에 대해 무지한 태도로 법 없이 사는 삶은 좋은 삶이 되기도 어려울 것이다. 과거에 법 없이도 살 사람조차도 이제는 법과 더불어 살아야 하는 시대가 도래한 것이다. 법 없이 살 수 없고 법과 더불어 살아가야 하는 시대가 되었다면 누구나 법의 기본적인 내용은 알아야 한다.

세상에 이런 법이 있나요?

'법 없이도 살 사람'만큼이나 우리가 일상생활에서 많이 접하는 말이 있다. "세상에 이런 법이 있나요?"라는 말이다. 무언가 이치에 맞지 않는 일이 생기거나 잘못한 것도 없는데 부당한 일을 당해서 억울할 때 사람들이 흔히 제기하는 반응이다. 그런 법이 있다고, 그게 법이라고 하는 데에 대해, 자신은 법으로 받아들일 수 없다는 식의 반응이므로 정의롭지 못하거나 부당한 법의 문제로 볼 수도 있다. 자기가 알기에 세상에 '이런 법'은 없는데 그런 법이 있다고 하면서 그 법을 근거로, 아무런 잘못을 한 것도 없는 자신에게 책임을 지우거나 자신이 한 일보다 더 큰 책임을 지우니 억울해서 하는 말일 것이다.

아마 그 대표적인 경우가 '유전무죄, 무전유죄'의 법일 것이다. "돈 있는 사람은 죄가 없고, 돈 없는 사람은 죄가 있다."라는 뜻의 말이다. 영국의 시사잡지 〈이코노미스트The Economist〉는 '유전무죄, 무전유죄'를 'Yujeon mujwai mujeon yujwai'라고 알파벳으로 쓰면서 한국에서는 이 말이 하나의 명사처럼 쓰인다고 비꼰 적도 있다.

사실 우리 사회에서 "돈 있는 사람은 죄가 없고, 돈 없는 사람은 죄가 있다."라는 식의 법은 존재하지 않는다. 게다가 우리나라 헌법 제11조 제1항은 "모든 국민은 법 앞에 평등하다."라고 명시하고 있지 않은가? 우리 헌법은 '모든 국민'이 법 앞에 평등하다고 선언하지만 단지 국민 사이에서만 평등을 추구하는 것이 아니다. 외국인에 대해서도 불합리한 차별을 하지 않는다는 취지이다. 그렇다면 돈이 있으면 죄가 없고, 돈이 없으면 죄가 있다는 것은 이런 법 앞의 평등을 정면으로 부인하는 것이다.

이런 헌법 규정까지 굳이 거론하지 않더라도 법이 사람을 차별하지 않고 평등하게 적용되어야 한다는 것은, 법의 여신상이 두 눈을 안대로 가리고 있는 모습이라는 것을 들지 않더라도 너무나 분명한 법 원칙이고 상식이다.

그러나 대다수의 한국 사람들은 법이 실제로는 평등하게 적용되지 않는다고 생각한다. '유전무죄, 무전유죄'와 같은 법이 실제로 존재한다고 생각하는 사람이 많은 것이 현실이다. '유전무죄, 무전유죄'와 비슷하게 우리 사회에서는 그동안 소위 권력을 가진 사람들은 제대로 처벌받지 않거나 처벌을 피해 왔다는 문제의식도 존재해 왔다. 모든 사람이 법 앞에 평등하고, 법이 평등하게 적용된다는 것이 당연한 법 원칙이지만, 실제로는 법이 사람 차별하면서 불평등하게 적용되고 있다고 믿는 사람들이 여전히 많다.

어쨌든 사람들이 "세상에 유전무죄, 무전유죄 같은 법이 어디 있느냐?"라고 문제 제기하는 경우는, 법이 법으로 존재하지만 정의롭지 않고 부당한 경우와 법의 내용 자체는 문제가 없지만 법이 불평등하게, 차별적으로 적용되는 경우의 2가지일 것이다. 이런 법의 문제는 사실 어제오늘의 문제가 아니고 우리 사회만의 문제도 아니다. 법의 역사만큼이나 끈질기게 오래된 문제인지도 모른다.

유전무죄, 무전유죄의 법

'유전무죄, 무전유죄'가 만일 우리 사회에서의 법이라면 법전에 기록된 법이 아니라 불문의 법이라는 것인데, 이 말이 널리 확산한 계기가 된 사건이 있다. 1988년 10월 8일 영등포교도소에서 공주교도소로 이송 중이던 25명의 죄수 중 12명이 교도관을 흉기로 찌르고 탈주하여 서울 시내로 잠입한 사건이다. 주범인 지강헌의 이름을 따서 '지강헌 탈주 사건'으로 불린다.

당시에는 죄를 범한 사람으로서 재범의 위험성이 있고 특수한 교육·교화가 필요하다고 인정되는 경우 소정의 징역형의 형기를 다 마치고도 보호감호소에서 복역해야 하는 사회보호제도가 시행 중이었다. 이미 저질러진 범죄에 대한 처벌 차원이 아니라 그것을 넘어서서 재범의 위험성이 있는 사람이 또 저지를지도 모르는 범죄로부터 사회를 보호한다는 취지에서 교도소가 아니라 감호소에 사람을 구금하는 제도였다.

지강헌 등이 보기에 자신들은 이러한 부당한 법제도 때문에 560만 원 정도를 절도한 죄로 징역 7년을 복역한 것에 더해서 이보다 긴 10년의 보호감호를 포함하여 무려 17년을 복역해야 하는 상황이었다. 반면 당시 72억 원을 횡령한 전두환 대통령의 동생 전경환은 겨우 7년 형을 선고받았고 그나마 3년 만에 풀려났다. 그래서 너무 억울해서 탈주했다는 것이다.

이들 중에서 최후까지 잡히지 않고 있던 4명은 경찰의 검문을 피해서 서울 시내 여러 곳을 전전하다가 10월 15일 고 모 씨의 집에 잠입하여 그 가족을 인질로 잡았는데 그 인질극이 TV로 생중계되기도 했다.

인질극 중에 지강헌은 "돈 없고 권력 없이는 못 사는 게 이 사회다. 대한민국의 비리를 밝히겠다. 돈이 있으면 판·검사도 살 수 있다. 유전무죄 무전유죄, 우리 법이 이렇다."라면서 우리 사회를 강도 높게 비판했다. 사실 '유전무죄, 무전유죄'로 표현하기는 했지만 단지 돈이 없어서 높은 형을 받는다는 문제뿐만 아니라 권력(빽)이 없어서 불이익을 받는다는 문제제기도 한 것이다.

1980년 제정된 사회보호법은 형기를 모두 복역한 범죄인에 대해 당국이 재범의 위험성이 있다고 판단하는 경우 소위 '보호처분'을 내림으로써 추가로 일정 기간 복역하도록 하는 제도를 운영했다. 이 제도에 대해서는 한 범죄에 대해 두 번 처벌하는 것이어서 인권침해라는 논란과 함께 이들이 수용되어 있던 보호감호소(예컨대 청송보호감호소)의 실제 수용자들을 보면 절대 다수가 빈곤계층의 단순절도범으로, 이런 생계형 범죄자들이 돈이 없다는 이유로 다른 사람보다 가혹한 처벌을 받는 것이 아니냐는 논란이 일었다.

지강헌의 '유전무죄, 무전유죄'사건이 사회적으로 큰 파장을 일으켜서인지 지강헌이 적용받았던 사회보호제도는 그 이듬해(1989년) 다행히 헌법재판소에서 위헌으로 선고되고 폐지되었다. 권위주의 시대에 제정된 대표적인 악법 중 하나로 꼽혔던 사회보호법의 사회보호제도가 헌법재판소에 의해 결국 위헌 선언되고 폐기된 것이다. 이런 악법이 폐지될 수 있었던 것은 사실 헌법재판소가 1988년 설립되어 있었기 때문이다.

과거에는 범죄에 대한 형벌로 사람을 교도소 등에 가두어 두는 자유형보다는 매질을 하거나 때리는 등의 신체형으로 사람을 처벌했다. 사람을 구금하는 것은 수사나 재판을 받는 과정에서 일시적으로 가두어 두거나 빚을 갚지 못하는 경우 빚을 갚을 때까지 채무자를 감옥에 가두어 두는 구금제도로 존재했다. 영국의 대문호 찰스 디킨스Charles Dickens도 부모의 빚 때문에 이런 채무자 감옥에 갇힌 경험이 있다고 한다.

고대 로마에서도 다른 사람에게 돈을 빌렸는데 제때 갚지 못하면 채무를 다 갚을 때까지 채권자에 매인 '노예' 상태가 될 수 있었다. 이런 채무 노예의 문제는 로마 사회에서 심각한 사회 문제였다고 한다. 이런 것을 보면 빚 때문에 사람의 자유를 제약하는 것은 역사가 꽤 오래된 것이다.

그러다가 19세기 중반부터 유럽에서는 신체형이 사라지고 교도소 등에 가두어 둠으로써 범죄에 대해 처벌하는 자유형이 주된 형벌이 됐다. 미셸 푸코Michel Foucault의 『감시와 처벌 : 감옥의 탄생』은 이런 근대적인 감옥의 탄생 과정을 잘 그리고 있다.

재벌의 3·5 법칙

우리 사회에서 '유전무죄, 무전유죄'의 법이 실제로 존재한다고 주장하는 사람들의 입장에서 근거로 들 만한 대표적인 경우는 아마 '재벌의 3·5 법칙'일 것이다. 그 법칙은 대략 "재벌 총수가 횡령이나 배임, 탈세 등으로 기소되면 1심 재판부는 대개 징역 5년을 선고한다. 그러면 2심 재판부는 이러저러한 사유를 들어서 징역 3년으로 감형하여 집행유예가 가능하게 하고, 실제로도 집행유예의 판결을 선고한다. 대법원은 이 판결을 확정한다."라는 내용이다.

이런 '재벌의 3·5 법칙' 이야기를 들으면 "세상에 이런 법도 있나요?"라는 반응이 많을 텐데 사실 이런 법이 적용된 사례들은 생각보다 많다. 2000년 대한항공 조양호 회장 사건, 2003년 SK그룹 최태원 회장 사건, 2006년 두산그룹 박용성 회장 사건, 2007년 두산그룹 박용오 회장 사건, 2008년 삼성전자 이건희 회장 사건, 같은 해 현대자동차 정몽구 회장 사건, 2012년 태광그룹 이호진 회장 사건, 2013년 CJ그룹 이재현 회장 사건, 2014년 한화그룹 김승연 회장 사건, 2017년 삼성전자 이재용 부회장 사건 등이다. 이런 재벌 총수들의 사건에서 대략 위와 같은 식으로 1심, 2심, 3심 판결이 선고되었다. 오늘날 사법 불신의 큰 원인으로 지목되고 있는 법칙이다.

서민들 사이에서 범죄 발생 빈도가 높은 폭력, 절도 등의 범죄와 비교해 볼 때 재벌 회장이 관여된 횡령, 배임 등의 경제범죄는 범죄 혐의를 밝히는 것부터가 상당히 어렵다. 이들은 또한 유능한 변호사를 선임하여 수사와 재판에 대응하므로 법원에서 무죄율도 상대적으로 높았던 경향이 있다. 그런데다가 이들의 처벌 수위마저도 상대적으로 낮았다. 사람들이 신문·방송 등을 통해 이런 유형의 사건들을 오랫동안 접하면서 교도소 재소자들 사이에서도 자신의 행위를 반성하고 참회하는 사람보다는 자신은 운이 없고 재수가 없어서 또 돈이 없어서 교도소에서 오랜 형기를 살고 있다고 생각하는 사람들이 많아졌다.

요컨대 '유전무죄, 무전유죄'의 법, 그리고 그 법이 구체화된 '재벌의 3·5 법칙'에 따르면, 법은 실제로는 공평하게 적용되는 법이 없고, 가진 돈이 많은지 적은지, 아주 많은지에 따라서 차별적으로 적용되는 것이 우리 사회의 법이라는 것이다. 그간의 사정이 이렇다 보니 법이 적용된 결과로 자신이 받게 되는 처벌에 승복하기보다는 억울하다고 생각하는 사람들이 많아졌을 것이다.

어느 사회에서나 정도 문제는 있겠지만 정의롭지 못하거나 부당한 법, 또는 법 적용에 대한 문제의식은 늘 존재해 왔다. 이런 문제의식이 우리 사회에서는 특히 '유전무죄, 무전유죄'나 '재벌의 3·5 법칙'이란 신조어로 요약돼 온 것이다.

권력형 비리

1988년 탈주 사건에서 지강헌이 '유전무죄, 무전유죄'란 말을 인구에 회자시켰을 때 '돈 없고 권력 없이는 못 사는' 사회로 우리 사회를 규정했다. 이처럼 '유전무죄, 무전유죄'의 의미에는 단지 돈 많은 사람의 문제뿐만 아니라 권력을 가진 사람은 처벌받지 않거나 가벼운 처벌만 받는다는 의미도 있다. 사건이 터져도 힘 있는 사람, 권력을 가진 윗선은 처벌받지 않고, 힘없는 아랫사람들만 처벌받는다는 소위 '유권무죄, 무권유죄'의 문제이다. 또는 전두환 대통령의 동생 전경환의 사례처럼 소위 '권력형 비리'의 문제로 볼 수 있다.

최근에 있었던 '권력형 비리'의 사례를 보면, 박근혜 대통령이나 이명박 대통령 본인이 뇌물 등의 혐의로 유죄판결을 받은 것을 비롯해서 대통령 본인이나 그 아들들, 친인척이나 측근이 이러한 비리와 범죄행위에 연루되어 처벌받은 경우가 꽤 있었다.

대통령 본인의 경우를 보면, 박근혜 대통령은 이른바 비선 실세 최순실의 국정농단 사건과 관련해 특가법 뇌물, 직권남용 등의 혐의로 2018년 4월 6일 1심 재판에서 징역 24년과 벌금 180억 원을 선고받았다. 이어서 2심 재판부는 같은 해 8월 24일 1심 재판부의 판단과 달리 삼성의 영재센터 후원금을 뇌물로 추가 인정한 다음, 징역 25년과 벌금 200억 원을 선고했다. 그 뒤 대법원에 의해 형이 확정되었으나 2021년 12월 문재인 대통령에 의해 사면 복권됐다.

이명박 대통령은 처음에는 주식회사 다스의 실소유자가 아니라고 판단을 받았다가 실소유자가 맞다는 법원의 판단을 받았고, 더불어 거액의 비자금을 조성하여 횡령하고 다스 관련 소송비용을 삼성이 대신 납부하게 하여 뇌물을 수수했다는 등의 혐의로 2018년 10월 5일 1심에서 징역 15년, 벌금 130억 원의 형을 선고받았다. 그 뒤 2020년 2월 19일 2심에서 징역 17년으로 형기가 일부 늘어났고, 같은 해 11월 2일 형이 확정되며 수감되었으나 2022년 윤석열 대통령 취임 후 역시 사면 복권됐다.

대통령의 자녀나 친인척 등 측근의 '권력형 비리'를 보면 정권마다 문제됐다. 김영삼 대통령 시절에는 아들 김현철이 1997년 기업인들로부터 활동비 명목으로 거액을 수수했다는 등의 혐의로 구속되어 실형 선고를 받은 사건이 있었다. 김대중 정부 들어서는 2002년 대통령의 차남 김홍업이 국가기관의 업무에 대한 알선 명목으로 기업으로부터 거액의 활동비를 수수했다는 혐의로 구속기소되어 징역형을 선고받은 사건, 대통령의 3남 김홍걸과 장남 김홍일이 사업자 선정과 관련하여 거액을 받았다는 혐의와 종금사(종합금융회사) 로비 혐의로 각각 구속기소 또는 불구속기소된 사건이 있었다.

노무현 정부에서는 노 대통령의 형 노건평이 세종증권 인수 청탁과 관련하여 거액을 받은 혐의로 기소되어 징역형을 선고받은 사건이 있었다. 이명박 정부 들어서는 대통령의 형 이상득 전 국회부의장이 저축은행으로부터 거액의 로비자금을 받은 혐의로 구속되고, 대통령의 50년 지기인 천신일 세중나모여행 회장이 기업으로부터 청탁과 함께 돈을 받은 혐의로 징역형을 선고받은 사건이 있었다.

박근혜 정부에서는 2016년 9월 말 한 언론이 재단법인 미르와 케이스포츠의 이사로 취임한 최순실이란 의문의 인물에 대한 보도를 한 것을 시작으로, 위 재단들에 전경련 소속 기업들이 800억 원에 달하는 거액을 무상으로 기부하고 재단 설립이 일사천리로 이루어진 점에 언론이 주목했다. 이어서 JTBC가 최순실의 태블릿 PC에 대해 보도하면서 민간인 최순실이 대통령의 국정운영에 비밀리에 참여하여 조종하였다는 소위 '국정농단'사태 폭로가 있었다. 이 사태로 박근혜 대통령이 국회에서 압도적인 표결로 탄핵소추를 당했다.

박근혜 대통령과 대통령의 측근 최순실은 결국 검찰의 수사를 받고 구속되어 실형 선고를 받았다. 헌법재판소 역시 2017년 3월 10일 박 대통령에 대한 탄핵심판청구를 인용하면서 대통령직에서 파면을 선고했다. 현직 대통령이 임기 중 파면된 최초의 사례였다.

헌법재판소는 당시 결정문에서, 박 대통령이 최순실이 추천한 인사를 여러 사람 공직에 임명했고, 이렇게 임명된 일부 공직자가 최순실의 이권 추구를 돕는 역할을 한 점, 대통령이 사기업으로부터 재원을 마련하여 재단법인 미르와 재단법인 케이스포츠를 설립하도록 지시하고 대통령의 지위와 권한을 이용하여 기업들에 출연을 요구한 점, 최순실이 추천하는 인사들을 미르와 케이스포츠의 임원진이 되도록 하여 최순실이 두 재단을 실질적으로 장악할 수 있도록 하고, 그 결과 최순실이 자신이 실질적으로 운영하는 플레이그라운드나 더블루케이라는 회사를 통해 위 재단을 이권 창출의 수단으로 활용할 수 있었던 점, 대통령이 기업에 대해 특정인을 채용하도록 요구하고 특정 회사와 계약을 체결하도록 요청하는 등 대통령의 지위와 권한을 이용하여 사기업의 경영에 관여한 점을 사실로 인정했다. 헌법재판소는 이에 따라 박 대통령이 헌법 제7조 제1항, 제15조, 제23조 제1항에 위반하고 국가공무원법 제60조 등에 위반했다고 인정했고, 이를 토대로 '직무수행과 관련한 헌법이나 법률 위반'이라는 헌법상 대통령 탄핵사유에 해당한다고 결론 내렸다.

헌법 제7조 제1항은 "공무원은 국민 전체에 대한 봉사자이며, 국민에 대하여 책임을 진다."라는 내용인데 박 대통령은 국민 전체에 대한 봉사자가 아니라 국민의 극히 일부를 위한 봉사자처럼 행위하여 헌법에 위반했다는 취지였다. 박 대통령 탄핵사건은 최고 권력자 대통령도 법 위에 있지 않음을 잘 보여준 사례가 됐다.

고위공직자범죄수사처(공수처)의 설립

우리 사회에서 소위 힘 있는 사람, 권력을 가진 사람이 그동안 수사나 재판을 통해 제대로 처벌받지 않았다는 오래된 문제의식은, '살아 있는 권력'에 대한 수사와 재판의 공정성 문제와 직결된다. 고위공직자범죄수사처(줄여서 '공수처')는 이런 권력과 관련된 사건에 대한 성역 없는, 공정한 수사를 하라고 만들어진 조직이다.

우리 사회의 부패 문제, 특히 고위공직자와 그 친인척의 부패범죄에 대한 공정한 수사와 기소를 과제로 한 공수처 설립 움직임은 1996년 참여연대의 입법청원에서 시작됐다고 한다.

1996년 11월 15일 참여연대가 "연이은 고위공직자 부패사건 부패방지법 제정 결단이 시급하다."라면서 당시 보건복지부 장관과 국회의원 등의 안경사협회 뇌물수수사건에 대한 성명서를 발표했는데 그 내용은 다음과 같다.

"이양호 전 국방장관 수뢰사건, 버스요금 담합인상 비리사건에 이어 또 다시 보건복지부장관과 여당 국회의원들이 안경사협회로부터 거액의 뇌물을 받아 챙긴 의혹이 제기되고 있다.

(그러나) 이성호 보건복지부장관의 경우 부인의 뇌물수수를 남편인 이 장관이 모르고 있었다는 납득하지 못할 이유로 검찰에서 풀려나왔다. 검찰은 이성호 장관이 안경테 판매독점권을 안경사들에게 주기 위한 시행령 개정을 위해 꾸준히 노력해 왔다는 사실을 알면서도 뚜

렷한 보강수사 없이 풀어주고 말았다.

(또한) 우리는 성역 없는 사정 작업을 주장해 온 김영삼 대통령에게도 특단의 조치를 요구하지 않을 수 없다. 부정부패의 뿌리는 결코 집권자의 의지나 소수의 결단으로 제거될 수 없다. 국민들은 종합적인 부정부패 척결 대책을 요구하고 있다. 특히 고위공직자의 비리를 근절할 근본 대책 마련이 시급하다. 우리는 이미 국회의원 과반수가 서명한 종합적인 부패방지법의 제정이야말로 구조화된 부정부패를 척결할 가장 중요한 조치라고 생각한다.

김영삼 대통령은 이제 사정 개혁 의지를 밝히는 정치적 선언만으로는 무언가 구조적 해결책을 바라는 국민 대다수의 요청에 부응하지 못한다는 사실을 분명히 깨달아야 한다. 오직 부패추방 운동을 조직화하고 제도화하는 길만이 유일한 해결책이다. 고위공직자의 권력형 비리를 조사할 특별수사기구를 포함하는 종합적인 부패방지법 제정을 다시 한번 촉구한다."

필자는 판사로 임관한 지 3년째 되는 1997년 서울중앙지방법원 형사부에 근무하고 있었다. 당시 위 보건복지부장관 뇌물수수 사건의 2심(항소심) 주심판사로 사건을 처리했는데 그때는 사실 이런 입법청원이 있었는지 잘 몰랐다.

그런데 2021년 1월 초대 공수처장 후보자가 된 후 인사청문회 준비를 위해 자료를 보다 보니 공수처 설립 움직임이 참여연대의 입법청원에서 시작된 지 25년이 된 시대적 과제라고 했다.

공수처, 아무도 가지 않은 길

그 뒤에 좀 더 찾아보니 입법청원의 계기가 됐던 사건이 바로 필자가 주심판사로 관여했던 위 뇌물수수 사건이었다. 1996년 당시로서도 거액인 1억 7천만 원의 현금을 자기 집에서 수수한 이례적인 사건으로, 당시 재판부로서는 보석으로 이미 풀려나와 있던 피고인에 대해 실형을 선고하면서 법정구속했던 기억이 있다.

이 같은 참여연대의 입법청원에 따른 부패방지법은 그 뒤 몇 년간의 국회 논의 과정을 거쳐서 2001년 7월 24일 비로소 법으로 제정되어 2002년 1월 25일부터 시행되었다. 아울러 부패방지에 필요한 법령과 제도 등의 개선과 정책의 수립·시행을 위해 대통령 소속하에 부패방지위원회(줄여서 '부방위')가 설치됐다. 그러나 부방위 설치 당시 고위공직자의 권력형 비리를 조사(수사)할 특별수사기구의 설치는 이루어지지 않았다.

그 뒤 2004년 11월 정부안으로 '공직부패수사처(줄여서 '공수처')의 설치에 관한 법률안'이 국회에 제출되었다. 공수처를 부패방지위원회에서 개편되어 발족하는 국가청렴위원회 산하에 설치하는 것으로 된 법안이었다. 그러나 이번에도 입법에는 실패했다.

종전에 부패방지위원회나 국가청렴위원회가 하던 역할을 지금은 국민권익위원회가 하고 있다. 권익위원회는 부패방지의 기능만 수행하는 것이 아니고 고충 민원의 처리와 행정심판 등 다른 기능도 함께 수행하고 있다. 공수처와 권익위원회는 모두 반부패 국가기관이라는 점에서는 같다. 그러나 권익위원회가 부패행위의 방지나 사전 예방에 역점을 두는 국가기관이라면 공수처는 고위공직자의 부패범죄나 비리를 적발하고 수사(조사)하고 기소함으로써 처벌하는 것을 임무로 하는 법집행기관이다.

공수처 설치를 내용으로 한 정부 제출 법률안이 실패한 뒤에도 관련 법안들이 계속 발의되었다. 고위공직자비리수사처, 특별수사청 등의 이름으로 고위공직자의 부패범죄나 비리를 수사하고 처벌하는 법률안들이었다. 2010년 양승조 안, 이정희 안, 김동철 안, 2011년 주성영 안, 박영선 안, 2012년 김동철 안, 양승조 안, 이상규 안, 이재오 안, 2016년 노회찬 안, 박범계 안, 양승조 안 등이 있었다. 그러나 모두 입법에 실패했다.

2017년 3월 박근혜 대통령이 헌법재판소에서 파면 선고를 받은 뒤 치러진 19대 대통령선거에서는 주요 대선 후보들이 모두 공수처 설치를 공약으로 내걸었다. 박근혜 대통령이 국정농단 사태로 탄핵된 영향이 있었던 것 같다. 공수처 설치를 1호 공약으로 한 문재인 대통령이 당선됐고 2017년 5월 정부 출범 이후 공수처 설치는 급물살을 타게 됐다. 법무부 산하에 '법무·검찰개혁위원회'(이하 '개혁위')가 설치됐고, 개혁위는 2017년 9월 18일 '고위공직자범죄수사처의 설치와 운영에 관한 법률(안)'(이하 '개혁위안')을 마련하여 입법을 권고했다. 권고받은 법무부는 공수처 테스크포스TF: Task Force 팀을 구성한 뒤 2017년 10월 15일 공수처의 규모와 권한을 축소한 자체적인 공수처 법률안(이하 '법무부안')을 내놓았다.

이후 2018년부터 국회에서의 논의와 입법과정을 거쳐서 2년 만에 2019년 12월 30일 국회 본회의를 통과한 것이 '고위공직자범죄수사처 설치 및 운영에 관한 법률'(이하 '공수처법')이다. 2019년 4월 백혜련 의원이 대표 발의한 공수처법안에 대해 그해 12월 윤소하 의원 대표 발의 수정안이 있었는데 이 법률안이 국회 본회의에서 가결된 것이다.

공수처법은 2020년 1월 14일 공포되고 7월 15일부터 시행에 들어갔다. 공수처 설치를 위해 국무총리실 산하에 '공수처설립준비단'이 발족되고 준비기간을 거쳐서 2021년 1월 21일 초대 처장이 취임했다. 1996년 설립 움직임이 시작된 지 25년 만에 '고위공직자범죄수사처(공수처)'라는 새로운 제도가 초대 처장의 취임과 함께 첫발을 뗀 것이다.

부패 범죄

부패 범죄의 대표 주자로 인류의 역사만큼이나 오래된 범죄가 있다. 뇌물 범죄이다. 고위공직자와 친인척의 부패 범죄의 적발과 처벌을 임무로 하는 공수처의 수사대상이 되는 범죄 중 대표적인 것 역시 뇌물 범죄이다. 공수처법 제2조 제3호에 규정되어 있는데 여러 유형이 있다. 수뢰와 사전수뢰, 제3자뇌물제공, 수뢰후부정처사, 사후수뢰, 알선수뢰, 뇌물공여의 죄 등이 그것이다. 고위공직자가 그 직무에 관하여 뇌물을 수수, 요구 또는 약속하거나 그 지위를 이용하여 다른 공무원의 직무에 속한 사항의 알선에 관하여 뇌물을 수수, 요구 또는 약속하는 행위, 자기가 직접 받지 않고 제3자로 하여금 받게 하는 행위 등등을 모두 처벌하는 취지이다.

뇌물은 직무(처리)에 대한 대가로 얻는 부당한 이익으로 정의하면 된다. 그런데 여기서 뇌물의 대상이 되는 '이익'에는 현금을 받는 것과 같은 금전적·재산적 이익만 포함되는 것이 아니다. 사람의 욕망이나 수요를 충족시켜 줄 수 있는 유형·무형의 모든 이익을 포함한다.

어느 시대, 어느 사회를 막론하고 뇌물을 주고받는 것은 법으로 금지됐고 범죄로 규정됐다. 뇌물 범죄가 특이한 것은, 다른 범죄의 경우에는 가해자와 피해자가 명확한데(예컨대 살인죄, 절도죄 등) 뇌물죄의 경우에는 뇌물을 주는 사람이나 받는 사람 모두 본인들이 원해서 주고받는 것이므로 피해자가 따로 없다고 볼 수도 있다. 직무(처리)에 대한 대가로 어떤 이익을 제공하는 뇌물은, 그냥 내버려 두고 정상적인 절차에 맡기면 자기가 원하는 결과가 나오지 않을 것 같으니까 그 일을 처리하는 사람에게 어떤 이익을 제공하고 그를 매수하여 결과를 바꾸려는 의도로 무언가를 주고받는 일종의 거래이기 때문이다.

예전에는 부정한 청탁을 하는 것까지는 아니지만 자기 건을 다른 사람들 건보다 좀 더 빨리 처리해 달라고 급행료 조로 돈을 주는 경우도 왕왕 있었다. 어쨌든 뇌물(죄)의 핵심은 공적인 절차에서 사적인 이익을 도모한다는 것이다. 뇌물을 주는 측에서는 뇌물을 주고 원하는 결과를 도모하면서 사적인 이익을 추구하는 것이고, 받는 측에서는 이런 뇌물을 받아 챙기는 것 자체가 사적인 이익의 추구이다. 이렇게 공적인 절차에서 사적인 이익을 추구하면 결국 피해를 보는 것은 국민이나 국가일 수밖에 없다. 국가나 사회를 좀먹는 범죄이다. 그래서 어느 시대, 어느 사회에서나 범죄로 규정하고 처벌했다.

기원전 18세기의 함무라비법전도 뇌물로 금전이나 곡식을 받은 증거가 있으면 받은 자를 처벌한다는 조항이 있었고, 고대 로마의 12표법에도 뇌물수수를 처벌하는 규정이 있었다고 한다. 뇌물이 수수되는 대표적인 경우로 옛날부터 재판이 거론된다. 그만큼 돈을 받고 재판, 특히 판결을 왜곡하는(부정하게 처리하는) 경우가 많았다는 것이다. 또한 뇌물을 주고받고 공적인 자리를 사고파는 매관매직이 성행한 경우도 많았다. 중세 시대 교회의 성직 매매를 둘러싼 부패 문제는 종교개혁의 한 원인이 되기도 했고, 임진왜란 이후의 조선 사회 역시 사회의 기강이 무너지면서 매관매직이 성행했다.

동·서양을 막론하고 근대적인 사법제도가 정비되기 전에는 왕이 재판권(사법권)을 행사하는 경우가 많았다. 우리나라도 조선시대만 보더라도 왕이 최종적인 재판권을 행사했다. 영국의 경제학자 애덤 스미스Adam Smith는 1776년 발간한 유명한 책 『국부론』에서 자본주의와 시장경제를 설파한 외에 재판을 둘러싼 뇌물의 폐해와 경제적 효과 등도 지적했다. 오래전부터 재판권을 행사한 왕은 재판에서 선처를 바라는 사람들로부터 뇌물을 받곤 했는데 이런 뇌물 수입 자체가 왕에게 경제적으로 상당한 수입원이 될 정도로 뇌물의 수수가 만연했음을 잘 보여준다.

성경에도 뇌물을 받고 재판하지 말라는 언급이 여러 차례 등장한다. 재판관이 뇌물을 받고 재판하면 판결 결과가 왜곡되고, 뇌물을 제공할 형편이 안 되는 과부나 고아, 가난한 사람들의 경우 재판을 통해 억울함이 풀리는 것이 아니라 오히려 더 억울해지는 부당한 결과를 낳는다.

그런데 아무리 법으로 금지해도 인류 역사상 뇌물은 근절된 적이 없고 어느 시대, 어느 사회를 막론하고 성행하면서 끈질긴 생명력을 유지해 왔다. 초연결 사회가 된 우리 시대에 뇌물은 이제 국경을 넘어 제공되는 일이 비일비재하다. 이에 대해 미국은 1977년 해외부패방지법Foreign Corrupt Practices Act을 제정하여 외국 공무원에게 뇌물을 제공하는 행위도 법으로 금지하고 처벌하기 시작했다. 국가를 넘어서, 국경을 넘어서 수수되는 뇌물도 근절해야 뇌물죄가 근절될 수 있다고 본 것이다.

실제로 미국의 수사기관과 독일의 수사기관이 다국적기업 지멘스가 해외 사업과 관련하여 중국, 러시아, 이라크 등 여러 나라의 공무원들에게 뇌물을 주고 이권을 따낸 사건을 수사해 약 16억 달러의 천문학적인 액수의 벌금을 부과한 사례가 있다.

지멘스가 독일 기업이었지만 뉴욕 증권거래소 상장회사여서 해외부패방지법에 따라 미국 정부에 의한 수사와 처벌이 가능했다. 브라질에서는 최근 정치인들과 고위공직자들이 대규모의 돈세탁과 뇌물, 공금유용에 관여된 사건이 밝혀져서 400명 이상이 기소되고 150명 이상이 유죄판결을 받은 대형 부패사건Lava Jato이 있었다.

특별검사제도

2023년 6월 트럼프 전 미국 대통령은 잭 스미스Jack Smith 특별검사의 수사를 토대로 기밀문서 유출 등 혐의로 기소하는 연방대배심의 결정을 받았고, 같은 해 8월에는 대통령 재선에 도전했다가 패배한 대선 결과를 뒤집을 목적으로 2021년 1월 6일 워싱턴에서 일어난 소요사태를 선동했다는 등의 혐의로 기소되기도 했다.

특별검사제도는 이처럼 미국에서 활발히 실시되는 제도이다. 미국에서는 1972년 닉슨 대통령이 자신의 재선을 위해 민주당 전국위원회 본부 사무실을 도청했다는 소위 '워터게이트 사건Watergate Affair'으로 특별검사가 임명되어 수사를 시작한 이래 그동안 여러 차례 특별검사에 의한 수사가 진행되고 있다. 클린턴 대통령처럼 케네스 스타Kenneth Starr 특별검사의 수사 결과를 바탕으로 하원에서 탄핵이 소추되었으나 상원에서 부결되어 대통령직을 유지한 사례도 있다.

우리나라도 미국의 영향을 받아 법무부 소속 검사가 아닌 외부의 검사를 특별검사로 임명하여 특정 사건을 수사하게 하는 특별검사제도를 도입하자는 노력이 있었다. 김영삼 정부 때인 1995년 한보 사태나 대선 비자금 관련하여 특별검사법 제정 움직임이 있었지만 결실을 맺지는 못했다.

김대중 정부 들어서 1999년 5월에는 '옷로비사건', 같은 해 6월에는 '조폐공사 파업유도사건'이 연달아 터졌다. 두 사건에 대한 검찰의 수사가 진행되고 7월에는 '옷로비사건' 혐의자가 기소되고, 8월에는 '조폐공사 파업유도사건' 혐의자가 기소됐다. 그러나 두 사건에 대한 국민적 의혹이 해소되지 않은 상태에서 국회에서 청문회까지 개최되었으나 여전히 의혹이 말끔히 해소되지 않아 1999년 9월 20일 여야 합의로 위 두 사건에 대해 특별검사에 의한 수사를 진행하기로 하고 국회에서 특별검사 관련 법률을 통과시켰다.

당시 대형 로펌에 근무하던 필자는 특별검사 사건 중 하나인 '한국조폐공사노동조합 파업유도 의혹사건(간단히 '조폐공사 파업유도사건')의 특검 수사에 7명의 특별수사관 중 한 명으로 수사에 참여했다. 이 사건은 1999년 6월 7일 당시 대검찰청 공안부장이 기자들에게 조폐공사의 구조조정과 파업사태와 관련하여, 조폐공사 파업은 사실상 대검찰청이 유도한 것이고 검찰총장에게도 보고를 했다는 등의 폭로성 발언을 한 것이 발단이 된 사건이다. 당시 검찰이 특별수사본부를 꾸려서 의혹을 수사했으나 특별검사가 임명되어 재수사를 했고, 검찰 특별수사본부의 수사 결론과 달리 같은 해 12월 11일 당시 조폐공사 사장을 업무방해 등 혐의로 구속하고 서울지검 검사장에게 인계했다. 필자는 경제부처 고위 공무원에 대한 수사에 주로 참여하였고, 수사 종료 후 특검법에 따라서 국회와 대통령실에 보내야 하는 수사결과보고서 초안을 작성하기도 했다.

위 첫 번째 특검 시행 후 우리나라에서는 2001년 이용호 게이트 특검, 2003년 대북송금 특검, 2007년 삼성 비자금 특검과 BBK 주가조작 사건 특검, 2016년 말 박근혜·최순실 게이트 특검, 2018년 드루킹 여론조작 사건 특검, 2022년 성추행 피해 공군 부사관 사망사건 특검에 이르기까지 십여 차례 이상 꾸준히 개별 사건에 대한 특검제도가 시행되고 있다.

2021년 시작된 공수처 제도는 그동안에 실시됐던 이런 개별 사건 특검제도를 상설화한 제도로 보는 사람들이 많다. 실제로 법률가 단체인 대한변호사협회(변협)는 2017년 2월 "고위공직자비리수사처(공수처) 설치를 반대한다."라는 성명서를 발표했는데, 이 성명에서 변협은 공수처를 특검이 상설화·기구화된 형태라고 규정했다. 그렇다면 1999년부터 시작된 특검제도는 공수처 제도의 선구자가 되는 것인데, 첫 번째 특검에 참여한 필자가 초대 공수처의 책임자가 된 것이 우연만은 아닌 것 같다는 생각이 든다.

악법도 법이다

앞서 "세상에 이런 법이 있나요?"라는 말로 대변되는, 정당하지 못한 법이나 법 집행에 대항하는 태도에 대해 살펴봤다. 이 말에 대응하여 '악법도 법'이라는 말도 있기는 하다.

한동안 중·고등학교 교과서에 준법정신을 강조하는 사례로 소크라테스가 비록 부당한 판결이고 사형선고까지 받았지만 법을 어겨서는 안 된다는 신념에 따라 "악법도 법이다."라고 하면서 죽마고우의 탈옥 권유까지 받았지만 거부하고 순순히 독배를 마셨다는 내용이 있었다. '악법도 법'이란 말은 법이 법으로, 즉 실정법으로 존재하는 이상 나중에 개정되거나 고쳐지지 않는 한 준수되어야 한다는 태도이다.

그러나 소크라테스가 아테네 배심원 앞에서 무죄 변론하는 과정과 그 변론에도 불구하고 500명의 배심원 표결에서 다수가 유죄로 판결하고, 사형선고를 내리는 과정을 묘사한 책 『소크라테스의 변론』이나 감옥에 갇혀 있으면서 오랜 친구 크리톤Kriton에게서 탈옥을 권유받고 거부하는 대화를 묘사한 책 『크리톤』을 읽어 봐도 소크라테스가 "악법도 법이다."라고 언급하는 내용은 없다. 일본의 법철학자가 1930년대 출간한 『법철학』에서 소크라테스가 이 말을 했다고 저술한 것이 근거가 됐을 뿐이다.

국가인권위원회는 2002년, 헌법재판소는 2004년 중·고등학교 교과서에 소크라테스가 '악법도 법'이라고 하면서 순순히 독배를 마시고 죽은 사례를 준법정신을 강조하기 위한 사례로 소개하는 것은 적절한 예시가 아니라는 취지로 지적했다. 그 뒤 교과서에서 소크라테스의 '악법도 법' 사례는 사라졌다.

헌법재판소는 실질적 법치주의와 적법절차가 강조되는 오늘날의 헌법 체계 아래서는, 준법이란 정당한 법, 정당한 법 집행을 전제로 하는 것이라고 했다. 아울러 소크라테스가 순순히 독배를 마신 일화는 준법정신을 강조하는 사례로 바람직하지 않다고 설명했다. 법을 지킨다는 것, 법이 반드시 지켜져야 한다는 것은 그 법의 내용이 정당할 것, 그리고 법의 집행도 정당할 것을 전제로 한다는 헌법재판소의 설명은 당연한 이치를 설명한 것처럼 보이지만 인류의 역사를 보면 꼭 그렇지도 않았다는 점에서 유의해 볼 만한 대목이다.

한국인의 법에 대한 인식

지금까지 우리 사회에서 법에 대해 널리 통용되는 말, 즉 '법 없이도 살 사람'이란 말이나 "세상에 이런 법이 있나요?"라는 말을 중심으로 한국인들이 법을 어떻게 생각하고 받아들이는지 살펴보았다. 요컨대 한국인들의 법에 대한 인식의 단면을 잘 보여주는 '법 없이도 살 사람'이란 말, 그리고 그 사람이 착한 사람, 도덕적인 사람이라는 생각의 근저에는 법을 명령과 강제의 시스템(메커니즘)으로 보는 인식이 깔려 있는 것이다.

오랫동안 유교의 이념이 지배적이었던 우리 사회에서는 법치보다는 덕치를 숭상해 왔고, 법에 따라 나라를 다스린다는 의미가 형사법 중심으로 법을 운용한다는 의미로 쓰이다 보니 국가(왕)가 명령하고, 위반하면 처벌을 통해 강제하는 것이 곧 법이라는 인식이 사람들에게 광범위하게 자리 잡았다. 그렇다 보니 법은 부담스럽고 피해야 할 존재로 오랫동안 인식되어 온 것이다.

아울러 유교의 도덕과 윤리가 지배적이었던 우리 사회에서는 법에 호소하여 송사를 벌이는 것은 시간이 많이 걸리는 소모적인 일이고 서로 간에 감정이 상하고 피곤한 일이므로 가급적 피해야 할 일이라고 여겨졌다. 또한 최근까지 법은 법을 전문적으로 취급하는 판사나 검사, 변호사와 같은 법조인들만의 일이라는 인식도 팽배했다. 법은 매일매일 성실하게 살아가는 보통 사람들이 신경 쓸 일이 아니라 법을 전문적으로 다루는 법조인들의 영역일 뿐이므로, 보통 사람들의 입장에서는 그냥 자기 일 열심히 하면서 법이나 재판, 송사 등과는 거리를 두고 가급적 엮이지 않는, 법 없이 사는 삶이 좋은 삶이라는 인식이 그동안 자연스러운 현상이었다.

판·검사들이 일반인은 알기 어려운 법률용어를 구사하고 변호사 수임료도 상당히 비싸서 법조인에 대한 접근 가능성이 그동안 상당히 낮았다는 점도 서민들이 법 없이 사는 데에 상당한 기여를 했을 것이다. 김두식 교수는 법조계 내부를 파헤친 책

『불멸의 신성가족』에서 법원의 재판이나 검찰의 조사과정에서 판·검사들의 권위적인 말투나 태도를 비롯한 법원과 검찰의 고질적인 불친절 문제를 지적하면서 사람들이 이런 불친절을 겪으면서 법원이나 검찰에 가는 일에 공포감을 느꼈을 수도 있다고 썼다. 법 없이 사는 일반인들에게 법을 다루는 것을 직업으로 하는 '법이 꼭 필요한 사람' 법조인들은 좋은 이웃으로 비치지도 않았을 것이다.

사실 그동안 우리 사회에서 법은 오랫동안 힘없는 서민들이 법에 따른 자기 권리를 주장하고 사법 시스템에 의존하여 활용한 것이 아니라 힘 있는 사람이나 집권층이 주로 법을 활용해 왔다. 그러다 보니 힘없는 서민들에게 법은 이래라저래라 명령하고 강제하는, 그런 존재로 인식돼 온 것 같다. 그 바탕에는 치열한 경쟁을 통해 극소수만 통과하는 사법시험 체제 아래서 판사, 검사, 변호사가 되는 법조인의 숫자가 1년에 100명이나 300명 이하로 제한되어 그들만의 리그가 되었고, 그 결과 그동안 서민들의 법조인들에 대한 접근 가능성이 너무 낮아서 법이 의존하고 호소할 대상이 되기도 어려웠다는 점도 한몫했을 것이다. 그리고 어쩌다 법정에라도 가보면 이들 법조인들이 구사하는 언어는, 우리말이기는 한데 법률 전문용어이다 보니 알아듣기도 힘들어 소외감을 느꼈을 것이다. 결국 이런 사정들이 모아져 사람들은 법이 가진 자와 강자의 이익을 위해 존재하고 봉사하는 것 아니겠냐는 인식을 갖게 되었는지 모르겠다.

법 없이 사는 삶에서 법과 더불어 사는 삶으로

만일 그동안 우리 사회에서 사람들이 법에 대해, 법은 나의 권리를 보장해 주고 나를 도와주는 존재, 내 생활의 토대와 근거가 되므로 필요할 때마다 주장할 수 있는 것으로 긍정적으로 인식하고 받아들였다면 당연히 법을 멀리하기보다는 법을 활용하거나 법에 호소하고 의존하려고 했을 것이다. 지금부터라도 법을 가까이하는, 법과 더불어 사는 문화로 변모해야 할 것이다.

과거의 전통사회가 예의범절과 덕, 체면을 중시하는 비교적 동질적 사회였다고 보면, 그런 사회에서는 법 없이 사는 것도 혹 가능했는지 모른다. 그러나 우리가 사는 현대 사회는 법과 제도가 나날이 바뀌는 등 변화의 속도가 매우 빠르고 법과 제도, 문화가 다른 나라와도 전 세계적으로 실시간 연결되는, 다원화되고 이질적인 사회가 점점 되고 있다. 이런 환경에서는 법 없이 사는 것이 불가능하고 무모하기까지 하다.

그런데 사람들이 법을 가까이하고 법과 더불어 살아가려고 할 때 법에 대한 접근 가능성이 먼저 문제된다. 손쉽게 법에 접근하고 활용할 수 있어야 법을 가까이하고 더불어 살 수 있기 때문인데 법에 대한 접근 가능성은, 결국 법률전문가인 법조인에 대한 접근 가능성과 직결된다. 과거 집권층이 주로 법을 활용하고 서민들은 법과 관계없이 살았던 것은 1년에 법조인이 겨우 100명 배출되는 시대에 힘 있는 집권층은 법조인에 대한 접근 가능성이 있었지만 서민들에게는 접근 가능성이 매우 낮았던 것에서 원인을 찾을 수 있다고 생각한다. 그러나 2009년 이후 우리나라에 미국식 로스쿨 제도가 도입되고 한 해 약 2,000명의 법조인이 신규로 배출되는 시대가 되면서 법에 대한 접근 가능성이 많이 개선되고 있음은 긍정적이다. 법조인이 많아지고 법에 대한 접근 가능성이 높아지는 것은 우리 사회가 법과 더불어 살아가는 선진 사회가 되는 데에 큰 기여를 할 것이다.

아울러 인터넷 활용 등이 보편화되면서 이제 법(법률) 지식에 대한 접근 가능성이 제고되고 있음도 긍정적이다. 법과 더불어 살고자 한다면 당연히 법을 알아야 하고, 법률전문가만큼은 될 수 없겠지만 모든 사람이 적어도 법의 기본적인 내용은 알아야 한다. 그래야 법과 더불어 사는 삶이 가능하다. 아울러 민주공화국에서 국민이 주권자로서 헌법에 따른 권리행사를 하려면 역시 헌법과 법의 기본적인 내용은 알아야 한다.

나는 왜 법을 공부했나

대학에서 고고학과 미술사를 전공한 필자는 원래 법과 관계없이 살아온 삶이었다. 1984년 대학 입학을 위한 시험을 치렀는데 지금은 대학수학능력시험이지만 그때는 학력고사라고 했다. 대입 전형은 학력고사 점수를 받고 난 다음 그 점수를 가지고 자기가 원하는 대학과 학과를 정해서 먼저 지원하는 구조였다. 그때는 막연하게 경제관료가 되면 좋겠다는 생각으로 경제학과에 가고 싶었다. 그러나 예상 커트라인으로는 경영대에 갈 수 있는 점수가 나와서 고민하던 중 한국의 역사와 전통을 강조하는 고등학교의 영향으로 고고학과 미술사를 전공하여 나중에 교수가 되어야겠다고 생각을 바꾸고 학교와 학과를 선택했다.

원해서 선택한 학과였지만 대학 1학년을 마치고부터 전공에 대한 회의와 진로에 대한 막막함으로 방황했다. 그래서 원래 전공하고자 한 경제학을 부전공으로 선택했는데 막상 경제학을 공부해 보니 적성에 맞지 않아서 다시 방황했다. 그 과정에서 경제학과의 전공 선택 과목이었던 민법총칙과 헌법 과목을 수강하면서 법과 법학에 대한 시각이 바뀐 것은 망외의 소득이었다.

사실 전에는 법은 법률가들의 일이고 우리의 일상생활하고는 별 상관이 없다고 생각했다. 법을 잘 몰라도 사회에 나가서 자기 일과 직업을 가지고 먹고 사는 데에는 별 지장도 없어 보였다. 다만, 그래도 사회에서 사기라도 당하지 않으려면 법의 아주 기본적인 내용은 알아야 할 것 같은 생각이 들었다. 대학 3학년 때 법학의 총론이라 할 수 있는 민법총칙을 수강한 이유이다.

상가를 임대해서 의류 소매업 등의 업종으로 평생 장사를 하시던 부친이 임대차 관련 소송들도 있고 해서 '육법전서'라는 대한민국의 모든 법이 들어 있는, 깨알 같은 글씨로 쓰인 3,000페이지가 넘는 두꺼운 법전이 집에 있었다. 육법전서를 보고 질려서 판·검사가 되기 위한 사법시험은 내 머리로는 도저히 안 되겠다고 고등학교 때부터 생각해서 대학에서 법을 전공한다는 생각은 애초부터 하지 않았다. 법대는 법조인이 되기 위해 가는 곳인데 육법전서를 웬만큼 다 외워야 사법시험에 합격하는 줄로 잘못 생각한 것이다. 나중에 보니 다행히 그건 아니었다.

그런데 막상 법학 과목을 수강해 보니 법에 대한 그동안의 인식이 완전히 바뀌기 시작했다. 사람들의 생활 관계를 빈틈없이, 합리적으로 규율하려는 인류의 노력과 지혜가 집약된 것이 법률과 법학이라는 점, 법은 법률가들이나 법학자들의 전유물이 아니고 전유물이어서도 안 된다는 중요한 점을 깨달았다. 무엇보다 처음에 딱딱하고 재미없을 것으로 생각한 법이 막상 공부해 보니 생각보다 재미있었다. 법학은 씹으면 씹을수록 맛이 나는 학문이었다. 그래서 다음 학기에는 헌법을 수강했다. 헌법 강의를 듣고 인권과 법의 지배, 민주주의에 대해 깊이 생각하게 되면서 법이 정말 중요하고 나를 도와주는 존재라는 점을 자각했다. 당시 1980년대 권위주의 정권하의 나라 분위기가 영향을 미쳤는지도 모르겠다. 대학원에 진학하면서 내친김에 전공을 바꾸기로 했다. '법 없이' 살기보다는 '법과 더불어' 살기로 한 것이다.

그때가 1987년 7월이었다. 호헌 철폐와 독재 타도, 대통령 직선제 등을 외친 6월 민주화 항쟁이 노태우의 6·29선언으로 일단락됐을 때였다. 대한민국이 민주화를 향해 나아가기 시작한 시점이었다. 본격적으로 법 공부를 시작할 때 동기나 목표는 간단했다. 사법시험에 응시해서 합격하고 법조인이 되자는 것이었다.

당시 사법시험은 대략 2만 명 정도가 응시하는 1차 시험이 3월에 있고, 2차 시험이 대학 방학 후인 7월에 치르는 식으로 진행됐다. 최종 합격자가 불과 300명으로 경쟁이 매우 치열한 시험이었다. 필자는 대학 4학년 여름방학 때 사법시험 준비를 처음 시작했기 때문에 대학원에 진학해 군입대를 연기하는 것이 반드시 필요한 상황이었다. 그래서 일단 법대 대학원에 진학해서 군입대를 연기하고 대학원 재학 2년 동안 사법시험을 준비해 합격할 수 있으면 합격하자는 단순한 생각이었다. 우선 전공과목을 4과목이나 주관식으로 테스트하고 영어와 제2 외국어 시험까지 치르는 법대 대학원 입학시험에 합격하는 것이 관건이었다. 5개월 정도 공부했는데 다행히 대학원 시험에 합격했다.

법학 비전공자의 처지에서 법률과 법학 서적을 처음 접하고 공부하기 시작했을 때를 되돌아보면, 법률과 법학은 한자어 투성이의 법률용어부터 생소하고 어려워서 상당한 진입장벽이 있었다. 용어에 친숙해지고 이를 익히는 데만도 많은 시간과 노력이 들었던 기억이 있다. 예를 들어서 민법에서 '능력'이라고 하면 일상생활에서 어떤 사람이 '능력'이 있다, 없다고 말할 때의 의미와는 전혀 달랐다. 법률(민법)에서 권리능력이나 행위능력 등의 용어를 쓸 때 '능력'은 자격을 뜻하는 경우가 많다. 자연인과 법인이 '권리능력'을 갖는다고 하는데 여기서 권리능력은 권리·의무의 주체가 될 수 있는 일반적·추상적 자격을 말하는 것이다. '행위능력'은 단독으로 유효하게 법률행위를 할 수 있는 자격을 말한다. 그래서 민법은 행위능력이 제한되는 미성년자가 유효한 법률행위를 하기 위해서는 법정대리인의 동의가 필요하다고 규정하고 있다.

대학원에 입학한 뒤 재학 2년 동안 사법시험에 합격하면 좋겠지만 불합격하는 경우도 대비해야 했다. 당시 6개월 석사장교 제도가 시행 중이어서 사법시험에 떨어지면 석사장교라도 가야 했으므로 휴학 없이 대학원 수업을 듣고 학점도 취득하면서 동시에 사법시험 공부도 했다. 대학원에서는 민법을 전공했다.

다행히 대학원 1학기이던 1988년 3월에 실시한 사법시험 1차 시험에 합격하고 1989년 7월에 실시한 사법시험 2차 시험에 합격했다. 6개월 석사장교로 군대 문제를 해결(?)하는 선택지를 생각할 필요가 없게 되어 1990년 사법연수원에 입소한 후 1992년 초 사법연수원 2년 과정을 마치고 변호사 자격을 취득했다. 사법연수원의 2년 과정 중 처음 1년은 연수원에서 이론 교육을 하고, 2년 차인 1991년에는 법원 6개월, 검찰 3개월, 나머지 관계 기관 연수 등으로 진행됐는데 법원에서 6개월 실무수습을 하는 기간 동안 나중에 대법관을 지내신 양창수 교수님의 지도하에 논문을 써서 1991년 여름 법학 석사학위를 받았다. 자동차 사고를 중심으로 민법의 특수 불법행위 분야를 다룬 논문이었다.

연수원 수료와 동시에 군법무관 3년 생활을 시작했는데 사법연수원 2년과 군법무관 3년의 총 5년의 기간은, 진로에 대해 생각할 충분한 시간이었다. 법조 3륜이라 부르는 판사(법원), 검사(검찰), 변호사(로펌) 중에 어느 직역을 선택할지 내내 고민했던 주제였다. 판사나 검사가 어떤 업무를 하고, 판·검사가 됐을 때 어떤 직역 경로career path를 거치는지도 고려 대상이었지만 판사나 검사가 외부에 어떻게 비치고, 사람들이 해당 직역에 대해 어떻게 생각하는지도 중요했다.

그런데 사법연수원생이나 군법무관 같은 예비 법조인의 눈에도, 당시 검찰은 일부 중요 사건 처리에 있어서 법과 원칙에 입각해 사건을 처리하기보다는 정치적인 고려에 따라 수사와 처분도 하는 것으로 보였다. 1995년 2월 군법무관 생활을 마치면서 무난한 선택지로 보였던 법원을 선택한 이유이다. 그해 3월 서울에서 법관으로 임관되었고, 서울에서 3년 동안 판사 생활을 하다가 1998년 3월 대형 로펌으로 이직하면서 변호사로서 법률실무를 시작했다.

로펌에서 변호사로 일하던 1999년 가을, 우리나라에서 특별검사(특검)제도가 처음 시행되면서 특검 사무실에 파견되어 특별수사관으로 일할 수 있었던 기회도 있었고 하버드 로스쿨 석사과정(LL.M.과정)에 유학할 기회도 있었다. 초대 특검 사무실에서 특별수사관으로 일한 경력은, 20년이 지난 뒤 특별검사제도가 상설화된 것으로 볼 수 있는 공수처의 초대 처장으로 오게 된 것과 연결되는 경력이었으니 우연의 일치라고 하기에는 참으로 의미 있는 경험이었다. 또한 미국에 유학하여 판례법 중심의 미국법을 공부할 수 있었던 것은 대륙법 중심의 법체계에 매몰되어 있던 법학적 사고에 새로운 지평을 열어준 경험이었다.

권위주의 정권과 법

사실 우리 한국인들이 법에 대해 그동안 거리감을 느끼고 멀리해 온 것은 권위주의적 정권의 억압적인 법 집행과도 관련이 있을 것이다.

지금부터 약 100여 년 전으로 거슬러 가보면, 당시 법을 지키라고 강요했던 것은 일제강점기에 우리나라를 지배했던 조선 총독부였다. 조선 총독부는 법령 위반이 아니라 지시 위반이나 불이행 정도에도 태형을 집행했다. 태형은 막대기로 등짝이나 볼기를 때리는 신체형인데 조선태형령에 의해 각 지방 경찰서장이나 헌병대장이 재판 없이도 즉결 조치로, 이런 처벌을 내릴 수 있었다. 이런 식의 신체형의 처벌방식이나 절차도 문제였

제1강 법 없이도 살 사람

지만 당국이 일본인이 아니라 조선인에 대해서만 차별적으로 태형을 집행했다는 것이 더 문제였다.

요즈음처럼 인권에 대한 관념이 보편화된 시대에는 생각하기도 어려운 일이지만, 일제강점기의 법은 조선을 무력으로 점령한 일본 당국이 한국인들에게 이래라저래라 명령하고 이에 위반하면 사람을 즉시 잡아서 구타하는 식으로 이행을 강제하는 시스템이었다.

1945년 제2차세계대전이 종전되고 한국은 일제의 억압으로부터 해방됐다. 그러나 우리나라가 민주화되기 전에는 상당 기간 권위주의 정부가 지속되어 권력자가 국가의 안전이나 질서 유지 등을 명분으로 내세우면서 법을 통해 국민의 자유를 억압하고, 법을 권력 연장과 정권 유지 수단으로 사용한 경우가 많았다. 물론 이에 대해 1960년 4·19 혁명이나 1987년 6월 항쟁 등을 통해 저항했던 역사도 있었지만 말이다.

1972년 10월 17일 박정희 대통령은 특별선언을 통해 '10월 유신'을 선포, 국회를 해산하고 헌정질서를 중단시킨 뒤 국민투표를 거쳐서 유신헌법을 공포·시행했다. 여기서 '유신'은 '메이지유신'을 본뜬 말이다. 그러나 '유신'이라면, 일본이 1868년부터 시작했던 종전의 막부 체제를 해체하고 천황의 왕정복고를 통한 통일된 권력의 확립에 이르는 광범위한 변혁의 과정을 '메이지유신'으로 총칭하는 것인데, 권력 내부에서 친위쿠데타를 한 것을 유신이라 칭한 것이다.

유신헌법에 따르면 대통령은 '긴급조치'를 할 수 있었다. 긴급조치를 통해 정부나 법원의 권한을 제한하는 조치를 할 수 있고 헌법에 규정된 국민의 자유와 권리를 잠정적으로 정지시키는 조치도 할 수 있었다. 이런 긴급조치는 법원의 사법심사 대상에서도 제외되어 그야말로 '초법적'이었다. '10월 유신'을 통해 대통령은 법 위에 정도가 아니라 헌법 위의 존재가 되었다.

박 대통령은 이런 긴급조치를 여러 차례 발동하여 집회나 시위를 금지하고 헌법을 개정하자고 주장하는 것조차 금지했다. 긴급조치를 위반한 사람에 대해서는 법관의 영장 없는 체포, 구속, 압수수색도 실시됐다. 당시는 민주주의와 자유를 외치면서 권력에 반대하고 저항한 사람들이 오히려 '법의 이름'으로 심판받고 처벌받는 아이러니한 시대였다. 검사들이 기소하면 판사들이 유죄를 선고했다.

당시 판·검사와 같은 법조인은 경쟁이 치열한 고등고시나 사법고시를 통과한 그야말로 소수 엘리트이다 보니 이런 엄혹한 시대를 살면서 사람들이 법과 법조인 모두에 대해 부정적인 인식을 품었을 수 있다. 또 권위주의 정권이 수십 년간 지속되었기 때문에 법과 법조인에 대한 부정적인 인식은 계속 누적됐을 것이다.

그보다 20년 전으로 거슬러 가보면, 6·25 전쟁 당시의 범죄에 대해 범죄의 종류나 경중도 가리지 않고 최소한 10년 이상의 징역형으로 처벌하도록 규정한 소위 부역자처벌법이 있었다. 처벌이 너무 중해서 판사가 사안의 경중에 따라 처벌의 경중을 달리하기도 어려운 법이었다. 길 가던 중고생이 중공군이 가재도구들을 집에서 싣고 나오는 것을 보고 호기심에 빈집에 들어가 양주 몇 병을 들고나온 사건 같은 가벼운 범죄 사건들이 당시에 참 많았다고 한다.

이런 사건을 맡은 판사 중에 유병진 판사(1914~1966) 같은 분은 이런 가벼운 사안에 징역 10년 이상을 선고하기가 고민되어 고심 끝에 무죄 판결을 선고했다. 범죄를 저지른 사람에게 형사책임을 묻기 위해서는 범죄행위가 아니라 적법한 행위를 기대할 가능성이 있어야 한다는 소위 기대가능성 이론 등의 법학 이론을 동원한 것이다. 유 판사는 이승만 대통령의 정적으로 간첩 혐의가 적용된 진보당 당수 조봉암에 대해서도 무죄 판결을 선고한 소신 있는 판사였다.

그러나 권위주의 시대를 살았던 많은 판사들은, 사건에 적용할 법이 정의롭지 못하거나 부당하다는 소신이 들어도 판사로서 재판을 거부하거나 명백하게 규정되어 있는 실정법의 적용을 거부할 수 없어서 가혹한 법 규정을 그대로 적용하여 중형을 선고하곤 했다.

권위주의 정권은 상당히 오래갔다. 필자가 대학을 다니던 1980년대만 하더라도 사복 경찰이 대학 캠퍼스 안에 상주해 있으면서 시위하려고 모이는 학생이라도 생기면 바로 연행해 가고, 길거리를 다니면 소지한 가방을 경찰이 열어보고 뒤지는 일

이 다반사였으며, '임의동행'이라면서 경찰서로 연행해 가는 일
이 빈번했던 권위주의 시대였다.

제2장

법이란 무엇인가

사회가 있는 곳에 법이 있다

"사회가 있는 곳에 법이 있다Ubi societas ibi ius."라는 유명한 법언이
있다.

인류 역사를 보면, 인간이 사회를 이루고 산 곳에는 정확히
언제부터인지 가늠하기 어렵지만 오래전부터 법이 존재해 왔
다. 아울러 분쟁이 생겼을 때 재판하는 절차도 있었다. 사람이
모여 사는 사회가 있으면 분쟁이 있고 "사회가 있는 곳에 재판이
있다."라고 할 수 있다.

인류 역사상 농업혁명은 기원전 8000년경 이전에 이미 일
어났다. 이스라엘의 여리고 지역이나 튀르키예의 차탈회위크
등지에는 수천 년 전 사람들이 집단생활했던 고대 도시의 흔적

들이 남아 있다. 이들 지역은 아마도 농업혁명과 관련이 있을 것이다. 티그리스강과 유프라테스강 사이에 있는 '비옥한 초승달' 지역에서는 고대 문명 중 하나인 메소포타미아 문명이 융성했다. 그 중심지 중 하나인 고대 도시 우르에는 기원전 3000년 경 왕이 백성들에게 정의를 약속하면서 관리들에게 점토판에 법전을 새기라고 명령했다는 기록이 남아 있다. 무엇이 법인지를 선언하고 공포하는 것과 무엇이 정의인지를 선언하고 약속하는 것이 동일시되고 동시에 이루어졌다. 이것만 보더라도 법과 정의가 같은 말처럼 쓰인 것은 그 역사가 상당히 오래됐다고볼 수 있다.

대제국을 이룩했던 바빌로니아 제국의 함무라비왕은 기원전 18세기 280여 개의 조문을 비석에 새겼고, 비석에 새겨진 함무라비법전이 유물로 남아 지금까지 내려온다. 아카드어로 정교하게 새겨진 이 비석은 법조문의 모음집이라기보다는 판결 또는 판례의 모음집으로 보아야 한다. 만일 귀족 남자가 다른 귀족 남자의 눈을 멀게 하면 그의 눈도 멀게 하고, 평민 남자의 눈을 멀게 하면 은 60세겔을 피해자에게 주라는 식의, 실제 있었거나 있을 수 있는 사안들에 대한 해결 방안을 기록해 놓았기 때문이다. 함무라비왕은 함무라비법전 말미에 "이것이 유능한 왕 함무라비가 내린 공정한 판결이고, 이에 따라 사람들을 진리의 길에 따른 올바른 삶의 방식으로 인도했다."고 설파했다. 여기서 왕이 말한 올바름과 공정은 곧 재판에 있어서의 공정과 정의였다.

사실 함무라비법전에 새겨진 '눈에는 눈, 이에는 이' 방식의 동해보복법, 즉 나에게 손해를 끼친 사람에게 같은 정도의 손해로 되갚아주어야 한다는 것이 법이고 정의라는 관념은 지금까지도 면면히 내려오고 있다. 파푸아뉴기니의 일부 지역에서는 현재에도 여전히 시행되는 법이라고 한다. 오랫동안 시행되던 관행이 법으로서의 규범력을 획득한 경우로 볼 수 있다.

기원전 1200년경 유대인들(히브리 민족)이 이집트에서 탈출해(출애굽 사건) 가나안 지역에 정착했다. 출애굽을 이끈 불세출의 지도자 모세는 '모세오경'이라 불리는 「창세기」, 「출애굽기」, 「레위기」, 「민수기」, 「신명기」를 기록했다고 전해진다. 유대인들은 가나안 땅에 정착하기 전에 40년 동안이나 광야(사막)에서 방황하면서 천막생활을 했다. 200만 명 정도의 사람들이 걸어서 일주일이면 갈 거리를 40년 동안이나 이동하면서 다녔으니 스트레스도 많이 받고 분쟁과 다툼이 많이 생겼을 것이다.

당시 사람들 사이에서 심판할 일이 생기면 처음에는 모든 사건을 지도자 모세가 혼자 재판했다고 한다. 그러다가 천부장, 백부장, 오십부장, 십부장을 지도자로 세우고 이들이 재판하도록 하고, 그중 어려운 사건만 모세가 재판하는 것으로 변경했다. 사람이 모여 사는 사회에서 생긴 각종 분쟁을 재판절차를 통해 해결해 왔음을 보여주는 오래된 사례이다.

오래전부터 있었던 재판의 2가지 유형은, 개인과 개인 간의 재산이나 신분을 둘러싼 분쟁에 대한 재판의 유형(민사재판)과 범죄행위에 대해 유·무죄를 정하고 처벌하는 유형의 재판(형사재판)이었다. 형사재판은 범죄를 저지르지 않았다고 주장하는 범죄 혐의자와 혐의가 있다고 하는 국가나 사회 간의 분쟁으로 볼 수 있다.

이런 재판을 하려면 재판에 적용할 기준이 되는 규범(법)이 반드시 필요하다. 만일 기준 없이 재판한다면 그야말로 자의적인 것이 될 가능성이 높고, 당사자들이 승복할 가능성도 그만큼 낮아질 것이다. 분쟁이 해결되기는커녕 또 다른 시빗거리나 분쟁의 씨앗이 될 수도 있다.

성경에 따르면, 모세에게 십계명을 수여한 신은 사람을 죽였을 때 고의적으로 죽인 경우와 고의 없이 실수로 죽인 경우를 달리 취급하여 처벌하는 등 재판의 기준이 되는 구체적인 법도 수여했다고 한다.

그럼 "사회가 있는 곳에 법이 있다."라고 할 때 '법'이란 무엇인가?

법은 가상의 실제이다

베스트셀러 『사피엔스』의 저자 유발 하라리Yuval N. Harari는, 약 15만 년 전 아프리카 한 귀퉁이에서 주변적 존재로 살았던 사피엔스가 인지혁명, 농업혁명, 산업혁명을 통해 오늘날 지구상의 중심적 존재가 되기까지 인류의 전체 역사를 이 책 한 권으로 풀어냈다.

유발 하라리는 지금으로부터 7만 년~3만 년 전 인간이 인지혁명을 거치면서 언어와 언어를 통해 만들어낸 이야기, 즉 '가상의 실제imagined reality'를 활용하게 된 것을 계기로 지구상에 아주 특별한 존재가 됐다고 말한다. 인지혁명이란 새로운 사고 방식과 의사소통 방식을 말하는데 구술 언어인 말이 그 핵심일 수밖에 없다. 나중에 문자 언어(글)가 발명되면서 인간이 기록을 남기고 공동의 기억을 관리하고 후대에 전수하게 된 것이 지식과 경험의 전달과 확산에 엄청난 계기가 되었다. 기원전 18세기의 함무라비법전이 기록으로 남아서 현재까지 전해지고 있는 것이 좋은 사례이다. 유발 하라리는 함무라비법전이 기원전 1776년이라고 하면서 미국 독립선언이 기원후 1776년이었다는 점과 대비하기도 했다.

유발 하라리에 따르면 법이나 제도는 모두 인간이 만든 것으로 가상의 실제 또는 픽션fiction이라 했다. '가상'의 실제라고 해서 거짓말이라고 생각하면 오해이다. 법이 가상의 실제라는 것은 인간이 만들어낸 가상의imagined 것이기는 하지만 거짓은 아니고 사람들이 공통적으로 믿는 것이므로 실제로 존재하는 것reality이다. 인간이 구두 언어(말)와 문자 언어(글)를 활용하게 되고 이 언어가 발달하면서 진리, 정의, 자유, 평등, 권리, 민주주의 등의 추상적인 개념을 사용하게 된 것이야말로 이러한 '가상의 실제'의 출현과 발달에 결정적인 계기가 됐을 것이다. 영어 문법 식으로 하면 추상명사이고, 학문의 세계에서는 개념어라 할 것이다. 어떤 권리를 가진다, 보유한다고 말하는 것은 우리 눈에 보이지 않고 만져지지도 않지만 그런 권리가 존재한다고 믿고, 그런 믿음에 충분한 근거가 있기 때문이다.

유발 하라리는 주식회사제도, 화폐제도, 그리고 국가나 인권 등을 이런 가상의 실제의 예로 들었다. 1776년 미국 독립선언은 "우리는 이러한 진리들이 자명하다고 믿는다. 즉, 모든 사람이 평등하게 창조되었고, 창조주로부터 양도 불가능한 일정한 권리를 부여받았는데 그중에는 생명, 자유, 행복을 추구할 권리가 있다."라는 내용이다.

미국 독립선언이 있은 1776년 이전만 하더라도 왕과 귀족, 평민, 노예 등이 서로 다르게 취급받아야 한다는 것은 너무나 당연한 믿음이었다. 인간이 평등하지 않다는 이런 믿음을 전제로 한 신분제도는 수천 년간 내려온 상식이었다. 이런 가운데서 미국 독립선언은 "모든 인간이 평등하다는 것을 자명한 진리로 믿는다."라고 선언했다. 1762년 출판된 루소Jean J. Rousseau의 『사회계약론』 역시 "인간은 자유롭게 태어났다. 그러나 도처에서 쇠사슬에 매여 있다."라는 유명한 문장으로 시작한다. 인간이 자유를 가지고 태어났다거나 평등하다는 것, 아니면 자유롭지 못하거나 불평등하다는 것 역시 누가 목격하거나 증명한 사실이 아니다. 사람들이 공통적으로 믿는 믿음일 뿐이다. 그런 점에서 자유나 평등은 인간이 만들어낸 '가상의 실제'라는 것이다.

또한 미국 독립선언은 양도 불가능한 인간의 '권리'로 생명에 관한 권리(생명권), 자유에 대한 권리(자유권), 행복을 추구할 권리(행복추구권)를 창조주(신)에게서 부여받은 권리, 즉 천부인권으로 열거했다. 인간이 이런 권리를 가진다는 점, 그리고 이런 권리를 신에게서 부여받았다는 점, 또한 이런 권리는 양도 불가능하다는 점들은 모두 증명이 가능한 사실의 영역으로 보기는 어렵다. 가상의 실제의 영역인 것이다.

앞에서 법은 사람들에게 의무나 부담만 지우고, 명령하며 강제하는 그런 부정적인 역할만 수행하는 것은 아니라고 했다. 미국 독립선언에 이어서 제정된 미국 연방헌법을 위시한 근대국가의 성문 헌법들을 살펴보면, 대개 국가권력의 분립을 규정하고 그 권력을 제한하면서 생명권, 자유권 같은 인간의 기본적인 권리(인권)를 보장했다. 이런 헌법들이 근대 입헌주의 헌법으로 지칭되는 이유이기도 하다. 이처럼 근대국가에서 법이 개인의 권리와 권한, 특히 인간으로서의 기본적 권리(인권)를 규정하고 보장해 주는 긍정적인 역할을 하기 시작하면서 국가와 개인 간의 관계는 새롭게 설정되기 시작했다. 군주국가 체제 아래서 백성은 신하된 백성, 즉 신민臣民이었지만 근대 입헌국가에서 백성은 시민혁명의 주체가 된 시민, 그래서 주권자가 된 국민이다.

인간이 인간이기 때문에 가지는 기본적인 권리, 즉 생명에 대한 권리, 양심과 사상의 자유, 함부로 체포나 구속 등을 당하지 않을 자유, 종교를 신앙할 자유, 거주와 이전의 자유, 사생활의 비밀과 자유 등 인간이 기본적으로 누려야 할 권리를 국가가 헌법과 법률을 통해서 제도적으로 보장하는 것은 근대 입헌주의 헌법이라면 당연한 것이다. 근대 시민혁명을 통해 주권자 국민이 된 사람들은 이런 인권을 보장받고 누리기 위해 지난한 투쟁의 과정을 거쳐서 헌법도 제정하고 권리도 보장받았다. 종교의 자유 하나만 보더라도 이 자유를 보장받기 위해서 '30년 전쟁' 같은 수많은 전쟁과 피 흘림의 역사가 있었다.

우리 헌법 역시 국민의 기본적 자유와 권리에 관해 규정한 제2장에서 국민이 가지는 여러 가지 권리를 상세하게 규정하고 있다. 국민의 자유와 권리가 국회(제3장)나 정부(제4장) 등 통치구조 규정들보다 앞에 배치되어 있는 것은 인권이 국가에 선행한다는 심오한 의미를 품고 있다. 다만, 우리나라의 경우 시민혁명을 통한 근대 입헌주의 헌법의 제정, 그리고 헌법의 제정을 통한 인권의 보장 같은 역사적 과정은 결여되고 서구 사회에서 일반적으로 보장되는 권리 목록들이 제헌헌법의 제정을 통해 어느 날부터 '보장'되기 시작했다.

인간이 만들어낸 가상의 실제인 자유와 인권을 가상의 실제인 헌법과 법률을 통해 사람들이 보장받음으로써 과거에 왕이나 특권계급이 누렸던 혜택을 이제는 사회의 모든 구성원이 평등하게 누리는 세상이 되었다. 헌법과 법의 공로가 아닐 수 없다.

인권인가 기본권인가

인권과 비슷한 말이지만 뉘앙스가 다른 말이 있다. '기본권'이란 말이다. 헌법 교과서들은 대개 인권이란 말 대신 기본권이란 용어를 쓰고 있다. '기본권'이란 말의 유래를 보면, 제2차세계대전 후 독일이 헌법이란 이름 대신 나라의 기본이 되는 법이란 의미로 '기본법Grundrecht'을 제정했는데 기본법이 보장하는 권리가 기본권이다. 요컨대 기본권은 나라의 기본법이 보장하는 권리이다. 결국 국가가 먼저 있고 국가의 테두리 안에서 법으로 보장되는 권리가 기본권인 셈이다. 그렇다면 국가가 없거나 국가가 법으로 보장하지 않으면 기본권은 없다는 결론이 된다.

반면 인권은 '천부인권'이란 말도 있듯이 인간이 인간이기 때문에 가지고 인간이 인간이기 때문에 당연히 인정받아야 하는 권리이다. 국가가 있건 없건 간에 사람이면 보장되는 권리이다. 인권은 그 개념상, 국가가 먼저 있고 국가가 보장해야 비로소 인정되는 권리가 아니다. 헌법 교과서에서는 대개 인권이란 말보다 기본권이란 말을 쓰고 있지만, 정작 우리 헌법에는 기본권이란 말이 없다. 헌법에는 '기본적 인권'이란 말이 있을 뿐이다. 우리 헌법도 기본권이란 말 대신 인권이란 말을 쓰고 있는 것이다.

필자가 인문학을 전공하다가 법학으로 전공을 바꾼 직접적인 계기가 된 것은 헌법 강의를 수강하면서였다. 대학 4학년 1학기 헌법 강의 중에 교수님이 기본권이란 용어 자체 그리고 그 말의 근저에 있는 국가주의적인 사고에 대해 문제 제기하시면서 인권을 인권이라고 불러야지, 왜 국가를 전제로 한 기본권이란 말을 쓰느냐는 취지로 비판한 것이 지금도 인상깊게 기억이 난다. 1987년 봄의 일이었다. 서울대생 박종철이 경찰의 고문치사로 사망하고 전두환 대통령의 호헌 선언에 대해 대학생들이 호헌 철폐와 독재 타도를 외치던 시기였다. 교수님이 제기했던 인권에 대한 이런 문제의식은 수십 년이 지난 지금까지도 생생하게 기억나는 감동으로 남아 있다.

헌법 강의에서 느꼈던 신선한 충격은 서울에 법관으로 임관해 3년간 판사로 일하고 대형 로펌에서 12년간 변호사로 일한 후 2010년 뒤늦게 헌법재판소로 전직한 하나의 이유가 되었다. 프랑스에서 헌법을 공부하신 교수님이 프랑스의 구체제(앙시앙 레짐)의 모순과 프랑스혁명의 발발 과정, 혁명 후 인간과 시민의 권리선언(프랑스 인권선언), 그리고 헌법이 제정되고 공화국이 선포되는 과정 등에 대해 강의하시면서, 독일에서는 인권을 기본권으로 지칭하면서 용어를 사용하는데 독일에서 유학한 교수들이 학계의 주류를 이룬 한국 역시 인권이란 용어 대신 기본권이란 용어를 별다른 문제의식 없이 답습해 쓰고 있다고 비판했다.

사실 국가가 있건 없건 간에 사람이 사람이면 인정되고 보장받아야 할 권리가 '인권'이므로 그 말 자체에 국가의 그림자가 전혀 없다. '인권'은 그 말 자체부터 인간 중심적이고 사람 냄

새가 난다. 여기서 국가는 2차적이다. 그 때문인지 몰라도 '인권'이란 말을 들으면 때로 가슴이 뭉클해지기도 한다. 반면 '기본권'은 그 개념상 국가의 존재가 전제되어야 하고, 국가가 보장해야 비로소 있는 권리이다. 국가가 먼저 오고 인간, 인간의 권리는 다음이다. 2차적이다. 그래서 그런지 '기본권'이란 말을 들으면 '인권'이란 말에서 느끼는 감동이 없다.

필자는 국민학교를 다닌 세대이다. 지금은 국민학교란 말을 더 이상 쓰지 않고 초등학교란 말을 쓴다. 일제강점기에 일제는 한국인들을 황국(일본)의 신민, 즉 신하 된 백성으로 만들고자 '황국 신민화 정책'을 실시하면서 1941년부터 초등교육기관의 명칭을 종전의 소학교에서 국민학교로 변경했다. 우리나라에서는 1945년 일제강점기에서 해방된 후에도 이 말을 50년 넘게 쓰다가 1996년이 되어서야 일제의 잔재를 청산하고 민족정기를 바로 세운다는 취지로 국민학교란 말 대신 초등학교란 말을 쓰기 시작했다.

박정희 정권은 1968년부터 '국민교육헌장'을 국민학교를 비롯한 학교와 직장에서 매일 암송하게 했다. "우리는 민족중흥의 역사적 사명을 띠고 이 땅에 태어났다."로 시작되고, "나라의 융성이 나의 발전의 근본임을 깨달아 자유와 권리에 따른 책임과 의무를 다하며 스스로 국가 건설에 참여하고 봉사하는 국민정신을 드높인다."라는 것이 핵심인 국가 우선의, 국가주의적인 내용이었다. 국민교육헌장은 1994년부터 각급 학교의 교과서에서 삭제됨으로써 폐기됐다.

기본권이란 말과 인권이란 말의 관계는 국민학교와 초등학교 사이의 관계와 비슷한 것 같다. 국가에 충성하는 국민을 양성하는 것을 목표로 하는 국민학교를 다닌 세대가 국가에 대해 주장하는 권리는 국가가 법으로 보장해야 겨우 인정되는 기본권일 뿐이다. 태어날 때부터 당연히 인정되고 국가와는 상관없이 인정되는 인권은 이런 국민학교를 다닌 세대에게는 생소할 수밖에 없는 것이다.

인권이냐 기본권이냐는 단지 용어 사용의 문제일 뿐이라고 볼 수도 있다. 그러나 어떤 용어를 사용하느냐는, 인간과 인간이 가지는 권리를 어떻게 보는지의 관점이나 세계관의 차이를 극명하게 보여줄 수 있다. 관점의 차이에 따라 해석을 달리하고 다르게 볼 수 있다는 것은, '인권'이나 '기본권'이란 것이 유발 하라리가 말한 가상의 실제라는 주장을 뒷받침해 준다. 영어로 번역해 보면, 인권은 Human Rights이고 기본권은 Basic Rights 정도가 된다. 의미 자체가 완전히 달라지고, 어떤 용어를 써야 하는지도 보다 분명해진다.

인권은 인간이 인간이기 때문에 인정받는 권리이고, 기본권은 국가가 기본법(헌법)을 통해 보장하는 권리이므로 권리라는 점에서는 공통되므로 '권리'에 대해 살펴본다. 권리가 무엇인지에 대해서는 여러 가지 관점과 견해가 있다. 권리는 1) 법에 의해 주어진 '의사의 힘'이라는 견해, 2) '법에 의해 보호되는 이익'

이라는 견해, 3) '일정한 이익을 누리기 위해 법이 인정하는 힘'
이라는 여러 학설 또는 관점이 있다. 현재 가장 유력한 학설(관
점)은 권리란 일정한 이익을 누리기 위해 법이 인정한 힘이라는
권리법력설이다.

법을 공부하다 보면 중요한 이슈마다 이렇게 견해(학설)의
대립이 있는 경우가 많다. 또 대법원이나 헌법재판소의 결정에
서도 다수의견(법정의견) 외에 소수의견(반대의견)이 있는 등 견
해 대립이 있다. 이런 점 역시 법이 '가상의 실제'임을 보여주는
예로 볼 수 있다고 생각한다.

법은 도덕의 최소한

"법은 도덕의 최소한이다."라는 말이 있다. 독일의 법학자 게오
르크 옐리네크Georg Jellinek가 했다는 말이다. 이 말을 글자 그대
로 해석하면, 법과 도덕 중에서 법보다는 도덕의 범위가 넓고,
도덕 중에서 꼭 지켜야 할 내용을 법으로 규정하여 강제하는 것
이라는 의미로 해석할 수 있다.

16세기의 대표적인 종교개혁가 존 칼빈(장 칼뱅)은 대표 저
서『기독교 강요』에서, 법은 국가 체제를 지탱하는 든든한 힘줄
이자 국가의 영혼이라고 했다. 그러면서 법에는 3가지 종류가
있다고 했다. 도덕과 관련된 도덕법moral law, 제사 등 의식에 관
한 의식법ceremonial law, 사람들 간의 분쟁 해결 등에 관련된 재판

법judicial law 또는 시민법civil law이다. 종교개혁가 칼빈의 통찰에 따르더라도, 최소한의 도덕을 법으로 정한 것이라 볼 수 있는 도덕법은 법 중에서 일부에 불과한 것이다. 칼빈은 유대(히브리) 민족이 출애굽 당시에 신에게서 수여받았다는 십계명을 도덕법의 대표적 내용으로 들었다.

사실 "법은 도덕의 최소한이다."라는 말은, 액면 그대로 받아들이면 "도덕은 법의 최대한이다."라는 말이 되고 법은 도덕에 포함되는 것이다. 그러나 칼빈의 지적처럼 법 조항 중에는 도덕과는 전혀 관계 없는 조항들도 많이 있으므로 맞지 않는 말이 된다. 또한 법으로 규율할 영역과 도덕으로 규율할 영역이 상호 겹치는 영역도 있겠지만 그렇지 않은 각각의 독자적인 영역도 얼마든지 있을 수 있다는 점도 고려해 보아야 한다.

그러나 비록 '법은 도덕의 최소한'이라는 명제가 타당하지 않은 경우가 있다 하더라도 법의 도덕적 측면, 즉 일정한 도덕 규범을 법을 통해 강제하는 측면은 결코 무시할 수 없다. 예를 들어, 살인해서는 안 된다거나 다른 사람의 물건을 도둑질해서는 안 된다거나 뇌물을 받아서는 안 된다는 등의 규범은 어느 시대, 어느 사회에서나 반드시 준수해야 할 보편적인 도덕규범으로 존재해 왔고 동시에 법으로도 강제돼 왔다.

우리나라 형법은 사람을 살해한 경우 사형, 무기 또는 5년 이상의 징역형으로 처벌하고(형법 제250조), 다른 사람의 재물을 절취한 경우 6년 이하의 징역형 또는 천만 원 이하의 벌금형으로 처벌하며(형법 제329조), 뇌물과 관련된 여러 유형의 행위를 범죄로 규정하고 처벌하고 있다(형법 제129조부터 제133조까지).

형법 제250조 제1항이 "사람을 살해한 자는 사형, 무기 또는 5년 이상의 징역에 처한다."라고 규정할 때 '사람을 살해'는 구성요건이라 한다. 범죄를 구성하는 법률적 요건이라는 뜻이다. 법률에서는 '법률요건'과 '법률효과'가 핵심 중의 핵심인데 사형, 무기 또는 5년 이상의 징역의 형을 받게 된다는 것이 법률효과인 셈이다.

법률효과는 법률상 생기는 효과이고, 법률요건은 법률효과를 발생하게 하는 사실이나 원인을 통틀어 말한다. 법률요건이 있으면 법률효과가 발생하는 법이다. 법률요건이 있어야 비로소 법률효과가 발생한다고 표현할 수도 있다.

공수처 제도와 공수처의 관할 범죄

공수처 제도는 2021년 1월 21일 초대 공수처장의 임명과 함께 시작되었다. '고위공직자범죄수사처('공수처')'라는 새로운 제도가 우리나라에서 시행될 수 있었던 것은 '고위공직자범죄수사처 설치 및 운영에 관한 법률'('공수처법')이라는 법이 제정되었기 때문이다. 공수처라는 새로운 제도 역시 법을 통해, 또 법의 테두리 안에서 보장되고 제도 시행될 수 있었다.

공수처법을 보면 공수처가 수사할 수 있는 범죄는 고위공직자의 범죄 전부가 아니라 형법상 뇌물죄를 포함해서 29개의 범죄(관련 범죄 제외)로 국한되어 있다(공수처법 제2조 참조). 법이 그렇게 정했다. 수사대상자가 기본적으로 장·차관 이상의 고위공직자와 판·검사 정도로 한정적인데 거기에다가 수사대상 범죄도 한정적으로 정한 것이다. 모든 범죄에 대해 일반적 수사권을 가진 경찰이나 검찰보다 수사의 범위가 훨씬 좁다.

공수처의 공식 영문 명칭은 'Corruption Investigation Office'(약칭 CIO)이다. 부패를 조사(수사)하는 기관이라는 의미이다. 명칭에서부터 반부패 수사/기소 기관임을 분명히 했다. 공수처의 정체성identity은 반부패 법집행기관인 것이다.

이런 명칭에 걸맞게 뇌물죄는 공수처의 수사대상 범죄의 대표 격이다. 여기서 법이 금지하고 처벌하는 '뇌물'은 단지 금전을 주고받는 것만 말하는 것이 아니라 유형, 무형의 경제적 가치가 있는 이익을 모두 포괄하는 개념이다.

고위공직자가 직무에 관하여 이런 뇌물을 수수하거나 요구 또는 약속하는 행위, 직무에 관해 부정한 청탁을 받고 제3자에게 뇌물을 공여하게(주게) 하거나 공여를 요구 또는 약속하는 행위, 이런 뇌물을 받은 뒤에 부정한 행위를 하는 경우와 부정한 행위를 먼저 하고 뇌물을 받는 경우, 고위공직자가 다른 공무원의 직무에 속한 사항의 알선에 관하여 뇌물을 수수, 요구 또는 약속하는 행위 등 뇌물과 관련된 제반 범죄들이 공수처의 수사대상 범죄이다.

이렇게 법이 뇌물과 관련된 여러 가지 행위 태양을 포괄적으로 규정하면서 처벌하는 것은 고위공직자가 금전적인 가치가 있는 뇌물을 실제로 직접 수수하는 경우만 처벌하는 것으로는 부족하고, 뇌물을 요구하거나 약속하는 행위도 처벌해야 하며, 다른 사람 즉 제3자가 받도록 하거나 받도록 요구하거나 약속받는 것 등을 통해 우회적으로 뇌물을 받을 수도 있으므로 이것도 처벌하는 취지이다. 또한 고위공직자가 자기의 직무에 관해서가 아니라 다른 공무원의 직무에 관하여 알선하면서 뇌물을 수수, 요구, 약속하는 경우도 얼마든지 있을 수 있으므로 법은 이러한 경우도 처벌하고자 한다. 이렇게 일어날 수 있는 모든 종류의 뇌물 범죄를 미리 상정하여 처벌하도록 해야 뇌물 관련 범죄를 근절할 수 있다는 입법자의 의지가 관철될 수 있다. 상정 가능한 모든 종류의 뇌물 거래를 근절해야 뇌물을 금지하는 법의 실효성이 높아지는 것이다.

공수처법은 고위공직자가 '뇌물'이란 말로 대표되는 경제적 가치가 있는 이익을 수수, 요구 또는 약속하는 뇌물 관련 제반 범죄뿐만 아니라 고위공직자의 직무와 관련된 범죄행위도 처벌하고 있다. 즉 고위공직자가 직권을 남용하여 다른 사람으로 하여금 의무 없는 일을 하게 하거나 그 사람의 권리행사를 방해한 범죄(직권남용)뿐만 아니라 정당한 이유 없이 직무수행을 거부하거나 직무를 유기한 범죄(직무유기), 피의사실을 공표하거나 공무상 비밀을 누설한 경우, 공문서를 위조 또는 변조하거나 허위의 공문서를 작성한 경우, 횡령죄, 배임죄, 업무상 횡령·배임죄 등 총 29가지의 범죄(관련 범죄 제외)를 제한적으로 수사대상 범죄로 하고 있다.

필자가 초대 공수처장으로 있으면서 공수처의 관할 범죄에 대해 알기 쉽게 설명할 때, 크게 2가지 유형의 범죄가 있다고 말한다. 하나는 돈과 관련이 있는 범죄 유형, 다른 하나는 돈과 관련이 없는 고위공직자의 직무수행과 관련이 있는 범죄 유형이다. 앞의 유형은 앞서 본 뇌물죄와 횡령죄, 배임죄, 그리고 변호사법 위반 등이고, 뒤의 유형은 직권남용, 직무유기, 피의사실 공표, 공무상 비밀 누설, 공문서 위·변조, 허위공문서 작성, 그렇게 만든 공문서의 행사죄 등이다.

공수처법 제정과정에서 당초 공수처의 수사대상 범죄로 포함 열거되어 있다가 빠진 범죄들이 있다. 그것이 무엇인지도 관심 있게 살펴볼 필요가 있다. 조문의 순서대로 보면 증거인멸죄(형법 제155조), 강요죄(제324조), 공갈죄(제350조), 특가법상 수재(동법 제5조), 알선수재(제7조), 사금융알선(제8조), 저축 관련 부당행위(제9조), 공직선거법상 공무원 등의 선거관여죄(동법 제255조), 공수처 또는 그 소속 공무원에 대한 공무집행방해죄, 위계공무집행방해죄, 공용서류무효죄, 특수공무집행방해죄 등으로 꽤 많은 범죄가 입법과정에서 빠졌다. 공수처 설립 후 고위공직자의 청탁금지법 위반이나 이해충돌방지법 위반 사안들이 계속 문제시되고 있는데 이런 범죄도 공수처의 관할 범죄로 검토할 필요가 있다.

법은 명령과 강제의 시스템인가, 승인된 규칙인가

우리 사회에서 '법 없이도 살 사람'이란 말이 널리 통용된다는
사실은 우리 한국인들이 법을 일종의 명령과 강제의 시스템(메
커니즘)으로 인식하는 경향이 많음을 잘 보여준다. 사실 서양에
서도 법은 주권자의 명령이라는 견해가 일반적이었다. 과거 왕
이 나라를 다스리던 군주주권의 시대에는 주권자가 왕이었지
만 지금처럼 나라의 주권이 국민에게 있는 국민주권의 시대에
는 의회가 제정한 법이 주권자의 명령이 된다.

사회계약론과 '만인의 만인에 대한 투쟁'으로 유명한 토마
스 홉스Thomas Hobbes는 1651년에 쓴 『리바이어던』에서 실정법을
주권자의 명령으로 보았다. 인간의 이성이 찾아낸 법칙 또는 일
반적 원칙인 자연법에 대응하여 실정법은 주권자의 명령인데
주권자의 의지가 음성이나 문서, 기타 충분한 증거에 의해 선언
되거나 명시된 것이라고 했다. 19세기 영국을 풍미한 법실증주
의의 대표적 학자 존 오스틴John Austin도 주권자가 직접적인 방
법이나 우회적인 방법을 통해서 일반적으로 명령한 것이 법, 곧
실정법이라고 했다.

주권은 국가의 의사를 결정하는 최고의, 최종적인 권력인데
주권자를 식별하는 표지는 존 오스틴에 따르면, 본인은 다른 사

람들로부터 습관적으로 복종을 받지만 자기는 그 누구에 대해서도 습관적인 복종을 하지 않는 독립적인 존재라고 했다. 법은 이런 주권자가 내리는 '일반적인 명령'으로 '해악의 고지에 의한 강제가 동반되는 명령'이라고 했다.

그러나 이에 대해, 법을 만일 강제가 수반되는 명령이라고 한다면 은행 강도가 권총으로 위협하는 상황에서 발하는 명령과 국회가 법률을 통과시켜서 법률에 따라서 발하는 명령 간에 무슨 차이가 있냐고 반박한 유력한 반론이 있었다. 영국의 법철학자 하트H.L.A. Hart의 반론인데 양자 사이에 기본적으로 차이가 없으므로 법을 그런 식으로 파악해서는 안 되고, 법은 기본적으로 규칙rule, 즉 국가의 법체계 안에서 승인된 규칙이라고 했다. 법을 상당히 폭넓게 본 것이다.

이처럼 '법'을 '명령이나 강제'가 아니라 '규칙'으로 보고, 나라의 '법'을 국가에서 승인된 규칙으로 넓게 인식하고 받아들인다면, 이런 법을 자발적으로 준수할 가능성은 그만큼 커진다. 법을 사람들 상호 간에 지켜야 할 승인된 규칙으로 받아들인다면, 명령이나 강제 따위가 없어도 법은 당연히 준수해야 할 것으로 인식될 것이기 때문이다. 또 명령이나 강제는 그것이 없어도 자율적으로 법의 취지에 맞게 바람직하게 행동하며 사는 사람도 일부 있을 수 있겠지만 규칙 없이 사는 사람은 불가능하다는 자연스러운 결론에 도달한다.

우리나라에서 자동차는 도로의 우측으로 통행하는 것이 규칙인데 영국이나 일본에서는 좌측으로 통행하는 것이 규칙이다. 자동차가 우측 통행이 규칙인 나라에서 좌측으로 통행하는 차가 있으면 사고가 날 게 뻔한 것처럼 사람 사는 사회에서 규칙 없이 살기는 불가능하다.

6세기에 편찬된 『로마법대전』은 법학을 올바름과 그릇됨에 대한 학문이라고 했다. 오늘날 법은 국가를 조직하고 운영하거나 개인이나 단체가 자신의 권한이나 권리를 주장할 때, 또한 그들 사이에 분쟁이 생겼을 때 그 근거나 기준이 되는 등으로 광범위한 기능을 수행한다고 했는데, 법은 이런 경우들에 있어서 국가에 의해 올바르다고 승인된 규칙으로 정의하면 좋을 것이다.

자연법과 실정법, 근본규범

앞에서 토마스 홉스의 실정법에 대한 논의를 살펴봤는데 이에 반해 자연법은 민족이나 사회, 시대를 초월하여 언제 어디서나 타당한, 즉 항구성과 보편타당성을 갖는 법으로 보면 된다. 실정법은 자연법과 달리 특정한 국가 또는 사회가 특정한 시대에 법으로 제정한, 법제화한 법이다.

중세 철학의 대표적 학자 토마스 아퀴나스Thomas Aquinas에 따르면, 자연법은 신이 창조한 세상에 신의 이성이 반영된 법이다. 왕의 지배는 신법과 자연법을 준수하는 한도 내에서만 정당

화되므로 왕(군주)이 이런 법을 계속 위반하면 반란도 정당화될
수 있다고 했다.

토마스 홉스는 『리바이어던』에서 "모든 사람은 가능한 한
평화를 위해 노력해야 한다."라는 것을 제1의 자연법으로 보았
다. 아울러 계약을 맺었으면 지켜야 한다거나 누구도 자기 사건
의 재판관이 될 수 없다는 것 등을 자연법의 구체적 내용으로
들었다.

1920년 오스트리아 헌법 입안에 큰 역할을 한 법학자 한스
켈젠Hans Kelsen은 20세기 이후 헌법재판제도가 활성화되는 데에
도 크게 기여했다. 국가의 법질서는 정연한 체계와 단계를 이루
고 있어서 명령의 근거는 법률이고 법률의 근거는 헌법이며 헌
법의 근거는 '근본규범'이 되는 식으로 하위 법령의 근거와 효
력은 상위 법령에 의존한다는 법단계설을 주장한 것으로 유명
하고, 켈젠은 이것을 헌법재판의 근거로 삼았다. '근본규범'은
법질서가 타당한 궁극적인 근거가 되는 것인데 아퀴나스나 홉
스 식으로 말한다면 자연법이겠다.

법대로 합시다

조선시대는 물론이고 오늘날 우리 사회에서도 '법 없이도 살 사
람'이 착한 사람, 도덕적인 사람의 대명사처럼 통용된다는 말
은, 사람은 법 없이도 얼마든지 좋은 삶을 살 수 있다는 믿음을

반영하는 것으로 볼 수 있다. 그런데 '법 없이도 살 사람'의 정반대 표현이 있다면 그것은 아마도 "법대로 합시다."일 것이다.

우리 사회에서 부모자식 같은 직계가족이나 친인척처럼 "우리가 남이가?" 할 정도로 가까운 동질적인 공동체 안에서는 대부분 갈등이 생겼을 때 "법대로 하자."라고 하면서 법에 호소하거나 하지는 않는다. 가장이나 권위를 가진 윗사람(어른)이 관련자에게 양보를 받아내거나 아니면 훈계해서 잘 타이르거나 하는 식으로 갈등을 조정·해결하는 것이 상례였다. 어른들이 덕으로 다스리고 서로 간의 예절을 중시하는 전통사회에서는 법이나 규정을 따져서 법대로 하는 일은 가장 피해야 할 일이었다.

그동안 우리 사회에서 "법대로 하자."라는 건 서로 잘 모르는 남남 사이나 앞으로 다시 볼 일이 없다 싶은 사이에서나 가능한 일이고, 서로 잘 알고 가까운 사이에서는 생각조차 하기 어려운 일이었다. 만일 부모자식이나 형제자매 사이에 법대로 하자고 하면서 소송까지 간다면 그것은 가족 공동체 내에서 자율적 중재나 조정도 아무 소용이 없어지고, 당사자들 간에 서로 다시는 안 보겠다는 정도로 감정이 상한 경우라야 그럴 것이다.

우리 사회의 체면 문화나 사법에 대한 불신 때문에 '법대로' 문제를 해결하는 것을 꺼리는 사람들이 많았던 것 또한 사실이다. 김두식 교수는『불멸의 신성가족』에서 큰 교통사고를 당한 뒤 상대방 보험회사로부터 돈을 너무 적게 받은 것 같아 사고

운전자를 상대로 손해배상소송이라도 제기해야 하는 형편이지만, 변호사를 100퍼센트 신뢰할 수 없고 변호사를 선임해서 소송을 하면 자기가 받을 금액이 오히려 줄어들지도 모른다는 생각이 들 뿐만 아니라 소송까지 제기하면 자신이 필요 이상의 돈을 보상금으로 받으려 하는 사람이라는 인상을 보험회사나 주위 사람들에게 줄지도 모른다고 염려하는 체면 문화 때문에 결국 소송제기를 포기하고 손해를 감수한 사례를 들었다.

이런 사례는 우리 사회의 사법에 대한 불신의 일단을 잘 보여준다. 법은 다수의 서민에게는 현실적으로 도움을 받을 수 있는 제도가 아니라 그냥 '잘 지켜야 하는 제도'일 뿐이라는 서글픈 현실 말이다.

동양 사회에서의 법

중국과 우리나라를 포함한 동양의 유교 사회에서 우리말로 '나라'는 아주 옛날부터 '국가國家'로 불렸다. 그런데 '국가'라는 말 안에 '가家'가 들어 있는 것에서 알 수 있는 것처럼 본래 지배층 귀족들의 가문들이 모인 것이 곧 국가였다. 왕王의 가문은 그중에서도 대표가 되는 가문이라는 의미였다. 이처럼 국가를 가족이 확대된 것으로 본다면 그 안에서는 '법대로' 하거나 법을 따지기보다는 각자 할 도리를 다하는 도덕과 윤리가 중요한 역할을 했을 것이다.

조선은 1392년 건국하여 1910년 한일병합조약의 체결로 멸망했는데 성리학을 지배이념으로 한 유교 국가였다. 중국에서 공자와 맹자, 공자의 다른 제자들을 중심으로 한 초기 유학은 현실에서의 도덕적 실천을 위주로 한 가르침으로 오랫동안 우리나라를 포함한 동양 세계의 사고체계에 지배적인 영향력을 행사했다. 이런 유교 국가, 유교 사회에서 왕에게는 법이 아니라 예禮와 덕德에 따라 통치하는 것이 기대됐다.

송나라 시대가 되자 유학의 부흥을 꿈꾸는 유학자들의 연구가 집적되고 도덕에 대한 우주론적인 형이상학적 체계까지 갖춰지면서 이를 성리학으로 불렀다. 12세기 남송의 유학자 주희(주자)가 그 이론체계를 완성하여 주자학으로도 불리는데 이후 유교의 주류학파가 됐고 조선의 지배이념이 되었다.

정도전을 비롯한 조선 개국의 유학자들은 불교를 숭상한 고려를 비판하면서 불교를 억압하고 유교를 숭상함(억불숭유)을 기치로 내걸면서 역시 불교를 집요하게 공격한 주자의 성리학을 조선의 건국이념으로 받아들였다. 정도전은 조선을 성리학의 이데올로기를 국가 통치이념으로 한 성리학 국가이자 왕과 사대부가 함께 통치하는 사대부 국가로 설계했다. 이런 사대부 국가의 건설은 사실상 입헌군주제를 구상한 것이라는 학계의 긍정적 평가도 있지만 권력의 분립과 이를 통한 인권의 보장이 없는 입헌군주제는 국민의 관점에서는 사실 별 의미가 없다.

조선은 1392년 개국하면서 태조 이성계가 '조선朝鮮'으로 나라의 이름을 정할 때 명나라 황제의 승인을 얻어 정했을 정도로 명나라가 세계의 중심이라는 중화사상에 충실했던 나라였다. 또 중국과의 위계질서가 분명했을 뿐만 아니라 지배계급 양반과 평민의 구별이 엄격하고 노비도 존재하는 위계질서의 신분제 사회였다.

유교 국가 조선에서 왕권이 상대적으로 강했던 시기도 있었지만 조선 중기 이후 잦은 사화와 반정을 거치면서 사대부들이 왕에 대해 반기를 들고 왕을 갈아치우기도 했다. 그렇지만 사대부들로서도 왕이 없는 공화정을 추구한 것은 아니었고 왕을 정점으로 한 신분제 질서는 그대로 유지해야 했으므로 기존 왕을 폐위하더라도 매번 새로운 왕을 옹립했다. 이에 따라 군주(왕)는 비록 바뀔지라도 유교적인 신분 질서는 그대로 유지되었다.

유교 사회와 법

대대로 세습되는 신분제 질서를 긍정하는 유교의 관점에서 보면 조선은, 신하는 임금을 섬기는 것이 근본이고, 아들은 아버지를 섬기는 것이 근본이며, 아내는 남편을 섬기는 것이 근본인 삼강오륜의 유교의 도덕과 이념이 수백 년간 지배한 사회였다. 세계사에서 단일한 왕조로 500년 이상 지속된 예가 많지 않은데 518년이나 지속된 조선왕조는 희귀한 예이다. 조선왕조가 이렇게 오래 유지되었다는 점에서 유교의 이념과 도덕이 양반

계층은 물론이고 모든 계층에 효과적으로 침투한 비교적 안정적인 사회였다고 볼 수도 있다.

유교에서는 공자가 『논어』에서 말한 대로, 군주가 백성을 법령으로 인도하고 형벌로 다스리면 백성이 형벌을 면하려고만 하고 부끄러움이 없지만, 백성을 덕으로 인도하고 예禮로 다스리면 백성이 부끄러워할 줄도 알고 자연히 선에 이를 것이라고 했다(『논어』위정편). 한마디로 덕德에 의한 통치를 표방한 것이다.

반면 유교에서는 군주가 법으로 다스리는 것은 형벌에 의존하는 통치로 예와 덕에 의한 통치보다 등급이 낮은 통치로 보았다. 국가의 통치나 사회질서의 유지에 있어서 법보다는 도덕의 우위를 인정한 것이다. 유교에서는 법을 형벌 법규 정도로 아주 좁게 본 것인데, 이런 유교가 지배이념이 된 사회는 '법대로' 또는 '법으로' 사는 삶보다는 '법 없이 사는 삶'의 우위가 공적으로 인정된 사회였다.

춘추전국시대(기원전 8세기~3세기)의 제자백가 사상 중에는 유교 사상만 있었던 것이 아니라 법가 사상도 있었다. 법가 사상은, 군주가 강력한 왕권을 확립하고 관료제를 통해 법 집행을 엄격하게 하고 형벌을 효과적으로 사용할 것을 주장했다. 춘추전국시대의 혼란상을 끝내고 천하를 통일했던 진나라의 사상적 토대가 된 것 역시 법가 사상이었다. 유교 사상이 아니었다. 그러나 법가의 '법치주의'는 중국과 한국에서는 덕에 의한 통치를 주창한 유교에 밀려서 주류 이념이 되지는 못했다.

그런데 동양에서 쓰는 '法'이란 한자에는 물水이 위에서 아래로 흘러가는去 것처럼 당연한 이치라는 뜻이 담겨 있다고 한다. 지금은 '헌법憲法'이란 말을 한 나라의 조직과 운영의 기본법이자 최고법의 의미로 쓰지만, 과거 동양에서는 헌憲과 법法이 모두 법을 뜻하는 말이었다.

법을 뜻하는 헌憲이라는 한자는 해害로운 일을 하지 못하도록 눈目과 마음心으로 감시한다는 뜻으로 만들어졌다고 한다. 요컨대 법에는 물이 아래로 흘러가는 것처럼 당연한 이치라는 의미와 더불어 해로운 일이 생기지 않도록 눈과 마음으로 감시한다는 이중적인 의미가 들어 있는 것이다.

그리스의 법

반면 비슷한 시기 서양 세계, 그리스와 로마를 중심으로 한 세계에서는 법과 정의에 따라 나라를 조직하고 다스린다는 것이 당시 사람들의 일반적인 생각이었다. 『법률』이나 『니코마코스 윤리학』을 통해 이런 주장을 했던 플라톤, 아리스토텔레스 같은 사상가들만의 독자적 생각이 아니었다.

민주정치의 본고장으로 알려진 그리스는 본래 군주정으로 시작했는데 비록 왕이 다스리기는 했지만, 동양 세계의 전제 군주국가 체제와는 사뭇 달랐다. 호메로스Homeros의 서사시 『일리아스』와 『오뒷세이아』를 보면 당시 왕들도 귀족들과 논의를 한 뒤에 모든 결정을 했으며, 귀족들의 권한이나 발언권도 상당히 강했던 체제였음을 알 수 있다. 기원전 3세기 중국의 춘추전국 시대를 끝낸 통일왕국 진나라와 같은 동양의 전제 군주국가 체제와는 확연히 달랐던 것이다.

그 뒤 그리스의 군주정이 붕괴되고 기원전 8세기에는 그리스 알파벳이 출현하면서 문자 기록이 시작됐다. 이에 따라 법도 종전에 구전으로 내려오던 관습법이 점차 성문화되기 시작했다. 엄격한 형벌 법규의 제정자로 유명한 드라콘Dracon이 이렇게 성문법이 된 법규들을 대리석에 새겨서 공공장소에 게시하는 방법으로 공개했다고 한다. 중국의 경우도 기원전 6세기 진나라에서 형벌 법규를 솥에 새겨서 사람들이 볼 수 있도록 공개한 일이 있었다고 한다.

기원전 594년경 집정관이 된 솔론Solon은 종전에 신분에 따라 정치에 참여하던 것을 시민을 재산의 정도에 따라 4계급으로 나누고, 그런 4계급에 따라 정치에 참여도 하고 공직에도 취임하도록 하는 정치개혁을 단행했다. 아울러 빚 때문에 사실상 노예로 전락한 농민 계층의 부채를 탕감하는 경제개혁, 민회에서 제비뽑기로 선출된 시민들로 구성된 배심재판 제도를 개선하고 확대하는 사법개혁을 포함한 일련의 개혁 조치도 단행했다. 이런 솔론의 일련의 개혁 조치로 아테네 민주주의의 토대가 마련됐다.

이러한 바탕 위에 등장한 클레이스테네스Cleisthenes는 기존에 있던 민회의 권한을 강화하여 20세 이상의 아테네 시민 남자라면 누구나 민회에 참여할 권리를 갖도록 하여 일반 시민이 직접 국정에 참여할 수 있는 직접 민주주의 체제를 열었다.

그리스 역사상 가장 유명하고 영향력 있는 인물 가운데 하나인 페리클레스Pericles는 이런 토대 위에서 기원전 5세기 아테네의 '황금시대'를 열 수 있었다. 당시 페리클레스가 몸담았던 국가(폴리스)는 지금 우리가 속해 있는 국가의 인구 규모 정도가 아니었다. 자유민뿐만 아니라 노예나 거류민까지 모두 포함하여 인구가 약 20만 명을 상회하는 정도의 작은 도시 규모였다.

아테네 민주정에서 시민의 권리와 의무는, 민회에 참여하여 나라(폴리스)의 의사결정에 참여하고 추첨 등을 통해 공직에 참여하는 것과 아울러 배심원단의 구성원이 될 수 있는 2가지였다. 시민이라면 공직에 참여하는 것과 배심원단의 구성원이 되어서 재판에 참여하는 것이 반드시 해야 하는 중요한 일로 여겨졌다.

민회는 20세 이상의 남자 아테네인이 대개 6,000여 명 규모로 구성되는데 1년에 40회 이상 모여서 토론과 결정을 통해 국가의 중요 정책들을 결정했다. 직접 민주주의 정치체제로 민회를 뒷받침하는 500인 회의가 있었고 10인의 정무관도 있었다. 배심재판의 경우 아테네에서는 30세 이상의 성년 남자들 중에서 배심원이 선출됐는데 임기는 1년이었다.

플라톤이 쓴 『소크라테스의 변론』을 보면 소크라테스가 아테네의 배심원단 앞에서 젊은이들을 현혹시키고 국가가 공인한 신을 믿지 않았다는 혐의로 형사재판을 받으면서 스스로를 변호한 이야기가 기록되어 있다. 재판에는 500명가량의 배심원이 관여했고 2단계로 재판이 진행됐다. 먼저 유·무죄에 대해 배심원들이 평결하고, 유죄 평결이 나면 해당 죄목에 대한 형벌이 법에 정해져 있지 않은 경우 고발인 측과 피고인 측이 각기 제의하는 벌 중에서 어느 한쪽을 투표에 의해 결정하는 구조였다. 『소크라테스의 변론』을 보면 소크라테스의 재판 역시 이런 순서로 진행됐음을 알 수 있다.

페리클레스 시대에 아테네는 전성기를 구가하고 정치개혁에 따라 모든 시민이 공직에 오를 수 있는 피선거권을 갖추게 된다. 투키디데스Thukydides의 『펠로폰네소스 전쟁사』를 보면 펠로폰네소스 전쟁 전몰자 추도식에서 페리클레스가 했던 유명한 연설이 기록되어 있다. 페리클레스가 아테네의 정치체제에 대해 다음과 같이 말한 내용 말이다.

"아테네의 민주정치체제는 다른 나라의 제도를 본뜬 것이 아니고 오히려 다른 나라의 모델이 되고 있다. 권력이 소수자의 손에 있는 것이 아니라 전체 시민에게 있으므로 이를 민주정치democracy로 부른다. 개인 간의 분쟁 사건 해결에 있어서는 법 앞에 만인이 평등하고, 공직을 맡음에 있어서는 출신 계급이 아니라 그 사람이 가지는 능력을 중요하게 취급하는 사회이다."

아테네의 민주정치가 권력이 소수자의 손에 있는 것이 아니라 전체 시민에게 있는, 다수가 지배하는 체제 즉 민주정치라는 지적, 그리고 법 앞에 만인이 평등하다(특히 재판에 있어서)는 선언은 2천 년이 지난 지금 들어도 신선한 외침이자 선언이 아닐 수 없다.

노모스와 정의

기원전 5세기와 4세기 플라톤과 아리스토텔레스가 살았던 시대의 그리스인들은 노모스nomos와 피지스physis를 구분하여 사고했다. 피지스가 자연 또는 본성을 의미하는 말이라면 노모스는 법이나 관습을 의미하는 말로 가장 가까운 영어 단어는 norm(규범)이다. 히브리어 성경이 헬라어로 번역된 『칠십인역Septuagint』에서 율법을 뜻하는 히브리어 토라Torah는 헬라어 노모스로 번역됐다. 플라톤이 마지막으로 쓴 책이 『법률nomoi』인데 여기서 노모이nomoi는 노모스nomos의 복수이다.

그리스인들에게 노모스(법)는 신에게서 내려오는, 조상에게서 내려오는 것, 즉 신들의 노모스, 조상들의 노모스였다. 플라톤도 『법률』의 앞부분에서 스파르타인들은 자신들의 법률을 아폴론 신의 것으로, 크레테인들은 자신들의 법률을 제우스 신의 것으로 인식했다고 썼다. 그리스인들이 조상 전래의 법을 그만큼 신성시했음을 알 수 있다.

노모스에는 어원적으로 사람들이 승인한다거나 받아들인다는 의미가 있다. 사람들이 관행적으로 많이 사용하는 말이나 표현의 방식이 문법이 되듯이 사람들이 승인하는 행동이 반복되면서 관습이자 법이 된 경우가 많았다. 왕이나 의회가 법으로 제정하여 공포하는 것이 성문법이라면 이런 관습법은 불문의 법이다. 노모이, 즉 법은 불문의 관습으로 계속 준수되면서 구속력을 갖게 되어 법이 된 관습법과 사회 환경의 변화에 따라 성문의 법으로 제정할 필요가 생겨서 제정·공포한 제정법을 모두 포괄하는 의미로 사용되었다.

법에서 흔히 쓰는 말로 '법원法源'이란 말이 있다. '법의 원천'이란 뜻으로, 법의 source라는 말이다. 대개 법의 원천에 대해서는 제정법(성문법)과 불문법, 그리고 사물의 본질적 법칙 또는 이성의 법칙이라 부르는 조리를 든다. 성문의 제정법에는 공수처법처럼 국회가 통과시킨 법률, 대통령과 각부 장관이 제정한 법규(대통령령, 부령 등), 대법원규칙이나 헌법재판소규칙과 같은 규칙 등이 있다. 불문법은 크게 관습법과 판례(법)가 있다. 헌법재판소가 2004년 소위 '신행정수도 이전 사건'에서 대한민국에서 서울이 한국의 수도라는 것은 관습(헌법)이라는 관습법의 존재를 선언한 것이 유명하다.

소크라테스가 아테네 배심원 앞에서 무죄 변론을 하는 과정을 그린 『소크라테스의 변론』에서 소크라테스는, 사람들이 노모스(법)에 반하는 일을 하자고 했을 때 그들의 편에 서기보다는 노모스(법)에 어긋나는 그 어떤 일도 해서는 안 된다고 반대했고 노모스(법)와 정의의 편에서 위험을 무릅쓰는 편이 낫다고 생각하고 반대표를 던졌다고 자신을 변호했다.

고대 그리스인들이 법을 이런 식으로 인식했기 때문에 아리스토텔레스 역시 『니코마코스 윤리학』에서 법을 지키고 공평한 것은 곧 정의로운 것이고, 반면 법을 어기거나 공평하지 않은 것(불균등한 것)은 부정의한 것으로 정의했다.

아리스토텔레스는 이 책에서 또한 정의의 개념을 좀 더 세분화하여 정의를 분배적 정의와 교정적 정의로 구분했다. 분배적 정의는 명예나 금전, 정치체제를 함께하는 사람들 간에 나눌 수 있는 것들, 예컨대 지배권 등의 분배에서 성립하는 정의라고 했다. 반면 교정적 정의는, 자발적인 거래나 비자발적인 거래에 있어서 불균등이 생기는 경우에 재판관이 균등함을 회복하는 것을 말한다고 했다. 아리스토텔레스가 범죄행위를 일종의 거래행위, 그중에서 비자발적인 거래로 본 점, 그리고 범죄행위에 대해 재판을 통해 형을 부과하고 처벌함으로써 균등함을 회복할 수 있고 정의를 실현할 수 있다고 본 것은 독창적인 견해라 할 수 있다.

상향식 법과 하향식 법

플라톤의 20대 시절 아테네는 스파르타와의 패권전쟁에서 패전한 여파로 민주 정부는 30명 참주의 통치체제로 대체됐지만 1년도 못 갔다. 『소크라테스의 변론』에서 소크라테스는 참주들이 당시 자신에게 부당한 명령을 내렸지만 복종하지 않았는데 참주의 체제가 빨리 무너지지 않았다면 아마 죽임을 당했을 것이라고 했다.

아테네인들이 힘을 합쳐 참주들을 몰아내고 민주정을 회복하는 과정에서 소크라테스는 멜레토스Meletus로부터 고발을 당하고 배심재판 끝에 사형에 이른다. 이를 지켜본 플라톤은 올바른 국가의 모습(정치체제)과 개인의 모습이 어떠해야 하는지를 주제로 한 『국가Politeia』를 저술했다. 보통 '국가'라고 번역하지만 원어 Politeia의 의미에 충실하게 번역하면 '정치체제'라 할 수 있다. 이 책의 부제가 '정의에 관하여'일 정도로 정의란 무엇인가가 『국가』의 핵심 주제이다.

이 책에서 소피스트인 트라시마코스Thrasymachus는, 법은 입법자에게서 비롯되는데 권력을 가진 강자인 입법자들이 자신들의 이익을 옹호하기 위해 만든 것이 법이므로, 법을 지키는 것이 곧 정의라는 논리는 강자의 이익에 불과하다는 주장을 편다. 이에 대해 소크라테스는 법은 강자의 이익을 위한 것이 아니라, 사람들 간에 행동의 준칙을 상호 약속하는 것이 서로에게 이익이 된다고 생각하고 그러한 약속을 법으로 정한 것이므로, 그렇다면 법으로 정해진 것을 따르는 것이 결국 올바름이고 정의 아니겠냐는 취지로 반박한다. 일종의 상향식 법이다.

『국가』에서 소크라테스가 '법'에 대해 사람들 간에 행동의 준칙을 상호 약속하는 것이 서로에게 이익이 된다고 생각하고 그러한 약속을 정한 것이라고 한 것은, 법을 사람들 상호 간에 지켜야 할, 승인된 규칙으로 정의한 20세기의 법철학자 하트의 견해와 일맥상통한다.

플라톤은 죽기 전 마지막으로 쓴 저서 『법률』에서 법을 토대로 국가가 어떻게 조직되어야 하는지에 대해 논의하면서 법이 모든 정치권력보다 상위에 있다는, 법의 지배의 이념을 처음으로 체계화하여 피력했다. 어떤 나라든 법이 통치자들의 주인이 되고 통치자들은 법의 종이 되는 곳에서는 신들이 인간 사회를 지배하던 황금기처럼 번영하고 보존될 것이지만 반대로 법이 휘둘리고 권위를 잃은 곳에는 파멸이 닥쳐올 것이라고 했다.

플라톤은 또한 『법률』에서, 법이란 단순하게 말하면 위반에 대해 처벌이 따른다는 위협을 수반하는 명령이라고 하면서 그렇지만 법은 강제적인 명령인 동시에 설득으로, 그런 설득의 언어가 개진되는 곳이 법의 서문이라고 했다. 즉 정부는 법을 통해 명령할 뿐만 아니라 설득할 의무도 있는데, 모든 법률에는 법률의 도덕적 필요성을 설명하는 서문(전문)을 가져야 한다는 원칙을 천명했다. 플라톤은 또한 입법자가 법을 제정할 때 설득과 강제라는 2가지 수단을 잘 활용해야 함에도 순전히 강제라는 수단만 사용해 입법하는 것은 잘못이라고 했다.

법이 법으로서 잘 준수되고 실효성을 가지려면 강제력을 가지고 명령하는 것만으로는 부족하고 설득의 언어를 잘 개진하여 수범자들이 자발적으로 준수하도록 만들어야 실효성 있는 법으로서 규범력도 높아진다고 볼 수 있으므로, 법의 서문을 통해 법의 설득력을 높여야 한다는 플라톤의 견해는 오늘날에도 유효한 탁견이다.

플라톤의 이런 견해를 들지 않더라도 공수처법에 공수처 제도의 목적을 고위공직자와 그 친인척의 부패범죄에 대한 성역 없는 공정한 수사와 기소로 명시하는 것이 공수처법의 설득력을 높이는 길이라 생각한다. 어느 법이나 대개 제1조는 목적 규정인데 공수처법 제1조(목적)는 "공수처의 설치와 운영에 관해 필요한 사항을 규정함을 목적으로 한다."라는 내용으로 무색무취하게 규정한다. 공수처법의 법 이름 자체가 공수처의 설치 및 운영에 관한 법률인데 목적 규정을 이렇게 규정하는 것은 동어반복이다. 1996년부터 시작되어 25년 된 시대적 과제였던 공수처 제도의 목적을 공수처법 제1조의 목적 규정에 명시하면 좋을 것이다.

앞에서 법을 뜻하는 노모이가 불문의 관습으로 계속 준수되면서 구속력을 갖게 되어 법이 된 경우(관습법)와 사회 환경의 변화에 따라 성문의 법으로 제정할 필요가 생겨서 제정·공포한 법(제정법)의 양자를 모두 포괄하는 의미라고 했다. 사실 관습법의 경우는 이미 오랫동안 준수된 관습이 법이 된 것이므로 법으로서 규범력을 획득했다고 볼 것이나 입법자가 법으로 제정하

여 공포한 제정법의 경우에는 단지 법을 통해 명령한다는 것만
으로 사람들이 바로 복종하고 잘 시행된다고 볼 수는 없고 규범
력 획득에 시간이 걸릴 수 있다.

헤로도토스Herodotos가 쓴 『역사』를 보면 각 민족마다 관습과
풍습이 다른 것이 잘 기술되어 있다. 예컨대 스파르타에서는
새로운 왕이 즉위하면 왕이나 국가에 부채를 지고 있던 것을
탕감해 주는 관습이 있었고, 페르시아에서는 새로운 왕이 즉
위하면 모든 도시의 체납 조세를 탕감해 주기도 하는 관습이
있었다.

관습이 법이 된 경우는 가족법이나 상속법에서 많이 발견할
수 있다. 오랫동안 시행되던 관습이나 관행이 법이 된 관습법은
입법자가 어느 날 제정하여 공포, 시행한 제정법과 비교해 볼
때 상향식 법이라 할 수 있다. 관습법이 상향식 법이라면 입법
자가 어느 날 제정하여 법의 준수를 명령한 제정법은 하향식 법
으로 볼 수 있다.

우리 헌법재판소는 2004년 10월 신행정수도 이전 사건 결
정에서 대한민국에서 서울이 한국의 수도라는 것이 관습 헌법
이라고 하면서 1) 어떤 관행이 존재할 것, 2) 관행이 충분한 기
간 반복 내지 계속될 것, 3) 관행이 지속성을 가지고 반대 관행
이 없을 것, 4) 관행의 내용이 명확할 것, 5) 관행이 국민의 승인
내지 확신을 얻을 것의 5가지를 관습 헌법 성립의 요건으로 제
시했다.

로마에 가면 로마법

"로마에 가면 로마법을 따르라."라는 유명한 격언이 있다. 고대 세계를 통일한 로마가 세계의 중심이었던 시기에 유래된 말이다. 고대 서양 세계를 정복하고 통일한 로마는 세계를 무력으로 정복했을 뿐만 아니라 기독교로 정복하고, 법으로도 정복하여 세 번 정복했다고 한다. 그만큼 로마법이 후세의 법체계에 미치는 영향이 크다는 말이다.

로마는 기원전 509년 왕이 다스리던 체제에서 공화정으로 이행했다. 그러나 당시 로마에서 왕은 동양의 전제 군주처럼 막강한 권한을 가진 존재는 아니었고 종신직이기는 했지만 세습되지는 않았다. 공화정으로 이행한 뒤 로마는 귀족들의 원로원, 로마시민이면 누구나 참여할 수 있는 민회, 그리고 집정관이 권력을 나누어 차지한 혼합적 정치체제였다.

당시만 해도 관습법 중심의 법체계였는데 프리츠 하이켈하임Fritz M. Heichelheim의 『로마사』에 의하면, 기원전 5세기 중반에 제정·공표된 유명한 '12표법'은 예로부터 내려오는 관습법이나 사제들의 전승에 담긴 다소 일관성이 없는 내용의 기존 법과 관습을 명확하게 해두려는 목적으로 제정됐다고 한다. 로마 최초의 성문법인 '12표법'은 동판에 새겨져서 광장에 게시됐다는 기록이 있다고 한다.

'12표법'의 제정 당시 로마는 항상 전투 중이라 할 정도로 전쟁이 잦았고 평민계급이 집정관의 소집 명령에 응해서 전투에 참여하지 않으면 국가의 안보가 위협받는 상황이었다. 당시 평민들의 입장에서는 전쟁에 차출되어 생계유지 현장에서 떠나면 그 와중에 재산을 빼앗기거나 빚을 지게 되고, 전쟁이 끝난 뒤에는 빚 때문에 노예로 전락하거나 생계가 위협받는 수도 있는 상황이었다. 이런 이유로 평민들이 군 징집에 불응하고 농성하는 사태까지 생겼다. 이런 배경에서 평민의 이익을 수호하기 위해 '12표법'이 제정되고 호민관 제도도 도입됐다고 한다.

로마 제정시대 역사가 타키투스Tacitus는 당시 로마의 상황에 대해, 국가의 부wealth가 얼마 되지 않았을 때는 사람들 간에 평등이 용이하게 유지됐으나 로마가 세계를 정복하고 경쟁 관계에 있는 도시들이나 왕국들이 파멸하자 로마인들은 안전한 부를 마음껏 누리게 되었고 귀족과 평민 간의 싸움이 빈번하게 발생했다고 기록했다. 이에 따라 때로는 호민관들이 소란을 일으켰고 때로는 집정관들이 너무 강력한 권력을 장악하기도 했다. 타키투스는 이런 싸움으로 시내에서 내전이 벌어지기도 했다고 『연대기』라는 역사책에 기술했다.

'12표법'은 그 내용이 새겨진 동판이 유실되어서 정확한 내용을 알 수는 없으나 그 내용의 일부가 키케로의 『법률론』 등 후대 저자들의 인용을 통해 전해지고 있다. "만약 원고가 피고를 법정에 소환하면 피고는 가야 한다. 만일 가지 않으면 원고는 증인을 부를 것이고 그런 뒤에 그(피고)를 데려갈 것이다."라는 식의 소송절차의 세부 사항이나 채무이행 판결의 집행, 소유권이나 상속 등 일상의 법률관계를 포괄적으로 다루었다. 또한 채무자가 채권자에게 30일 이내에 채무금을 지급하라는 판결을 내렸는데도 이행하지 않는 경우 채무자를 연행하거나 감금할 권한을 부여하는 등의 세부 절차도 규정했다. 이러한 제도에 따라 채무를 불이행한 채무자는 노예 신분으로 전락하기도 했다.

하이켈하임의 『로마사』에 따르면 '12표법'은 그때까지 내려오던 공법과 사법의 기본적 내용을 법전화한 것이다. 이 법은 귀족과 평민 간의 법적인 공평함과 다소나마 법 앞에 모든 시민이 평등함을 수립하는 데에 그 목적이 있었다고 하고, 특히 형사절차에 있어서 신분에 따른 특혜를 인정하지 않음을 명시하여 모든 시민이 법 앞에 평등하다는 원칙을 선언한 것이라고 평가된다.

고대 로마에서 민사소송은 정해진 엄격한 형식에 의해서만 성립됐다. 이런 소송 사건들을 관장하기 위해 법무관praetor이 선출되어 업무를 처리했다고 한다. 소송 당사자가 소정의 양식formula으로 알려진 엄격한 서식에 소송의 쟁점 사항을 정리하여 법무관에게 제출하여야 비로소 소송으로 성립했다. 이에 따라 법무관은 소정의 양식 등에 의해 원고가 제기한 사건이 증명되고 청구권에 관한 적절한 구제 방법이 있을 때 이를 확인하고 승인하는 역할을 했다.

로마의 법학과 로마법의 편찬

고대 서양 세계를 평정하고 천 년 이상 다스렸던 로마의 전성기가 있다. 전쟁을 통한 영토 확장을 최소화하면서 '로마의 평화Pax Romana'를 누렸던 1세기, 2세기의 로마는 전성기를 구가했다. 로마의 전성기는 로마법의 전성기이기도 해서 켈수스Celsus를 비롯한 로마법의 대가들이 이름을 날렸다.

켈수스는 1세기 후반부터 2세기 전반에 활동한 로마의 전성기를 대표하는 법학자 중 하나로 그가 법에 관해 정의한 내용은 지금까지 내려온다. 그는 법을 '정의(옳음)와 형평의 기술Ius est ars boni et aequi'이라고 했다. 여기서 라틴어 ars는 영어의 아트art, 고대 그리스어의 테크네techne에 해당하는 말이다. 수단이나 기술로 번역될 수 있다. 정의와 형평이라는 법의 목적을 이루는 수단·방법이나 기술이 바로 법이라는 취지이다. 지금 들어도 일리가 있는 법에 대한 정의가 아닐 수 없다.

로마법을 집대성하며 큰 업적을 남긴 황제는 6세기 동로마 황제 유스티니아누스이다. 당시까지의 로마법을 집대성한 『로마법대전』을 편찬했다. 주요 사업이 바로 『학설휘찬Digesta』의 편찬이다. 로마법 학자들의 2,000여 권의 법률 서적을 50권으로 요약한 로마법의 핵심 내용이다. 법학자들이 활발하게 활동하고 법학이 발달해야 법률문화도 발전하고 법도 발전함을 잘 보여주는 예이다.

히브리(이스라엘) 민족과 법(율법)

현재 서양의 사상과 문화의 형성에 가장 큰 영향을 미친 2가지가 있다. 하나는 헬레니즘Hellenism으로 불리는 그리스·로마의 사상과 문화이고, 다른 하나는 헤브라이즘Hebraism으로 불리는 히브리(유대) 사상과 문화이다. 헤브라이즘은 유대교와 기독교를 아울러 지칭하는 것이다.

히브리 민족(이스라엘 민족)은 400년가량 거주하던 이집트에서 기원전 1200년경 모세의 지도하에 집단적으로 탈출하여 시나이반도에서 40년가량 방랑하다가 가나안 땅에 정착했다. 그 과정에서 모세가 신에게서 직접 수여 받은 법이 십계명이다. 십계명은 10가지 명령인데 무엇을 하라는 행위명령과 무엇을 하지 말라는 금지명령으로 구성되어 있다. 안식일을 거룩하게 지키라는 것과 부모를 공경하라는 명령 등 적극적으로 무엇을 하라는 명령보다는 우상에게 절하지 말라, 살인하지 말라, 간음하지 말라, 도둑질하지 말라, 거짓 증언하지 말라는 등의 금지명령이 더 많다.

모세에게 십계명을 수여한 신(여호와)은 이어서 다른 법규정들도 수여했다. 히브리인 종을 산 경우 6년 동안 종살이를 시키고 7년째가 되면 해방을 시키라는 법, 사람을 죽이기는 했지만 고의가 없이 실수로 죽였으면 미리 정해진 곳(도피처)에 도망하라는 법, 눈에는 눈으로, 이에는 이로, 손에는 손으로, 발에는 발로, 상처는 상처로, 멍은 멍으로 갚아주라는 법, 가난한 사람에게 돈을 빌려줄 때는 빚쟁이처럼 굴지 말고 이자도 받지 말라는 법, 거짓 고발하지 말라거나 재판할 때 돈 받고 거짓말을 하지 말라는 법 등이 그것이다.

법에서는 수범자가 누구인지가 중요하다. '수범자'는 법을 받은 사람, 그래서 준수할 의무를 지는 사람이다. 법을 지킬 의무를 가진 수범자가 법을 준수하지 않고 위반하면 제재(형벌 등)가 따른다. 십계명의 수범자는 이스라엘 사람들이었다.

형벌 법규의 경우 대개 금지법규와 처벌법규의 2가지(또는 두 단계)로 되어 있다. 예를 들어서 간음하지 말라는 명령이 금지법규이면 간음한 경우 사형에 처한다는 규정은 처벌법규가 되는 것이다. 신약성경에 보면 간음하다가 현장에서 잡힌 여인을 사람들이 돌로 쳐서 죽이려고 하는 곳에 예수가 등장하는 장면이 나온다. 간음하면 사형에 처한다는 이스라엘 사회의 법의 존재를 보여주는 일화이다.

유대교에서는 「창세기」, 「출애굽기」, 「레위기」, 「민수기」, 「신명기」를 토라라고 하면서 '모세의 율법' 또는 '모세오경'이라고 불렀다. 모세에게 십계명을 수여한 신은 제단을 만들고 제물을 바치는 등 제사에 관한 자세한 법, 성소(성막)를 설치하는 법, 여러 절기를 준수하는 법, 깨끗한 짐승과 부정한 짐승에 대한 자세한 규정, 문둥병을 비롯한 피부병에 대한 자세한 규례 등도 자세히 수여하여 토라에 기록되어 있다. 이러한 법과 규정의 전체가 '모세의 율법'으로 불렸다. 수천 년 동안 히브리(유대) 민족

공수처, 아무도 가지 않은 길

에게 모세율법의 준수는 그 무엇보다도 중요시되었다.

법에 대한 2가지 태도

지금까지 동양 세계와 서양 세계에서 법을 어떻게 보고, 어떻게 다루었는지 살펴보았다. 과거 우리나라와 중국이 법을 멀리하려는 태도였다면 고대 그리스와 로마를 비롯한 서양 세계는 기본적으로 법을 가까이하려는 태도였다. 요컨대 전자의 태도가 '법 없이' 살려는 태도라면, 후자의 태도는 '법대로' 하려는 태도이다.

과거 우리나라와 중국은 법을 멀리하려는 대신에 예와 덕으로 표방되는 도덕을 가까이하려는 태도였다. 플라톤이 『국가』에서 철인정치를 최고의 이상으로 본 것 역시 철학자 군주에 의한 도덕정치(철인정치) 내지 왕도정치를 최고의 정치로 본 것과 비슷한 태도였다. 플라톤이 주장한 철인정치와 동양 세계의 덕치주의는 사실 별반 다르지 않은 것이다.

플라톤은 『국가』에서 법으로 모든 것을 미리 정해 놓고 국가나 사회를 규율하는 것은 가능하지도, 바람직하지도 않다고 하면서 지혜롭고 현명한 군주에 의한 통치, 즉 철인정치를 최선의 정치체제로 보았다.

그러나 플라톤조차도 말년에는 마지막 저서 『법률』에서 밝힌 것처럼 법령과 법에 따른 지배가 비록 최선의 체제는 아니지만 현실적으로 실현이 가능한 차선의 좋은 통치체제라는 입장으로 선회했다. 철학자의 지배가 이상적인 체제이기는 하지만 현실에서는 쉽지 않다고 느꼈는지 노년에는 법이 지배하는 차선의 체제로 선회한 것이다. 즉 플라톤은 이 책에서, 어떤 나라든 법이 통치자들의 주인이 되고 통치자들은 법의 종이 되는 곳에서는 신들이 인간 사회를 지배하던 황금기처럼 번영하고 보존될 것이라며 법의 지배를 주창했다.

아리스토텔레스가 『니코마코스 윤리학』에서 법을 지키고 공평한 것은 곧 정의로운 것이고, 반면 법을 어기거나 공평하지 않은 것(불균등한 것)은 부정의한 것이라고 한 것 역시 플라톤과 아리스토텔레스를 비롯한 고대 그리스인들이 법을 조상 전래의 신성한 것으로 보았던 인식을 그대로 반영한 것이다. 모세가 신에게 수여받은 '율법', 즉 토라의 준수가 히브리인(유대인)들에게 무엇보다 중요했던 것처럼 그리스 사람들에게도 조상 전래의 '법률', 즉 노모이의 준수는 그만큼 중요한 문제였다.

그러나 오랫동안 유교 이념이 지배한 우리나라나 중국의 경우에는 법대로 사는 삶은 결코 좋은, 권장할 만한 삶이 아니었고 예와 덕에 따라 법 없이 사는 삶이 좋은 삶의 모습, 바람직한 삶의 모습이었다.

동양과 서양의 차이

그렇다면 동양과 서양의 이런 차이는 왜 생긴 것일까?

앞에서 우리 사회에서 법이나 규정을 따져서 법대로 하는 일은 가장 피해야 할 일이었고, 법대로 하는 것은 서로 잘 모르는 남남 사이나 앞으로 볼 일이 없을 정도로 관계가 틀어진 경우에나 가능한 일이었다고 했다. 조선시대나 그 이전의 우리 전통사회는 대개 조부모와 부모, 자녀의 3대가 함께 사는 대가족 사회였고 같은 성씨를 가진 집안사람들이 집성촌을 이루고 촌락(마을) 공동체를 형성한 비교적 동질적인, 체면이 중시되는 사회였다. 이런 사회에서 분쟁이나 갈등의 해결 기준이 법이 아니라 예절과 도덕이었음은 어쩌면 당연했는지 모른다.

그리고 유교의 이념과 도덕의 영향으로 우리 문화는 개인의 개별적인 특성(개성)을 드러내는 것이나 각자 자기주장을 피력하는 것을 장려하는 문화가 아니었다. 부모를 포함한 어른(특히 집안 어른)에 대해 예의를 갖추고 이분들의 말씀에 순응하고 순종하면서 공동체 안에서 조화롭게 사는 것을 높이 평가하는 문화였다.

"모난 돌이 정 맞는다."라는 격언은 이런 문화와 정서를 잘 표현하는 말이다. 튀어나온 돌이 정을 맞고 결과가 좋지 않을 것이므로 튀지 않게, 무난하게 사는 것이 그동안의 우리 문화였다.

반면 서양 사회의 문화는 고대 그리스 사회에서처럼 개개인의 개성과 자율성을 중시하던 문화였다. 이런 개성과 자율성을 바탕으로 한 독립적인 개인들이 다른 사람과 사회적인 계약을 맺은 것이 법(규범)이 되고 국가가 되었다.

정치체제의 면에서도 기원전 6세기경 이미 공화정체제를 수립한 로마나 민주주의체제를 만들어낸 고대 그리스가 민회나 원로원과 같은 회의체를 운영하여 법을 상향식으로 운영한 반면, 같은 시기 우리나라나 중국에서는 왕이 법과 정책을 결정해서 내려줬다. 하향식 법 문화였다. 동양에서는 사람들이 모여서 토론하고 공동체의 의사나 정책 방향을 결정한 상향식 법 문화의 예는 찾아보기 어려웠다.

『총 균 쇠』라는 베스트셀러를 쓴 재레드 다이아몬드Jared M. Diamond는 위와 같은 차이를 서양의 개인주의 대 동양의 순응주의로 대비하면서 그 원인을 지리적 관점에서 분석했다. 밀농사 문화 대 벼농사 문화의 차이라는 것이다. 벼농사는 논에 물을 가득 대야 하지만 밀농사는 물을 댈 필요가 없다. 이 때문에 벼농사 문화권에서는 논에 물을 대기 위해 필연적으로 이웃과 협동할 수밖에 없지만 물을 댈 필요 없이 하늘에서 내리는 비에 의존하면 되는 밀농사 문화권에서는 각자가 자기 농사를 지으면 되어 협동할 필요가 없었다고 설명했다. 이런 차이 때문에 밀농사를 위주로 한 서양 세계에서는 개인들의 개별성과 자기주장이 강조되고 토론문화가 발달했다고 볼 수 있다.

서양과 동양의 생각과 문화의 차이를 분석한 심리학자가 있다. 미국의 심리학자로 『생각의 지도』라는 책을 쓴 리처드 니스벳Richard E. Nisbett 같은 사람이다. 그에 따르면, 서양인들은 각 개인은 독립적인 존재로서 타인과 사회적 계약을 체결하고 그러한 계약(사회계약)에는 개인의 자유와 권리도 당연히 포함된다고 믿지만, 중국인이나 한국인, 일본인들은 국가를 개인들의 단순한 집합이 아닌 하나의 유기체로 생각하기 때문에 각 개인의 고유한 권리라는 개념은 자연스러운 것이 아니었다.

문화의 차이와 언어의 차이

이런 문화의 차이는 언어 습관에도 그대로 반영되어 있다. 우리가 이름을 말할 때 김OO란 식으로 자기가 속한 집안의 성씨(family name)가 먼저 오고 OO라는 자기 고유의 이름은 나중에 온다. 나는 언제나 김씨 가문에 속한 OO인 것이고, 그것이 '나'라는 정체성에서 우선시되는 요소이다. 이렇듯이 우리는 자기 이름을 말할 때조차 자기가 속한 집안 공동체가 우선시하는 문화이다. 그러나 서양인들이 이름을 말할 때는 '리처드 니스벳'처럼 리처드라는 개별 이름이 먼저 오고 니스벳 같은 성씨는 나중에 온다. 앞의 개별 이름을 First name으로 부르는데 글자 그대로 먼저 오는 first한 이름인 것이다. 작고한 이어령 교수는 동양과 서양이 이름과 성을 말하는 순서가 이렇게 다름에 주목했다.

　우리는 또한 주소를 쓸 때도 서울시, OO구, OO동, 몇 번지, 아파트나 건물의 동호수의 식으로 큰 장소로부터 작은 장소로 내려간다. 그러나 서양인들은 동호수, 번지수, 동 이름, 구 이름, 시 이름의 식으로 작은 장소로부터 큰 장소로 올라간다. 주소를 쓸 때도 서양은 개별성을 우선시하는 문화이다. 그러나 우리는 주소를 쓸 때도 '서울'이 'OO구'보다 큰 것처럼 소속된 집단이 크면 '서울'을 먼저 쓰는 식으로 집단이나 공동체가 크면 클수록 그 집단 또는 공동체를 우선시하는 문화라 할 수 있다.

한국의 법 문화 역시 지난 수천 년 동안 개인의 개별성을 드러내놓고 표현하거나 자기주장을 내세우는 것을 피하고 자기가 속한 공동체에 순응하여 그 안에서 조화롭게 사는 것을 지향해 왔다고 할 수 있다. 개인의 개성과 자율성, 자기주장을 강조해 온 서양의 법 문화와는 큰 차이가 있다.

이런 문화적 차이는 한국어의 용법과 영어를 비롯한 서양 언어의 용법상의 차이를 통해서도 확인할 수 있다. 대표적인 문법상의 차이 중 하나로 주어가 생략될 수 있는지, 없는지의 차이가 있다.

한국어의 경우 주어가 생략되는 경우가 많고 주어가 생략돼도 문장으로 성립하는 데에 아무런 문제가 없다. 같은 주어가 반복되는 경우 주어를 빼먹지 않고 반복해서 쓰는 것이 오히려 문장을 어색하게 만든다. 주어가 누구인지 화자와 청자가 다 아는데 굳이 주어를 반복해서 쓰지 않는 문화인 것이다. 그러다 보니 군데군데 주어를 생략해서 문장을 구성하는 것이 훨씬 자연스럽고 문장에서 주어를 일부러 생략하기도 한다.

이런 한국어 문법은 주어가 누구인지는 별로 중요하지 않은 문화, 주어가 누구인지 일부러 드러내지 않는 한국 문화의 특성을 반영하는 것이라 해석할 수 있다. 주어(주체), 또는 주어(주체)의 개별성이 공동체 안에서 별로 중요하지 않게 취급되거나 공동체 속에 묻혀 버리는 문화이다.

주어를 쓰더라도 '나'를 직접적으로 쓰기보다는 '내'가 소속된 '우리'로 애둘러 표현하면서 '나'를 직접적으로 표현하지 않는 경향이 있다. 예컨대 대개 '내 집'이나 '내 나라'로 쓰지 않고 '우리 집'이나 '우리나라'로 표현하여 '나'를 굳이 드러내지 않고 '우리' 속에 묻어서 표현한다.

그러나 서양 언어 중 영어 문법만 보더라도 동사 앞에 위치하는 주어는 생략될 수 없다. 대명사로 바꾸어 쓰더라도 반드시 주어는 주어의 위치에 반복적으로 있어야 한다. 주어가 빠지면 문장이 문장으로 성립하지 않고 문법상 비문이 된다. 주어(주체), 또는 주어(주체)의 개별성이 공동체 속에 묻혀버릴 수 없는 문화를 반영하는 것이다.

삶의 두 유형 : '법 없이' 사는 삶과 '법대로' 하는 삶

독일의 사회학자 퇴니스Ferdinand Tönnies가 사회를 구분한 공동사회, 이익사회 개념이 있다. 내가 속해 있는 공동체가 나의 의지나 선택이 아니라 선천적이고 자연발생적인 경우 그 공동체를 '공동사회'라 하고, 구성원들이 어떤 목적이나 의도, 이해관계에 따라서 결합된 공동체를 '이익사회'라고 한다.

이런 기준에 따르면 과거에 우리 조상들이 같은 성씨를 가진 집안사람들로 마을을 이루고 모여 살던 집성촌 공동체나 가족은 공동사회일 텐데, 여기서는 대면적인 관계, 정서적이고 전통적인 관계를 중시하며 가입이나 탈퇴가 자유롭지 않다. 반면 직장으로 다니게 된 회사의 경우 전형적인 이익사회로 이런 사회는 개인주의와 합리적인 이익 추구에 기초하는 공동체로 가입과 탈퇴가 자유로운 사회이다.

공동사회는 구성원들 간의 동질성이나 결속이 강한 사회로 구성원의 말과 행동에 대해 공동체가 좋게 보고 승인approval하느냐, 탐탁하지 않게 보고 불승인disapproval하느냐에 따라 그 구성원에 대한 평가가 좌우된다. 소위 '어른'이 존재하는 사회이다.

반면 이익사회는 구성원들 간의 동질성이나 결속이 약한 이질적인, 다원적인 사회로 위와 같은 공동체의 승인이나 불승인이 아니라 능력merit이나 성과performance로 평가받는다. 오로지 이익이나 이해관계에 따라 규율되고 결속되는 사회이다. 이처럼 각자의 이익을 추구하는 이질적이고 다원화된 사회는 공동사회의 '어른'과 같은 존재가 없고 그 대신에 '법'이 기준이 되고 문제 해결도 '법으로' 하는 수밖에 없다.

우리 사회는 최근 몇십 년 동안 급격하게 근대화, 산업화, 도시화가 진행되었다. 과거 농경문화를 바탕으로 한 촌락(마을) 공동체의 공동사회에서 벗어나 점차 이익사회로 이행하고 있다. 법의 관점에서 보면, 공동사회에서는 법이나 규정을 따지기보

다는 서로 간의 예절이나 체면을 중시하고 가급적 법 없이 살고
자 하는 경향을 보이지만 이익사회에서는 법대로, 규정에 따라
업무 처리하는 것이 당연시된다. 우리 사회가 공동사회에서 이
익사회로 나아가고 있다는 점에서 앞으로 법은 갈수록 더 중요
해질 것이다.

서양 사회는 고대 그리스 사회 때부터 개개인의 개성과 자
율성을 중시하던 문화였고, 이렇게 개성과 자율성에 따라 나타
날 수 있는 서로 간의 이질적인 요소들이나 갈등과 분쟁 등을
법을 통해 해결하는 쪽으로 문제를 해결해 왔다. 반면 권위를
가진 윗사람이나 어른의 말에 순응하면서 공동체 안에서 조화
롭게 사는 것을 이상으로 한 유교의 이념과 도덕이 지배한 우리
사회에서는 법에 호소해서 문제를 해결하기보다는 법 이외의
수단으로 문제를 해결해 온 경향이 있다.

필자는 2001년부터 2003년 사이에 하버드 로스쿨에서 미
국 유학 생활을 하면서 미국 사회를 처음 경험하게 됐다. 인종
과 출신 지역이 다양하고 다원적인 미국 사회의 성격 때문인지
학문 공동체인 대학 사회에서도 법과 규정의 엄격한 준수를 매
우 강조하여 스승과 제자, 선배와 후배 간에 의리나 인정을 중
시하는 우리 대학의 문화와는 큰 차이를 느꼈다. 참 정이 없고
메마른 사회라는 인상을 강하게 받았다.

그러나 길지 않은 미국 생활을 하면서 유교의 이념이 지배
했던 과거 한국 사회에서 '법 없이' 살려고 하면서 법을 멀리하

려는 태도도 참 문제지만, 반대로 모든 것을 '법대로' 하고 소송 같은 법적 수단이나 절차로 모든 문제를 해결하려는 미국인들의 법 만능주의적인 태도도 문제라고 생각했다.

우리 사회도 언제부터인지 새로운 사회 문제가 생기거나 흉악한 범죄가 발생하거나 하면 특별법을 제정하거나 해서 처벌을 강화하면 모든 문제가 해결될 것이라는 식의 법 만능주의적인 태도가 만연해지고 있다. 과거 전통사회의 법 없이 살려는 태도도 문제였지만 모든 문제를 법, 특히 형사법으로, 형사처벌로 해결하려고 하고, 이렇게 하면 모든 사회 문제가 해결 가능하다는 식의 법 만능주의적인 태도도 바람직하지 않고 현실적이지도 않다고 생각한다. '법 없이'와 '법대로'의 중간 어디쯤에서 중용의 길을 찾는 것이 우리 사회가 앞으로 나아가야 할 길이라 생각한다.

법 앞에서

한 사람이 법 문 안으로 들어가기 위해 서 있다. 그러나 법 문을 지키는 문지기가 지금은 들어갈 수 없다고 말한다. 그 한 사람은 계속 법 문 앞을 서성이며 들어갈 수 있을지를 힐끔거린다. 그것을 본 문지기는, 그렇게 들어가고 싶으면 내 금지를 어기고 들어가 보시라, 그러나 명심할 것이 자신은 최하급의 문지기에 불과하지만 방을 하나씩 지날 때마다 나타나는 문지기는 자신이 쳐다보기도 어려운 사람들이라고 경고한다. 그런 어려움을 예상하지 못한 그 사람은, 법이란 마땅히 누구에게나 언제나 개방되어 있어야 한다고 생각했지만 이 문지기가 허락할 때까지 기다리는 편이 낫겠다고 결심한다.

위 이야기는 프란츠 카프카Franz Kafka의 단편소설 『법 앞에서』의 일부 내용을 나름대로 각색해 본 것이다. 우리 한국인들 중 상당수가 법을 멀리하려고 하고 법적인 수단이나 절차에 호소하지 않으려고 하는 큰 원인 중 하나가 소설 『법 앞에서』의 문지기처럼 법에 대한 접근을 저해하는 무언가가 있기 때문이다.

사람들이 흔히 쓰는 '유전무죄, 무전유죄'라는 말처럼 돈이나 권력(빽)이 없으면 법에 호소해도 결과가 좋지 않을 것이라는 생각을 하는 사람이 많고, 그런 생각이 들어맞는 사례들이 많아진다면 우리 사회가 법이 지배하는, 바람직한 사회가 되는 것은 점점 요원해질 것이다.

그런 일이 생기지 않도록 '법 없이 살 사람'조차도 이제는 법에 의존하고 법의 보호를 받고, 법을 잘 활용하고자 하는 사회가 되고, 돈이나 권력이 있는지 여부에 따라서 처벌의 유무나 경중이 결정되는 '유전무죄, 무전유죄'가 되지 않도록 법원과 검찰, 공수처가 제 역할을 제대로 하는 사회가 될 때 우리 사회는 진정한 의미에서 선진 대한민국이 될 것이다.

제3장

정의와 공정

정의 : 법의 궁극적 목적

소설책도 아닌 정치철학 서적이 최근 우리나라에서 130만 부 이상 팔린 공전의 베스트셀러가 있다. 원래 미국에서 2009년 출간된 책의 제목은 『Justice』, 즉 정의이다. 이 책은 2010년 우리말로 번역되면서 『정의란 무엇인가』란 제목으로 출간돼 1년도 안 돼서 100만 부 넘게 팔렸다. 부제는 "우리가 해야 할 옳은 일이란 무엇인가"이다.

하버드대학에서 정치철학을 가르치는 마이클 샌델Michael Sandel 교수가 쓴 책인데, 2010년 방한한 샌델 교수는 미국에서 대략 10만 부가 팔렸을 뿐인 이 책이 한국에서 이렇게 많이 팔린 것에 많이 의아해했다. 내용이 쉽지 않은 정의justice에 관한 철학책이 한국에서 엄청나게 팔린 것을 보고 한국인들의 인문학적인 소양이 상당히 높다고 생각했을 것이다.

어느 시기, 어느 시대에나 사회적 담론이 있다. 2010년 우리 사회를 지배한 담론은 '공정한 사회'였다. 2010년 『정의란 무엇인가』가 그렇게 많이 팔린 것 역시 이런 사회적 담론과 관련이 있고, 특히 공정한 사회에 대한 한국인들의 시대적 요구가 분출했다는 점과 무관하지 않을 것이다. 1960년대 경제개발을 시작한 이래 단기간에 민주화와 경제성장을 동시에 이룬 한국에서 우리 사회가 불공정하고 불평등하다고 인식하는 사람들이 그만큼 많다는 증거이다.

그런데 공정한 사회가 곧 정의로운 사회, 정의로운 사회가 곧 공정한 사회로 대개 인식되고 있다는 점에서 공정과 정의의 개념은 많은 부분 중첩되어 사람들이 호환적으로 사용하는 것 같다. 정의와 공정은 이를테면 쌍둥이 같은데 모두 평등과 깊은 관련이 있다. 평등하지 않은 사회는 공정하지도, 정의롭지도 않기 때문이다.

2022년 대통령선거에서 윤석열 후보가 강조한 것은 '공정과 상식'의 회복이었다. 2022년 대통령선거에 임하는 국민의힘의 정책공약집의 제목 역시 '공정과 상식으로 만들어가는 새로운 대한민국'이었다. 2022년 5월 한동훈 법무부 장관 취임 후 과천정부청사 1동 법무부 청사 입구에 걸려 있던 현판 역시 '공정과 상식의 법치'였다. 공수처는 현재 법무부 청사 옆에 과천정부

청사 5동 건물에 공정거래위원회 서울사무소, 사행산업통합감독위원회 등 다른 기관들과 함께 입주해 있다. 그러다 보니 필자 역시 '공정과 상식의 법치'라는 현판을 거의 매일 보다시피 했다.

'공정公正'의 사전상 의미는 공평하고 올바름이란 뜻이다. 영어로는 fair다. 공평公平은 한쪽으로 치우치지 않고 고르다는 의미이므로 분배나 배분을 염두에 두고 있다고 볼 수 있다. '공평하게' 분배(배분)하는 것은 그 의미대로 골고루 나누어주는 것이다. 그 말 자체에 평등(균등)이 들어 있는 개념이다.

아울러 공정에는 평등(균등) 외에 '올바름'도 들어 있다. 절차적 공정이라는 요소가 공정의 개념에 들어 있다고 볼 수 있다. 이 말이 쓰이는 용례를 보면 공정 거래, 공정 무역, 공정(한) 경쟁, 공정한 플레이, 즉 페어플레이fair play 등이다. 모두 절차적으로 공정하다는 의미를 품고 있다.

2010년에 사회적 담론이 되었던 '공정한 사회' 담론은 당시 이명박 대통령의 8·15 경축사에 잘 담겨 있다.

"공정한 사회는 출발과 과정에서 공평한 기회를 주되, 결과에 대해서는 스스로 책임지는 사회입니다. 공정한 사회는 개인의 자유와 개성, 근면과 창의를 장려합니다. 공정한 사회에서는 패자에게 또 다른 기회가 주어집니다. 넘어진 사람은 다시 일어설 수 있고 일어선 사람은 다시 올라설 수 있습니다. 영원한 승자도 영원한 패자도 없습니다. 이런 사회라면 승자가 독식하지 않습니다."

이 연설에 의하면, 공정한 사회는 출발과 과정에 있어서 기회는 공평하게 주어지되 개인의 근면과 창의, 개성에 따라 결과로 주어지는 보상은 달라질 수 있고 달라지는 사회이다. 또 노력한 만큼, 능력을 발휘함에 따라 보상이 주어지고 달라지는 능력주의, 성과주의 사회가 공정한 사회이다. 다만 패자에게도 다시 기회가 주어지기 때문에 승자 독식의 사회는 아니라는 것이다.

이명박 대통령의 이런 '공정 사회론'은 2017년 집권한 문재인 대통령의 취임사 슬로건과도 일맥상통한다. '기회는 공평하고 과정은 공정하며 결과는 정의로울 것', 또는 '기회는 평등하게, 과정은 공정하게, 결과는 정의롭게'라는 슬로건 말이다.

그렇다면 입시 경쟁이나 취업 경쟁 등에 있어서 기회조차 공평하게 주어지지 않고 불균등하게 주어지는 사회, 아니 어떤 사람에게는 아예 기회조차 주어지지 않는 사회는 공정한 사회가 아니다. 공정한 사회일 리도 없다. 간혹 터지는 입시 부정이나 취업 비리 사건에서 입시생들이나 취업준비생들이 분노하는 것은 우리 사회가 공정하지 않고 기회조차 공평하게 주어지지 않는다는 외침이다. 우리 사회의 공정성을 향한 소리 없는 아우성이다.

형사사법에서의 정의와 공정

고대 그리스 시대부터 내려오는 정의에 대한 고전적 명제가 있다. "각자에게 자기 몫을 주라."라는 명제이다. 여기서 각자가 받아야 할 '자기 몫'에는 잘했을 때 받는 대가나 보상도 있겠지만 잘못했을 때, 특히 비리나 범죄를 저질렀을 때 치러야 할 응분의 대가도 당연히 포함된다. 또 포함되어야 한다.

심각한 범죄를 저질러 사형선고를 받고 사형이 확정되어 집행을 기다리는 사형수가 사면 여부를 기다리고 있을 때 사람들이 "우리는 정의를 원한다We want justice."라는 피켓을 들고 시위하는 장면을 TV 화면이나 영화를 통해서 보는 경우가 종종 있다. 시위자들이 원하는 '정의'는 물론 범죄에 대한 상응한 처벌인 사형을 집행하는 것이다.

2001년 9월 11일 화요일 오전 테러리스트들이 미국에서 비행기 여러 대를 공중 납치해서 그 비행기들로 뉴욕시 남쪽에 있는 무역센터 빌딩과 워싱턴에 있는 국방성 건물 등을 들이받은 사건이 있었다. 무역센터 빌딩은 2개로 된 쌍둥이 건물이었는데 승객을 태운 비행기들이 빌딩의 중간 부분을 그대로 들이받아 건물들이 무너져 내리며 엄청난 인명피해가 있었다.

필자는 그때 미국 하버드 로스쿨 석사과정에 유학 중이었다. 그날 아침 사고 소식을 못 듣고 여느 때처럼 학교에 갔더니 로스쿨 라운지의 대형 TV에서 비행기가 뉴욕의 무역센터 쌍둥이 빌딩을 들이받는 장면을 반복적으로 보여주고 있었다. 동료 학생들이 그 비행기들이 보스턴 로건 공항에서 이륙한 비행기들이라고 하면서 오늘은 수업이 없으니 그냥 집에 돌아가라고 했다. 미국 본토가 직접 공격받은 전대미문의 사건이었다. 미국 사회 전체가 오랫동안 충격에 휩싸였던 기억이 있다.

이 사건 직후 조지 W. 부시George W. Bush 미국 대통령이 상·하원 합동회의에서 했던 유명한 연설이 있다. "우리가 우리의 적들(테러범들)을 정의(의 법정)에 데려오거나 정의를 그들에게 데려가거나 정의가 이루어질 것입니다Whether we bring our enemies to justice or bring justice to them, justice will be done."

여기서 부시 대통령이 말한 정의justice 역시 범죄에 상응한 처벌의 의미로 테러범들을 응징하자는 취지였다. 이처럼 범죄 행위가 있으면 지위 고하를 막론하고 누구나 공평하게 처벌받아야 한다는 것은 오래된 정의의 요청이다. 우리나라에서 1996년 이래로 공수처 설립 운동이 시작된 것 역시 고위공직자나 그 친인척이 저지른 부패범죄에 대한 성역 없는 공정한 수사와 기소를 통해 권력형 범죄나 비리를 범한 사람들이 그동안 처벌받지 않았던 '불처벌의 관행'을 끊어내자는 취지였다.

형사사법(절차)에서 '정의'란 말과 '공정'이란 말의 차이점은 무엇일까? 사람들이 범죄에 상응한 처벌을 요구할 때 대개 "우리는 정의를 원한다."라고 말하지 "우리는 공정을 원한다."라고 말하는 사람은 별로 없다. 반면 피고인이 어떤 범죄 혐의로 기소되어 시작되는 형사재판 절차에서 피고인이 혐의가 없다고 주장하는 데 대하여 검찰 측이 혐의가 충분히 인정된다고 반박하면서 치열하게 다툴 때, 그 형사재판(절차)은 '공정하게' 진행되어야 한다고 대개 말하지 '정의롭게' 진행되어야 한다고 말하지는 않는다.

이처럼 우리가 정의와 공정을 거의 같은 의미로, 중첩적으로 쓰는 경우가 많기는 하지만 형사사법에서 '정의'가 '범죄행위'에 대해 상응한 '처벌'이 있어야 한다는 결과적인 차원에 초점이 있다면, '공정'은 국가가 처벌할 만한 범죄행위가 있었는지 여부 등을 가리는 형사재판(절차)이 적정하게 진행되어야 한다는 취지의 절차적인 차원에 초점이 있다고 할 수 있다.

공수처가 2021년 초 출범한 뒤 2022년 8월 기존의 태극 문양의 정부 로고(CI)에서 탈피하여 하늘을 향해 펼쳐진 두 손을 형상화한 새로운 로고를 선정·발표했을 때, 국민을 받들며 "정의는 바로 세우고 청렴은 새롭게 쓴다."라는 공수처 슬로건도 함께 선정해서 발표했다.

여기서 "청렴을 새롭게 쓴다."라는 것은, 공수처의 영문 명칭이 Corruption Investigation Office인 것처럼 공수처가 부패범죄를 수사하고 기소함으로써 부패의 반대인 청렴을 지향하는 기관임을 분명히 하는 것이다. 그리고 공수처가 "정의를 바로 세운다."라는 것은 그동안 우리 사회에서 고위공직자나 그 친인척이 부패범죄를 저질러도 수사와 기소가 제대로 이루어지지 않아서 처벌받지 않았던 '불처벌의 관행'을 끊어내고 이들을 법정에 세워서 정의의 심판을 받게 하자는 취지이다.

이제 정의와 공정에 대해 좀 더 살펴보자. 먼저 정의에 대해 살펴본다.

정의_{justice}의 정의_{definition}

로마법은 지금도 서양의 법과 제도에 큰 영향을 주고 있다. 대학에서 고고학과 미술사를 전공한 필자는 대학원에서 법학을, 그중에서 민법을 전공했는데 로마법이 근대 민법에 미친 영향은 실로 지대하다.

이런 로마법을 집대성한 것은 6세기 동로마 황제 유스티니아누스였다. 당시까지의 로마법을 집대성한 『로마법대전』과 특히 『학설휘찬』을 편찬했다. 『학설휘찬』은 로마법 학자들의 2,000여 권의 법률 서적을 50권으로 요약한, 로마법 연구에 있어서 핵심 되는 자료이다.

로마가 전성기를 누릴 때 대표적 법학자 중 하나인 울피아누스_{Domitius Ulpianus}는 『학설휘찬』에서 정의_{justice}에 관해, 법을 공부하려는 사람은 먼저 법이란 말이 어디서 유래한 것인지 잘 알아야 한다면서, 법이란 말은 정의로부터 유래된 것이라 했다. 라틴어로 법은 jus(혹은 ius), 정의는 justitia(혹은 iustitia)인데 법_{jus}이란 말은 정의_{justitia}로부터 유래했다는 것이다. 법과 정의는 말 자체에서부터 떼려야 뗄 수 없는, 동의어처럼 쓰인 긴밀한 관계인 것이다. 영어의 'justice(정의)'가 라틴어 'justitia(정의)'에서 나왔음은 물론이다.

그런데 라틴어의 정의, 즉 유스티티아Justitia는 로마 신화에 따르면 정의의 여신을 지칭하는 이름이기도 하다. 그리스 신화에서는 정의의 여신을 디케Dike라는 다른 이름으로 불렀다.

정의의 여신은 대개 한 손에는 저울을, 다른 손에는 칼을 들고 눈에 안대를 한 모습을 하고 있다. 사람을 외모로 보고 차별하거나 하지 않고 공평무사한, 불편부당한 자세로 사람들 사이의 분쟁을 저울에 달아서 잘 판단하고, 법 위반자에 대해서는 칼을 들어 제재한다는 상징이겠다. 이것만 보더라도 정의Justitia란 말 자체부터 재판과 관련한 사법적 의미가 강했음을 알 수 있다.

19세기 독일의 법학자 루돌프 폰 예링Rudolf von Jhering은『권리를 위한 투쟁』이란 법학 고전을 저술한 것으로 유명하다. 예링은 이 책에서 정의의 여신이 한 손에는 저울, 다른 손에는 칼을 쥐고 있는 모습임을 지적하면서, 저울이 없는 칼은 적나라한 폭력에 지나지 않고, 반대로 칼이 없는 저울은 그야말로 무기력할 뿐이라고 설파했다. 저울과 검(칼)은 함께 있어야 하고, 그래야 법을 통한 정의가 실효성 있게 실현된다는 것이다. 정의의 여신이 한 손에 들고 있는 칼은 국가가 행사하는 공권력을 상징하는 것으로, 만일 그 공권력이 공정한 저울과 함께 행사되지 않는다면 예링의 지적대로 폭력에 지나지 않을 수 있다.

아리스토텔레스는『니코마코스 윤리학』에서 정의와 부정의에 대해, 법을 위반하는 사람과 자기가 남보다 더 많이 가지려고 공평하지 않게 행동하는 사람은 정의롭지 않게 보이므로, 법을 지키는 사람과 공평한 사람은 정의로울 것이 분명하다고 했다. 아리스토텔레스는 이에 따라 법을 준수하고 공평한 것이 정의이고, 반면 법을 어기거나 공평하지 않은 것은 부정의라고 설파했다. 기본적으로 법의 준수 여부에 따라 정의와 부정의를 구별하자는 것이 아리스토텔레스의 입장이었다. 그런데 이런 생각은 그만의 독자적인 생각이 아니라 당시 그리스인들의 일반적인 생각이었다.

다음으로 공평한 것은 정의이고 불공평한 것은 부정의라는 관념 역시 '공평isotes'이 균등하다, 똑같다는 의미이므로 공평하고 평등한 것이 곧 정의이고 불공평하고 불평등한 것은 정의롭지 않다는 것인데 현대를 사는 우리도 얼마든지 동의할 수 있는 생각이다.

아리스토텔레스는 『니코마코스 윤리학』에서 정의의 개념을 좀 더 세분화하여 분배적 정의와 교정적 정의로 구분했다. 여기서 '교정적 정의'란 어떤 거래(자발적 거래이든 비자발적 거래이든)에 있어서 불균등이 생기는 경우 재판관이 균등함을 회복하는 정의라고 했다. 아리스토텔레스는 범죄행위를 거래행위, 그중에서도 '비자발적 거래행위'로 보고 이런 행위가 있을 때 재판(과정)을 통해 범죄행위를 처벌하는 것을 교정적 정의의 실현으로 보았다. 정의의 사법적 측면을 강조한 독창적인 견해라할 수 있다.

이러한 정의justice에 대한 고전적 정의definition는 『로마법대전』에 따르면, '각자에게 자기 몫을 주고자(분배하고자) 하는 한결같고 영속적인 의지'이다. 이것은 『로마법대전』을 쓴 울피아누스 개인의 독자적인 생각이라기보다는 고대 그리스 시대 이래로 내려오는 정의에 대한 고전적인 생각을 잘 가다듬고 정리한 것이다.

반면 동양 세계에서는 의義라는 말을 썼다. 한자어 義는 옳다, 바르다, 의롭다는 의미로, 이 글자를 보면 위에는 양羊이 있고 밑에는 내(즉 나 我)가 있는 구조의 단어이다. 의義라는 글자의 갑골문을 보면 삼지창 모양의 나我 위에 양羊이 있는 모습이다. 고대의 권력자들이 양의 머리를 창에 꽂아 자기 권위의 상징으로 삼았다는 의미이다.

결국 동양 세계의 의義는 서양 세계의 정의에 사법적 의미가 강했던 것과는 달리 종족 내부의 결속을 다지기 위해 권력자들이 취하는 '옳음'이나 '바름', '의로움'의 역할을 의미했던 것이다.

재판관이 곧 정의

이런 차원에서 영어로 정의, justice가 동시에 재판관을 뜻하기도 한다는 것은 흥미롭다. 즉, 미국 연방대법원에는 9명의 대법관(재판관)이 있는데 대법원장은 Chief Justice, 다른 대법관은 Associate Justice로 부른다. 영어로 법관(판사)은 보통 Judge로

부르는데 판사 중에서 나라의 최고 법원의 최고위직 판사(대법
관)를 Justice로 부른다는 것은 최고 법원에서 정의의 판결, 정의
로운 판결이 선고될 것을 기대하는 사람들의 염원이 담겨 있다
고 볼 수 있다.

미국 역사상 가장 정의로운 재판 중 하나를 소개하면 다음
과 같다.

19세기에 아프리카 출신 노예들을 실은 배 아미스타드호에
서 선상 반란이 일어나서 흑인 노예들이 미국에 상륙, 미국 연
방대법원의 재판까지 받은 사건이다. 이 사건에서 스페인은 체
포된 반란 노예들이 자신들의 재산(물건)임을 선언하고 즉시 자
신들에게 인도할 것을 청구했고, 이에 대해 미국의 노예해방
론자들은 흑인들의 즉각적인 석방을 요청하여 재판이 개시됐
다. 1841년 이 사건의 연방대법원 변론 과정에서 미국 대통령을
역임한 존 퀸시 애덤스John Quincy Adams가 유명한 변론을 펼쳤다.
마이클 리프Michael S. Lief와 미첼 콜드웰H. Mitchell Caldwell이 쓴 『세상
을 바꾼 법정』에 기술된 내용을 아래에서 일부 인용해 본다.

"저는 이 법원이 정의Justice의 법정이라는 점에서 위안을 받습니다.
이 같은 자명한 말을 하면서 저는 이 법원에서 정의가 무엇인지 고려
하실 것을 요청합니다. 정의란, 약 2천 년 전에 유스티니아누스 법전
에서 규정된 것과 마찬가지로 인간관계와 인권을 이해할 수 있는 사
람들이 모두 느끼는 것, 즉 '모든 사람에게 각자의 권리를 보장하려는

영속적인 의지'입니다.

정의의 법정에서는 당사자에게 자신의 권리를 허용해야 하고 그 권리는 법원의 보호를 받아야 합니다. 이 점이 매우 중요합니다. 저는 자신들의 생명과 자유가 이 법원의 결정에 달린 36명의 의뢰인을 대신하여 이 자리에 나왔기 때문입니다."

"제가 정의의 법정에 서 있다는 사실에서 위안받는다고 했을 때 이런 점을 분명히 할 필요성을 느낀 이유는, 미국 정부의 어떤 기관은 이 사건에서 완전한 불의에 입각해 있기 때문입니다. 제가 대리하고 있는 의뢰인들은 이 법정에서 자신들의 운명이 결정되기를 기다리면서 외국 정부뿐만 아니라 이 나라 행정부가 모든 권력을 동원하여 행사하는 (부당한) 압력을 받았습니다. 가장 괴로운 점은 이 사건에서 미국 행정부가 취한 조치의 형태와 방법뿐만 아니라 제 의뢰인들이 자신들의 개인적인 권리를 주장하는 절차에 비정상적으로 개입한 (미국) 정부의 행위가 유효한지와 그 동기까지 조사하시고 이를 응징해 줄 것을 법원에 요청할 수밖에 없다는 점입니다."

"대법관님들, 저는 37년 전 1804년 2월 7일 처음으로 이 법원의 변호사가 되었고 아직도 변호사로 등록되어 있습니다. (중략) 제가 이 법원에서 변론을 다시 하게 될 줄은 정말 몰랐습니다. 그러나 저는 다시 왔고, 전에는 재산과 관련하여 당사자의 이해관계를 지키고자 변론했던 이곳에서 이제는 재산이 아닌 의뢰인들의 생명과 자유를 걸고 정의에 호소하고 있습니다. 비록 그동안 대법관님들의 소속 직원들이 바뀌고 제 소송 상대도 전과 달라졌지만, 과거에 섰던 이 법정에 다시 서서 마지막으로 정의에 호소합니다."

1825년부터 1829년까지 미국 제6대 대통령을 역임한 존 퀸시 애덤스는 제2대 대통령을 역임한 존 애덤스의 장남이다. 명문가의 자재이자 농장주이기도 했던 그는 대통령 퇴임 후에는 노예제 폐지의 선봉장으로 활동하면서 "만일 노예제도가 피와 전쟁을 통해서만 없어질 수 있다면 전쟁이라도 해야 한다."라는 소신을 피력했다. 그가 연방대법원에서 "정의의 법정에 서 있다는 사실에서 위안받는다."라고 변론했을 때 그 '정의justice의 법정'은 우리가 보통 생각하는 의미에서 정의가 구현되는 법정이라는 의미도 있지만 동시에 '대법관들justices의 법정'이라는 의미도 있다. 존 퀸시 애덤스의 변론의 끝부분, 특히 흑인 노예들의 생명과 자유를 걸고 여기 정의의 법정에서 대법관justice들에게 정의를 호소한다고 하는 최후 변론은, 흑인 노예가 물건이 아니고 자신과 같은 인간이며 인권을 가지는 존엄한 존재라는, 지금 들어도 울림이 있는 시대를 초월한 외침이다.

존 퀸시 애덤스의 위와 같은 명변론이 있은 일주일 뒤인 1841년 3월 9일 연방대법원은 노예선에 승선한 아프리카인들이 자유인임을 판결로 선언했다. 이 판결에 따라 아프리카인들은 배를 타고 마침내 아프리카 시에라리온에 귀향하여 완전한 자유인이 됐다.

존 퀸시 애덤스는 변론에서 6세기의 유스티니아누스 법전이 규정한 정의를 "모든 사람에게 '각자의 권리'를 보장하려는 영속적인 의지"로 인용하며 '각자의 몫'을 인간으로서 각자가 누려야 할 자유와 권리로 보았다. 존 퀸시 애덤스의 명변론도 명변론이지만 미국 연방대법원은 스스로 정의의 법정임을 분명히 하면서 아프리카인들이 마땅히 받아야 할 '각자의 몫', 즉 인간에게 그 무엇보다도 중요한 자유와 인권을 돌려주었다.

대통령으로서의 업적으로 존 퀸시 애덤스를 기억하는 사람은 별로 없지만, 퇴임 후 노예해방운동에 적극적으로 참여하면서 연방대법원에서 했던 위와 같은 명변론은 앞으로도 역사에 길이 남아 그의 이름을 빛낼 것이다. 이 사건으로 흑인 노예들은 '자유'를 얻었고 존 퀸시 애덤스는 정의와 인권의 수호자라는 '영원한 이름'을 얻었다.

정의 : 하늘이 무너져도 정의는 세워라

정의justice는 개인 차원에서의 의로움과는 다른 개념이다. 영어로 의롭다는 말로 righteous가 있는데, 어떤 사람 또는 그 사람의 행위나 품성이 도덕적인 의미에서 올바르다는 의미이다. 따라서 어떤 사회나 국가에 대해 의롭다righteous라고 말하지는 않는다. 사회나 국가는 정의로워야 하는 것이지 개인에게처럼 의롭다고 하지는 않는 것이다. 로마법에 따라 각자에게 자기 몫을 잘 분배하는 사회는 정의로운 사회이다. 이처럼 정의justice는 개인적 개념이라기보다는 사회적 개념이다. 요컨대 '정의로운 사회, 의로운 아무개'이다.

1979년 12·12 군사 쿠데타로 전두환 대통령이 권력을 장악하고 제5공화국을 열 때 내걸었던 슬로건은 '정의 사회 구현'이었다. 개인에 대해서는 '정의인'이란 말 대신에 '의인righteous person'이란 말을 쓴다. 지하철 역사에서 자신의 위험을 무릅쓰고 선로에 떨어져 죽을 뻔한 사람을 구한 훌륭한 사람은 이런 '의인'이다.

독일의 법철학자로 히틀러의 나치 독일의 유대인 학살 등 인권침해의 참상을 통렬하게 반성한 구스타프 라드브루흐Gustav Radbruch는 "극도로 정의롭지 못한 실정법은 법이 아니다."라는 '라드브루흐 공식'을 제시한 것으로 유명하다.

'악법도 법'일 수는 있지만 극도로 정의롭지 못한 악법은 법이 아니라는 것이다. 라드브루흐는 "자식이 어머니에게서 나왔듯이 법은 정의에서 나왔다. 그러므로 정의는 법에 앞선다."라는 『로마법대전』『학설휘찬』의 말을 인용하면서 이제는 고전이 된 『법철학』에서 "정의 이외에 그 어떤 것도 법의 이념(목적)이 될 수 없다."라고 단언했다.

법학 교과서들을 보면 법의 목적으로 정의 외에도 법적 안정성, 합목적성 등이 거론되지만 라드브루흐의 지적대로 정의가 법의 궁극적 목적이자 가장 중요한 목적임은 틀림없다고 생각한다. 법은 정의의 실현을 일차적이고 궁극적인 목적으로 하는 것이다.

필자가 사법시험을 준비하던 1988년과 1989년 서울대학교 법과대학 건물 앞에 조그마한 광장이 있었는데 거기에 '정의의 종'이 서 있었다. 정의의 종 아래에는 라틴어로 "Fiat justitia, Ruat caelum."라는 글귀가 새겨져 있었다. "하늘이 무너져도 정의는 세워라."라는 의미였다. 2009년부터 법학전문대학원(로스쿨) 체제가 되면서 정의의 종은 현재 서울대 법전원 건물 1층 로비로 옮겨졌다.

"Fiat justitia, Ruat caelum(하늘이 무너져도 정의는 세워라)."라는 금언은 16세기 신성로마제국 황제 페르디난트 1세가 자신의 제국의 통치 슬로건으로 삼아서 유명해진 말이라고 한다. 또한 『실천이성비판』 같은 명저를 저술하면서 "생각하면 할수록 경건함과 놀라움을 주는 2가지가 있다. 하나는 반짝이는 별을 보여주는 하늘이고, 다른 하나는 내 마음속에 있는 도덕률(도덕법칙)"이라는 유명한 말을 남긴 18세기 유명한 철학자 칸트Immanuel Kant 역시 강조했던 말이라고 한다.

정의 : 같은 것은 같게, 다른 것은 다르게

법과 정의의 상호 관계의 면에서 아리스토텔레스가 법을 준수하는 것이 곧 정의라고 말한 것은 정의justice에 관한 일반적인 정의definition라고 할 수 있다. 아리스토텔레스는 또한 각자의 이해(관계)를 평등(균등)하게 함에 있어서, 절대적인 평등이 요구되는 경우, 즉 '평균적 정의'와 비례적으로 평등이 요구되는 경우인 '분배적 정의'로 구분했다. 각자의 권리나 기득권을 존중하고 침해하지 말아야 한다는 것이 평균적 정의라면, '분배적 정의'는 가치가 있는 공동의 것들을 양극단에 치우치지 않고 (중용을 지켜서) 비례적으로 잘 배분하여 각자의 몫을 공평하게(균등하게) 보장하는 것이다(아리스토텔레스, 『니코마코스 윤리학』).

아리스토텔레스에 따르면, 동등한 사람들에게는 동등한 몫을 분배하고 동등하지 않은 사람들에게는 동등하지 않은 몫을 분배하는 것이 각자에게 자기 몫을 공평하게 분배하는 것이다. 즉 '같은 것은 같게, 다른 것은 다르게'의 원리·원칙이다. 만약 여기에 불균등이 있으면 '교정적 정의'가 필요하고 작동돼야 하는데, 이것은 재판(사법)을 통해 이루어지는 정의의 구현 과정이라고 했다.

여기서 분배의 정의를 거론할 때 무엇을 분배할 것인지가 우선 문제시된다. 아리스토텔레스가 공동의 것을 분배한다고 할 때 그 취지는, 일반적으로 우리가 생각하는 부wealth나 소득income같이 돈으로 환산할 수 있는 것들의 배분에 중점을 둔 것은 아니었다. 아리스토텔레스를 포함한 고대 그리스인들은 공직public office이나 영예honor, 사회적 인정social recognition, 영광glory 같은 것들을 가치 있다고 생각하고 그 분배에 중점을 뒀다.

이처럼 각자의 권리를 포함해서 각자에게 돌아갈 몫을 잘 분배하고 보장하는 것이 정의의 핵심이었던 만큼 예로부터 '정의는 곧 평등'을 의미했다.

분배적 정의의 문제는 사실 분배의 공정성에 관한 문제이기도 하다. 이 점에서 정의와 공정은 상호 호환적이다. 보통 '공정성'을 말할 때 분배에 있어서의 공정성과 아울러 절차(진행)에 있어서의 공정성을 말하는데, 분배 정의와 절차상의 정의로 나누어 표현할 수 있다. 이런 점에서도 정의와 공정은 떼려야 뗄수 없는 관계에 있다.

세상은 참 불공평해

"세상은 참 불공평해." 주위에서 많이 듣는 말이다. 몇 해 전 소위 국정농단 사건에 연루된 유력자 자제가 친구들에게 "돈도 실력이야."라고 말한 것이 국민적 공분을 자아낸 일이 있다. 한국인들은 공산주의 체제 아래서 사는 중국인들보다 불공평한 것을 정말 못 참는다고 한다. 배고픈 건 참아도 배 아픈 건 못 참는 게 한국인이라는 것이다. 국민의 약 80%가 '유전무죄, 무전유죄'라는 말에 동의한다는 것 역시 한국인들의 이런 평등의식을 잘 보여주는 증거이다.

한국 사람들이 "세상은 참 불공평해."라고 푸념할 때 비슷하게 많이 하는 말 중에 "상대적 박탈감을 느낀다."라는 말이 있다. 20년 전에 친구 둘이서 같은 가격대의 아파트를 각각 샀는데 세월이 지나서 특정 지역에 아파트를 산 사람의 아파트 가격이

다른 지역의 아파트 가격과 큰 차이가 나고, 그 차이가 배 이상 날라치면 사람들은 '상대적 박탈감'을 느낀다고 말한다.

한국인들의 이런 지극히 평등 지향적인 심성에 대해 한 사회학자는 '마음의 습관'이라고 칭했다. 사회학자 송호근이 쓴 『한국의 평등주의, 그 마음의 습관』이란 책에서 언급한 말이다. 한국인들의 평등주의는 한국인들이 가지는 일종의 마음의 습관이라는 것이다. 이런 한국인들의 평등주의가 나라 발전의 큰 동력이라는 긍정적인 평가도 있다. 불공평한 것을 못 참고 공정을 지향하는 한국인들의 심성과 태도는 다이내믹 코리아Dynamic Korea를 만드는 강력한 밑거름이 될 수 있다는 것이다. 19세기 미국을 여행하면서 미국의 위대한 가능성을 미국 사회의 평등한 구조를 통해 보았던 알렉시스 드 토크빌Alexis de Tocqueville의 견해처럼 말이다.

프랑스 귀족의 후예였던 토크빌은 1831년 5월 신생국가 미국에 도착해 1832년 초까지 여행한 뒤 그 경험을 바탕으로 1835년『미국의 민주주의』라는 책을 썼다. 토크빌은 그 책의 서문에서 미국에 있는 동안 가장 관심을 끌었던 것은 미국인들이 '조건의 평등'을 마음껏 누리고 있다는 점이었고, 이런 평등과 자유가 법과 제도뿐만 아니라 일반 시민들의 생활과 삶의 양식에 엄청난 영향을 미치고 분명하게 드러나 있음을 실감했다고 썼다. 당시 귀족과 성직자가 특권 계층으로 군림했던 프랑스 사회와는 완전히 다른 사회가 미국 사회였다는 것이다. 토크빌은

공수처, 아무도 가지 않은 길

미국이 이런 평등과 자유에서 우러나오는 자발적인 힘으로 향후 강대국으로 등장할 것이라고 예견했는데 그 예언은 그대로 적중했다.

공수처의 2가지 과제

흔히 공수처는 2가지 시대적 과제의 성취를 위해서 태어났다고 한다. 하나는 1996년 참여연대의 입법청원으로 시작된 공수처의 설립 움직임 때부터 화두가 됐던 고위공직자와 그 친인척의 부패범죄에 대한 성역 없는 공정한 수사와 기소라는 과제이다. 다른 하나는 권력기관(특히 검찰)에 대한 견제이다.

필자는 초대 공수처장으로서 공수처의 일차적 과제는 고위공직자와 그 친인척의 부패범죄에 대한 성역 없는 공정한 수사와 기소라고 생각했다. 권력기관 견제라는 과제는 2017년 이후 비교적 최근에 부상하여 강조되고 있는 과제로, 공수처가 고위공직자와 가족에 대한 공정한 수사와 기소라는 일차적 과제(임무)를 잘 수행한다면 그 효과로 권력기관 견제라는 과제는 자연스럽게 수행될 수 있다고 보았다. 또 다른 한 가지 이유는, 어느 기관이 자기 기관의 일차적인 과제(목적)나 존재 이유를 다른 기관에 대한 견제로 설정한다는 것은 바람직하지도, 자연스럽지도 않은 일이라 생각했기 때문이다.

앞에서 정의에 대한 고전적인 견해를 살펴보았는데, 특히 아리스토텔레스가 말한 '교정적 정의', 즉 자발적이든 비자발적이든 모든 거래에 있어서 불균등이 생기는 경우 균등함을 회복하는 것이 곧 정의라는 견해는, 공수처와 관련하여 특히 중요하다고 생각한다. 고위공직자나 그 친인척의 부패범죄라는 '비자발적인 거래(행위)'에 대해 이를 수사하고 증거를 모아 정의의 법정에 세워서 유죄판결을 받게 하는 것은 정의의 핵심 기능 중 하나인 '교정적 정의'를 구현하는 것이기 때문이다.

영어에서 홀수는 odd number라고 하고 짝수는 even number라고 한다. 재미있는 것은 홀수를 뜻하는 'odd'에는 이상하다, 특이하다는 의미가 담겨 있다는 것이다. 영어권에서 많이 쓰는 'make even'이란 표현이 있는데 고르게 만든다, 균등하게 만든다는 의미이다. 홀수에 하나를 더 보태서 짝수를 만들면(즉 'make even' 하면) 고르게, 균등하게 되기 때문이다.

아리스토텔레스가 말한 교정적 정의는 범죄가 저질러져서 비정상odd이 된 상황을 균등하게 만드는(make even 하는) 과정이고, 그것이 형사(재판)절차라고 이해한다면 아리스토텔레스의 교정적 정의론을 보다 쉽게 이해할 수 있을 것이다.

공정한 거래와 공정거래법

이제 공정fairness에 대해 살펴보자.

법에서 말하는 '공정(또는 공정한)'의 개념을 파악하기 위해 공정거래법을 살펴본다. 공정한 거래를 규율하는 공정거래법은 공정한 거래가 무엇인지 직접 정의하지 않는다. 불공정한 거래가 무엇인지 정의하고 이를 금지할 뿐이다. 결국 공정거래법을 통해서는 불공정한 거래(행위)가 무엇인지를 파악함으로써 불공정거래에 해당하지 않는 행위를 공정거래(행위)로 유추할 수 있을 뿐이다.

공정거래법상 불공정 거래행위를 몇 가지 들어보면 다음과 같다. 부당하게 거래의 상대방을 차별하여 취급하는 행위, 부당하게 거래를 거절하는 행위, 부당하게 경쟁자를 배제하는 행위, 부당하게 경쟁자의 고객을 자기와 거래하도록 강제하는 행위, 자기의 거래상 지위를 부당하게 이용하여 상대방과 거래하는 행위 등이다.

공정거래법상 불공정 거래행위에는 모두 '부당하게'라는 요소가 들어 있는데 이는 '정당한 이유 없이'로 풀이할 수 있다. 차별 취급을 금지할 때 정당한 이유나 근거가 있는 가운데 다르게 취급(차별 취급)하는 것은 법이 허용하기 때문이다. 즉 여기서 '정당한 이유'는 바꾸어 말하면 차별 취급(서로 다른 취급)을 정당화할 만한 사유인 것이다.

어쨌든 공정한 거래이든, 불공정한 거래이든 하나의 거래인데 부동산 매매의 경우를 예로 들어보자. 이런 거래는 부동산을 매도하는 측이 부동산의 소유권을 매수인에게 이전하고 매매대금을 받겠다는 의사표시와 매수인은 소유권을 이전받고 대금을 지급하겠다는 의사표시가 합치함으로써 성립한다. 민법에서는 이처럼 두 개의 의사표시가 매매라는 하나의 법률행위를 구성한다고 설명한다. 이에 따라 매도인은 부동산의 소유권을 이전해 줄 의무와 매매대금을 청구할 권리를 가지는 것이고, 이에 대응하여 매수인은 소유권의 이전을 청구할 권리와 매매대금을 지급할 의무를 부담하게 된다. 매도인이 권리를 가지면 매수인은 이에 대응하여 의무를 부담하고(매매대금), 매도인이 의무를 부담하면 매수인은 이에 대응하여 권리를 가지는(부동산 소유권이전) 권리·의무 관계로 되어 있다. 법에 의해 규율되는 생활관계가 곧 법률관계인데 대개 이런 권리·의무 관계의 모습으로 나타난다. 권리와 의무가 서로 마주 보는 관계가 법률관계인 것이다.

이런 부동산 매매(거래)에 있어서 파는 쪽도 개인, 사는 쪽도 개인이라면 사고파는 의사결정을 하는 데서나 거래의 조건(예컨대 가격)을 정함에 있어서 어느 일방이 그 거래를 좌지우지할 정도의 일방적 지위에 있지 않고 쌍방의 협상력이 비슷한 경우가 보통이다. 쌍방의 자발적 선택과 결정에 의해 계약의 성사 여부나 거래조건 변경이 이루어지기도 하는 거래이다.

그러나 대기업 계열의 건설회사가 아파트를 분양하는 경우라면, 비록 부동산을 사고파는 거래이기는 하지만 파는(분양하는) 쪽과 사는(분양받는) 쪽은 협상력이나 정보력 등에 있어서 큰 차이가 있다. 건설회사는 아파트를 건설하고 분양하는 업무에 있어서 오랜 기간 전문성을 쌓아온 유명 아파트 브랜드도 구축한 사업자인데 비해, 분양받는 개인은 건설회사가 정한 분양조건(예컨대 계약금, 중도금, 잔금의 납입일정이나 납입조건 등)을 수락하고 분양을 받을 것인지, 말 것인지를 선택할 수 있을 뿐이고 분양조건에 대해 개별적 협상을 통해 바꿀 수 있는 지위에 있지는 않다.

만일 이런 식의 거래관계, 즉 보다 일반화하여 재화(부동산이나 동산)나 용역(서비스)을 사고파는 거래에서, 파는 쪽 회사가 경쟁 관계에 있는 여러 회사 중 하나가 아니라 시장지배적 지위를 가진 사업자(예컨대 전기 제공 서비스를 독점하는 사업체)인데 사는 쪽은 개인이라면 파는 쪽과 사는 쪽의 협상력의 차이는 비교조차 되지 않을 것이다.

이렇게 거래의 당사자들 간에 협상력이나 시장(예컨대 아파트 분양 시장이나 전기 서비스 시장)에서 차지하는 지배력이나 지위 등에 현저하게 차이가 나는 경우, 정당한 이유도 없이 일정한 사람들을 거래 상대방에서 아예 배제하는 식으로 사람을 차별하거나 가격이나 다른 조건을 달리 정하여 팔거나 한다면 공정거래법상 불공정 거래(행위)에 해당하는지 여부가 당연히 문제시될 것이다.

공정한 플레이와 공정한 경쟁

다음으로 공정한 플레이(페어플레이)라면 운동경기에서 경기의 규칙rule을 잘 지키면서 정정당당하게 플레이하는 것이다. 불공정한 플레이의 대표적인 경우는 반칙이다.

축구를 예로 들면, 반칙과 같은 불공정한 플레이를 하는 선수가 있으면 경기를 주관하는 심판이 옐로우카드나 레드카드를 주고 선수를 퇴장시키기도 하고, 페널티킥을 주기도 한다. 반칙에는 반드시 벌칙이 따른다는 것이 경기의 법칙이다.

이런 경기의 룰(규칙)은 선수뿐만 아니라 심판도 잘 숙지하고 준수함이 당연하다. 그러나 간혹 심판이 어느 팀에 일방적으로 불리하게 경기를 진행하면서 벌칙을 편파적으로 주는 경우가 있다. 어느 팀에 편파적으로 경기를 진행하면 안 되고 공정하게 심판을 보는 것이 경기의 룰(규칙)이고 심판 직무의 본질이지만, 실제로는 그렇지 않은 경우도 있다.

다만, 심판이 공정하게 경기를 진행하려고 하지만 전지전능하지 않는 이상 모든 반칙을 다 볼 수 있는 것은 아니므로 심판이 못 보는 사이에 공격수를 뒤에서 잡아끌거나 하는 식으로 반칙이 일어나는 경우도 종종 있다. 골을 넣을 수 있는 결정적 기회에 심판이 반칙을 못 봤을 경우 팀의 승패를 좌우할 수도 있다.

육상 종목 역시 선수들은 출발선에서 다 같이 대기하고 있다가 출발신호가 난 뒤에 출발해야 한다는 것이 룰(규칙)이다. 만일 출발신호가 나기도 전에 어느 선수가 출발하면 부정 출발이고 기록으로 인정되지 않을 것이다.

따라서 출발선을 비롯해 경기의 참가 조건이 모든 참가 선수들에게 동등해야(같아야) 공정한 경쟁이다. 그런데 이런 경기에서 심판이 누군가 출발선보다 앞에 나가 있는 것을 보고도 그대로 경기를 진행하거나 출발신호보다 먼저 출발하는 선수를 허용한다면 공정한 경쟁은 처음부터 성립되지 않는다. 불공정한 경쟁은 애초부터 경쟁이 아니라고 본다면 경쟁이 아니라고 할 수도 있다.

이런 경기에서는 또한 선수들을 상대로 도핑테스트 같은 것을 실시하는 것이 일반적이다. 일부 선수가 약물의 도움을 받아서 운동 능력이나 경기 능력을 향상시킨 사례들이 적발됐기 때문이다. 도핑테스트를 실시하여 금지된 약물에 대한 양성반응이 나온 사실이 경기 후에라도 적발되면 경기를 주관한 당국은 메달을 박탈하기도 한다.

운동경기에서 공정한 경쟁이 되려면 경쟁에 참여하는 사람 모두에게 출발선을 포함한 경기의 룰(규칙)이 동일하게 적용되고, 참여자들이 모두 룰(규칙)을 잘 준수하는 상태에서 경기가 진행되어야 하며 심판 역시 룰(규칙)대로 심판을 잘 보아야 한다. 경기 규칙을 잘 지키는 사람이 있지만 지키지 않고 반칙하는 사람도 있고, 심판의 고의(알면서 일부러)나 과실로 그것이 허용되거나 방치된다면 결코 공정한 경쟁이라 할 수 없다. 심판을 포함해 경기가 진행되는 운동장이 평평해야지 한쪽으로 기울어진 운동장이라면 그런 운동장에서의 경쟁은 불공정한 경쟁이기 십상이다.

운동경기라는 경쟁에서 공정한 경쟁이 저해되는 경우를 2가지로 유형화해 보면, 하나는 경쟁 참여자가 약물 등에 의해 부당한 이득이나 혜택을 받는 경우이고, 다른 하나는 상대 선수나 팀에게 반칙을 가함으로써 상대 선수나 팀에게 부당한 부담(장애)을 초래하는 경우라 할 수 있다.

여기서 부당하다는 의미는 '그 경쟁이나 경기가 허용하지 않는'의 뜻으로 파악할 수 있다. 전자가 부당한 이익이나 혜택을 받아 유리한 위치에 있게 된 경우, 즉 어드밴티지advantage를 갖는 경우라면, 후자는 경쟁 상대에게 부당하게 부담을 주거나 핸디캡(장애)을 초래하여 불리한 위치에 처하게 만든 경우disadvantage이다.

요컨대 운동경기에서의 경쟁의 사례들을 보면, 출발선이 동등함은 물론이고 경기를 진행하는 과정이나 절차에서의 공정성이 확보되어야 그 경쟁이 전체적으로 공정한 경쟁임을 알 수 있다. 공정성 보장에 있어서 '절차적 공정성'의 보장이 중요한 고려 요소가 되어야 함이 분명한 것이다.

운동경기에서 룰(규칙)이 준수되어야 한다면 사회에서는 법과 규정이 준수되어야 한다. 입시나 취업 등 치열한 경쟁에서는 법이나 규정의 준수 여부, 반칙 여부가 특히 문제시된다. 그렇다고 모든 반칙이 범죄행위가 되는 것은 아니고 도덕적인 비난의 대상이 될 뿐인 반칙도 있을 수 있다.

공정한 입시와 공정한 취업

사람이 태어나서 성장하고 사망하는 생애주기에서 우리 사회가 중요하게 생각하는 주요 이벤트를 들자면 입시와 취업, 결혼 등일 것이다. 특히 우리 사회에서는 소위 말해서 좋은 대학에 입학하고 좋은 전공을 선택하는 것이 나중에 어떤 직업을 가지고 어떤 직장에 들어가서 어느 정도 윤택한 경제생활을 유지하고 사회적 지위를 누리는지, 그리고 누구와 결혼하는지와 직결되는 중요한 문제라고 생각하는 사람들이 많다. 그러다 보니 대학 입시를 위한 경쟁은 날로 치열해지고 입시 준비를 시작하는 연령도 낮아져서 이제는 초등학교 때 또는 그 이전부터 입시 경쟁이 시작된다고 해도 과언이 아니다.

우리나라 사람들이 대체로 동의할 만한 '입시에서의 공정'은 본인이 공부를 열심히 하고 잘해서 시험에서 높은 점수를 받고 소위 명문 대학에 입학하는 것은 누가 뭐라고 할 수 없는 공정한 것이지만, 부모가 그 대학의 교수이기 때문에 음으로 양으로 혜택을 받아서 입학하는 것은 불공정하다고 생각한다. 한마디로 입시에 있어서 '능력주의'는 허용되고 공정하지만, 능력 외에 다른 요소는 고려되어서는 안 된다는 것이다.

사실 능력주의는 우리 헌법에 명문의 규정이 있다. 헌법 제31조 제1항, 즉 "모든 국민은 능력에 따라 균등하게 교육을 받을 권리를 가진다."라는 규정이다. 모든 국민이 '균등하게' 교육을 받을 권리를 가지되, 그 균등은 '능력에 따른 균등'이라는 것이다. '능력에 따른 균등한 교육'이므로 영재 교육을 담당하는 학교의 존재나 학교에서의 우열반의 편성도 헌법에 저촉되는 것은 아닐 것이다. 물론 이런 교육에서의 능력주의에도 불구하고 우리나라에서는 1974년부터 지역 간 고등학교 수준의 격차 완화 차원에서 주거지와의 근거리 학교 배정이나 추첨 등의 방식으로 고교 평준화 정책이 상당 기간 실시된 것 역시 사실이다.

어쨌든 교육 영역에서 '능력에 따른' 교육이 허용되고 장려된다면 '능력에 따른' 상급 학교 진학, 특히 '능력에 따른' 대학 진학은 당연히 허용되고 장려된다고 보아야 한다. 위 헌법 규정은 대학 입시에 있어서 '능력주의'를 공정한 선발 기준으로 보는 한국인들의 생각과도 일치하는 규정이다. 여기서 능력이란 물론 학생 본인의 '수학능력'이나 '학습능력'을 말하는 것이지 부모나 조부모의 경제적 능력(재력)이나 정보력 등의 기타 능력은 아닐 것이다.

그러나 대표적인 능력주의 사회인 미국에서도 능력주의를 불신하게 만드는 입시부정 사건들이 있었다. 2019년 미국 연방 검찰은 30명이 넘는 부유한 학부모들이 자녀들을 예일대나 스탠퍼드대학, 조지타운대학 등 소위 명문대에 입학시키기 위해 입시상담가에게 거액을 제공한 사건을 수사 결과로 밝혀냈다. 입시상담가를 통해 학생의 대학 수학능력을 테스트하는 SAT 시험 감독관에게 돈을 찔러주고 학생들의 답안지를 조작해 성적을 부풀렸다는 등의 입시부정 사건이었다.

마이클 샌델 교수는 2020년 출간한 『공정하다는 착각』에서 이 입시부정 사건에 대해서 거론했다. 그는 미국의 SAT 시험처럼 표준화된 대학 입학시험은 경제적으로 형편이 어려운 학생들이라 하더라도 학생의 잠재적 수학능력intellectual prospectiveness이라는 능력주의meritocracy에 따라 명문 대학에 진학이 가능한 좋은 시스템이라고 미국인들은 생각하지만, 실제로는 경제적으로 부유한 집 학생일수록 이 시험에서 높은 점수를 받을 가능성이 높은 점을 간과하고 있다고 지적했다.

이 책의 원래 제목은 『Tyranny of meritocracy』로, meritocracy를 보통은 '능력주의'로 번역하지만, merit에는 타고난 재능이나 능력에 의한 성과만 포함된 것이 아니라 노력에 의한 성과나 실적도 포함되기 때문에 '성과주의'나 '실적주의'가 보다 정확한 용어라 할 수 있다. 즉 '성과주의(실적주의)의 폭정'이 이 책의 원래 제목이다.

요컨대 마이클 샌델은 미국인들이 신봉하고 있는 성과주의(능력주의)가 공정하다는 생각은 착각일 수 있다고 지적한다. 사교육 문제가 심각한 우리나라도 사정은 크게 다르지 않다. 국내 주요 로스쿨이나 의대에 입학한 학생들 부모의 경제 수준, 직업 등을 조사한 결과 역시 부모가 경제적으로 부유한 학생들의 진학 비율이 월등히 높았음을 보여주고 있기 때문이다.

우리나라에서 치열한 입시 경쟁을 뚫고 대학에 입학했다 하더라도 경쟁은 끝난 게 아니고 이제 시작에 불과하다. 취업하기가 점점 어렵기 때문인데 취업을 준비하는 사람들이 선호하는 좋은 직장의 경우 경쟁은 매우 치열하다. 이런 선호 직장에 취업하기 위해 대학 졸업 후에도 몇 년씩 취업을 준비하는 사람도 많은 것이 현실이다.

이런 상황에서 간혹 터지는 채용 비리 사건은 사람들에게 좌절감을 주고 우리 사회의 공정성에 대해 많은 의문을 품게 한다. 몇 해 전 강원랜드에서 면접 점수를 조작했다는 식의 채용 비리 사건이 있었는데, 그때 불합격한 응시생들이 강원랜드를 상대로 손해배상소송을 제기해 최근 2심까지 승소 판결을 받았다. 법원은 강원랜드가 채용 과정에서 부정행위를 저질러 탈락한 응시생들에게 정신적 고통을 입혔다고 봄이 상당하다며 탈락 응시생들에게 위자료를 지급하라고 판결했다. 최근 경기연구원이 2022년 수도권 주민들을 상대로 조사한 결과 약 73%가 우리 사회가 공정하지 않다고 답변했는데 결과의 불공정성보다는 기회와 과정, 즉 절차의 불공정이 더 심각한 문제라고 답한 사람이 많았다.

공정한 재판

재판이 공정해야 한다는 것은 누구나 인정하는 너무나 당연한 사실이다. 한 사람의 일생일대를 좌우할 수 있는 재판이 불공정하다면 그런 불공정한 재판은 재판의 당사자뿐만 아니라 주위 사람들도 승복하지 못할 것이고, 법과 제도 자체에 대한 불신의 원인이 될 것이다. 예로부터 거론된 불공정한 재판의 사례는 뇌물을 받고 재판하거나 한쪽 당사자에게 유리하게 편파적으로 재판하는 것이다.

우리 헌법 제103조는 "법관은 헌법과 법률에 의해 그 양심에 따라 독립하여 심판한다."라고 규정한다. 이 규정에 따라 판사들은 법관으로 임명장을 받을 때 대법원장 앞에서 "본인은 법관으로서, 헌법과 법률에 의해 양심에 따라 공정하게 심판할 것"을 선서한다. 헌법 규정에는 없지만 '재판(심판)의 공정성'이 판사로서의 직무수행의 핵심이라는 것인데, 그럼 '공정한 재판'이란 무엇인가?

형사재판에서 당사자에게 '공정한 재판'을 받을 권리가 있다는 것은 헌법재판소의 판시에 따르면, 신분이 보장되고 독립된 법관이 주재하는 공개된 법정에서 모든 증거자료가 조사·진술되고, 이에 대해 검사와 피고인이 서로 공격·방어할 수 있는 공평한 기회가 보장되는 재판을 받을 권리를 가진다는 것을 말한다.

공정한 재판을 받을 권리는 UN이 제정한 국제인권규약(A규약) 제14조에도 명시되어 있다. "모든 사람은 재판에 있어서 평등하다."로 시작하는 이 조항은 특히 형사재판에 있어서 기소된 피고인은 유죄로 확정되기까지 무죄로 추정되어야 하고, 1) 기소된 혐의가 무엇인지에 대한 신속하고 상세한 설명을 받을 것,

2) 변호 준비를 위해 충분한 시간과 편의를 가져야 하고 본인이 선택한 변호인과 연락을 취할 것, 3) 본인이 출석한 가운데 재판받으며, 직접 또는 본인이 선임하는 사람의 법적 조력을 통해 변호할 것, 4) 자기에게 불리한 진술 또는 유죄의 자백을 강요당하지 않을 것, 5) 자기에게 불리한 증인을 직접 신문하거나 증인이 신문 받도록 할 것과 자기에게 유리한 증인을 출석시키고 신문할 수 있도록 할 것 등을 규정하고 있다.

이상의 헌법재판소 판시나 국제인권규약의 내용을 종합해 보면, 공정한 재판에서의 '공정성'은 당사자들의 권리보장(특히 대등한 권리의 보장)과 아울러 절차가 공정해야 함을 알 수 있다. 즉 형사재판의 경우 피고인을 기소한 검사나 검찰 측에 우월적·일방적 지위를 인정하는 식으로 재판이 진행되어서는 안 되고, 공소사실에 관해 유죄를 입증하려고 공격하는 검찰 측과 이에 대해 무죄를 입증하려고 방어하는 피고인(과 변호인) 측의 공격과 방어의 기회가 공평하게 보장되는 '무기 대등'이 이루어지고 충분한 절차 보장이 되어야 공정한 것이다.

아울러 조항에 명시되지는 않았지만, 재판부나 판사가 공소사실이나 재판 결과에 대해 유죄의 심증이든 무죄의 심증이든 사전에 예단이나 편견을 가지고 재판해서는 안 되고, 불편부당하게 재판을 진행하는 절차적 공정성이 보장되어야 재판이 공정함은 물론이다.

공정한 수사

재판과 마찬가지로 수사도 공정성이 생명이다.

윤석열 대통령은 검찰총장 시절이던 2020년 8월 신임 검사 임관식에서 "검사의 직무는 형사법의 집행이다. 형사법률은 다른 법률의 실효성을 담보하는 핵심 법률이자 헌법 가치를 지키는 헌법 보장 법률이다. 검사는 언제나 헌법 가치를 지킨다는 마음가짐을 가져야 하는데 절차적 정의를 지키고 인권을 존중하는 것이 형사법 집행의 기본이다."라고 했다.

검사로 임관할 때 신임 검사들은, "공익의 대표자로서 정의와 인권을 바로 세우고 범죄로부터 내 이웃과 공동체를 지키는 막중한 사명을 부여받았음"을 새기면서 "나는 불의의 어둠을 걷어내는 용기 있는 검사, 힘없고 소외된 사람들을 돌보는 따뜻한 검사, 오로지 진실만을 따라가는 공평한 검사, 스스로에게 더 엄격한 바른 검사"가 될 것을 선서하고 다짐한다. 검사의 직무가 정의를 세우고 인권을 보호하는 것임을 표현한 것이다. 고위공직자나 그 친인척이 저지른 부패범죄에 대한 성역 없는 공정한 수사와 기소를 통해 권력형 범죄나 비리를 범한 사람들이 그동안 처벌받지 않던 '불처벌의 관행'을 끊어내자는 취지로 도입된 것이 공수처이므로 공수처는 반부패 사정기관이다. 또한 공수처 검사 역시 정의를 바로 세우고 인권을 옹호하는 기관임은 물론이다.

이처럼 공수처가 우리 사회에서 "정의를 바로 세우고 청렴을 새롭게 쓰는" 새로운 반부패 법집행기관이지만 처음에는 독자적인 로고(CI)가 없어서 부득이 대한민국 정부를 상징하는 태극 문양을 한동안 기관의 상징으로 사용했다. 그러다가 2022년 8월 펼쳐진 두 손이 무언가를 받드는 모양의 로고(CI)를 발표했다.

공수처의 로고(기관 상징)는 하늘을 향해 펼쳐진 두 손이 무언가를 받드는 형상이다. 공수처가 받드는 대상은 물론 국민이다. 펼쳐진 두 손 중 하나는 국민의 'ㄱ'(왼쪽의 진한 청색)이다. 대칭을 이루며 나란히 있는 'ㄱ'(오른쪽의 연한 청색)은 공수처를 상징한다. 국민을 받들며 국민과 나란히, 국민과 함께 가겠다는 의지의 표현이다.

공수처 로고는 또한 대지에 뿌리를 박고 하늘을 향해 난 두 개의 가지가 올라가는 나무를 형상화한 것이기도 하다. 국민이라는 대지에 단단히 뿌리를 내리면서 정의와 청렴(반부패)의 하늘, 즉 부패 없는 새로운 세상을 향해 나아가겠다는 공수처라는 나무를 형상화한 것이다. 공수처가 부패 없는, 청렴한 세상을 지향하는 반부패 사정기관임을 분명히 한 것이다.

검찰은 그동안 준사법기관이자 인권옹호기관임을 표방해 왔다. 검사가 인권을 옹호하는 준사법기관이라면 피의자에게 불리한 사실이나 증거뿐만 아니라 피의자에게 유리한 사실이나 증거도 찾고 제시할 의무, 즉 객관의무가 있음은 당연하다. 아울러 헌법상 피의자·피고인의 무죄추정의 원칙이나 변호인의 조력을 받을 권리, 방어권 등을 거론할 필요도 없이 인권옹

2022년 8월, 하늘을 향해 펼쳐진 두 손을 형상화한 새로운 로고(CI)와 함께 국민을 받들며 "정의는 바로 세우고 청렴은 새롭게 쓴다."라는 공수처 슬로건이 선정·발표되었다.

호기관으로서 검사는 피의사실의 공표나 공무상 비밀의 누설 없이 수사를 진행해야 한다.

즉 재판에서의 공정성과 마찬가지로 수사에 있어서도 수사 주체(검찰)의 권한만 일방적으로 보장되는 것이 아니라 수사대상자(피의자)의 방어권이나 수사절차 참여권, 변호인 조력을 받을 권리 등이 충분히 보장되어야 수사의 '공정성'이 보장된다. 또한 수사 주체가 예단이나 편견을 가지고 당초에 수사대상으로 삼은 혐의와 관련된 증거 발견이 어려운 경우, 가족이나 지인의 범죄 혐의 등에 대해 수사를 확대하는 등으로 어떤 식으로든 기소하여 법정에 세우겠다는 사전적인 목표를 가지고 수사하는 것처럼 보이는 경우, 이러한 수사는 공정한 수사로 평가하기 곤란할 뿐만 아니라 준사법기관의 본질에도 어긋난다.

그동안 수사의 공정성과 관련해서, 특히 고위공직자의 권력형 비리 사건이나 살아 있는 권력 관련 사건에 대한 수사의 경우 권력과는 별 관련이 없는 다른 사건에 대한 수사와 비교했을 때, 수사의 공정성에 의문이 제기됐던 몇몇 경우들이 있었다. 이런 민감한 사건들에 있어서 수사의 공정성을 보장하기 위해 1995년 이후 특별검사제도 도입이 논의되고 필자가 참여한 1999년 1회 특검부터 최근까지 개별 특검제도가 꾸준히 시행되었다. 1996년부터 도입이 논의된 공수처가 25년 만에 독립적·중립적 수사기관으로 발족한 것 역시 수사의 공정성을 제도적으로 보장하기 위한 것이다. 그러나 공수처가 이런 목적으로 발족되었다는 사실만으로 공수처 수사의 공정성이 담보되는 것은 아니므로 공수처 구성원들의 부단한 노력이 요구됨은 물론이다.

실체적 진실의 발견과 조용한 수사

수사에 있어서 누구나 인정하는 대원칙은 '실체적 진실의 발견'이다. 검사(공수처 검사 포함)의 수사에 관한 형사소송법과 공수처법의 규정, 즉 "검사는 범죄의 혐의가 있다고 사료하는 때에는 범인, 범죄사실과 증거를 수사한다."에 따르면 수사는 범죄의 혐의 유무를 명백하게 밝히기 위해 범인, 범죄사실과 증거를 찾고 확보하는 수사기관(검사)의 활동이다.

수사에 있어서 '실체적 진실의 발견'은 2가지이다. 하나는 범죄사실을 명백하게 밝히고 범인을 찾아내 "죄 있는 사람은 반드시 처벌해야 한다."라는 '적극적 진실'을 추구하는 것이다. 그러나 "열 사람의 범인을 놓치는 한이 있더라도 한 사람의 죄 없는 자를 처벌해서는 안 된다."라는 '소극적 진실'을 추구하는 측면도 있다. 수사를 통해 무고한 사람을 범인으로 만들 수 없고, 그래서도 안 되는 것이다.

2021년 1월 출범한 공수처가 출범 직후 수사의 공정성과 관련하여 세운 2가지 원칙이 있다. 하나는 수사과정에서의 피의사실공표나 공무상 비밀누설처럼 피의자의 방어권이나 무죄추정권(또는 무죄추정의 원칙) 등을 부당하게 침해하지 않으면서

'조용한 수사'를 진행한다는 원칙이다. 다른 하나는 '실체적 진실의 발견'이다. 앞서 언급한 실체적 진실 발견 원칙의 2가지 측면에 충실하게, 기소하겠다는 등의 사전적인 목표 없이 수사를 통해 발견된 사실과 증거에만 입각하여 정치적 고려 등 다른 일체의 고려 없이 오로지 사실과 증거가 가리키는 대로 기소할 사건은 기소하고 불기소할 사건은 떳떳하게 불기소하겠다는 원칙이다.

2021년 1월 21일 공수처가 개청한 후 바로 공개채용과정을 시작해서 공수처 검사 정원 23명 중 1차로 4월 16일 13명의 검사가 임명됐고, 그로부터 한 달 정도 지나서 1차로 선발된 수사관들이 부임했다(18명). 검사들이 임명된 직후 일주일 동안 자체적으로 워크숍을 개최했다. 이때 가장 먼저 발제하고 토론했던 주제가 피의사실공표와 공무상 비밀누설의 문제였다. 새롭게 발족하는 공수처가 피의사실공표나 공무상 비밀누설 없이 범죄 수사한다는 것에 대해서는 이견이 없었다.

피의사실공표나 공무상 비밀의 누설 없는 '조용한 수사'를 하겠다는 방침은 실체적 진실의 발견만큼이나 중요한 원칙인 적법절차due process 원칙의 준수를 위한 것이다. 적법절차를 준수하지 않는 수사는 정당하지도 않고 법이 지배하는 민주공화국의 원리에도 맞지 않기 때문이다.

제4장

대한민국은
정의롭고 공정한가

정의와 공정의 담론

정의justice란 무엇인지, 무엇이 되어야 하는지에 대해 평생을 바쳐서 연구하고 이론을 세운 20세기의 철학자가 있다. 하버드대학에서 철학을 가르친 존 롤스John Rawls이다. 그가 1971년에 쓴 책이 『정의론』인데 정확히는 '정의에 관한 하나의 이론'이다.

존 롤스는 이 책의 서두에서 단도직입적으로 "사상(이론) 체계의 제1의 덕목을 진리truth라고 한다면, 사회제도의 제1의 덕목은 정의justice"라고 단언한다. 롤스는 어떤 이론이 아무리 정치하고 간명하다 하더라도 그것이 진리가 아니라면 배척되거나 수정되어야 하듯이, 법이나 제도가 아무리 효율적이고 정연하다 할지라도 그것이 정의롭지 못하면unjust 폐지되거나 개선되어야 한다고 강조했다. 사회의 모든 제도social institutions가 정의의 원칙에 따라 설계되고 운영되어야 한다는 의미로 해석한다.

롤스는 이어서 모든 사람은 사회 전체의 복지라는 명분으로도 침범할 수 없는 정의의 원칙에 입각한 '불가침성'을 갖는다고 주장한다. 이에 따라 정의는 다수가 관련된 보다 큰 이익이나 선을 위해서 소수에게 희생을 강요하는 것을 거부한다고 선언하고, '최대 다수의 최대 행복'을 내세운 공리주의와의 결별을 분명히 했다. 롤스가 말하는 정의의 원칙에 따르면 다수에 의해 향유되는 혜택(이익)이 소수에게 부과되는 희생보다 크기 때문에 허용된다는 식의 공리주의적 논리는 받아들일 수 없는 것이다. 따라서 정의로운 사회에서는 평등한 시민들의 모든 자유가 보장되는 것이 당연하고, 이렇게 보장된 권리들은 어떤 정치적 거래나 사회적 이해관계의 셈법에 따라 좌우되지 않아야 한다.

롤스는 또한 자신이 탐구하고자 하는 정의의 원칙이 개인적인 의로움이 아니라, 사람이 공동체를 이루고 살면서 서로 이해관계가 일치하기도 하고 상충하기도 하는 사회에 적용되는 '사회 정의social justice의 원칙'임을 분명히 했다. 이렇게 정의가 곧 사회 정의의 문제라면 경제 정의의 문제가 핵심 주제가 될 수밖에 없다.

앞에서 정의는 공정과 쌍둥이 같다고 했는데 정의와 마찬가지로 공정도 대체로 사회나 국가와 같은 사람들의 공동체에 대해 사용하는 말이다. 특히 공정은 어떤 재판이나 수사, 경쟁이나 경기 등 절차 진행에 대해, 공정한 재판이나 공정한 수사, 공정한 경쟁이나 공정한 경기(예컨대 운동경기) 등의 용법으로 사용된다. 개인에 대해 공정하다거나 불공정하다고 하는 경우는 그 개인이 순수한 개인으로서가 아니라, 예컨대 재판이나 수사, (경기의) 심판을 맡는 등으로 특정한 역할을 담당하고 수행할 때 그 역할 수행이 공정한지 여부의 측면에서 문제시되는 것이다.

우리 사회는 공정한가

우리 사회의 공정성에 대한 담론은 2010년 마이클 샌델의 『정의란 무엇인가』라는 책을 통해 대한민국을 강타했고, 2017년 문재인 정부 취임과 함께 '기회는 공평하게, 과정은 공정하게, 결과는 정의롭게'로 표방된 후, 2022년 대통령선거에서 '공정과 상식의 대한민국'이란 화두로 다시 등장했다. 서양 국가들이 지난 몇백 년에 걸쳐서 달성한 민주화와 경제성장을 1960년대 이후 불과 몇십 년 만에 달성한 한국 사회가 과연 공정한가 하는 물음에 대해 이제 답을 해야 할 시점이라고 생각한다.

박정희 장군이 5·16 군사 쿠데타를 일으켰던 1961년 한국의 1인당 국민소득은 100달러도 채 안 되는 82달러 수준이었다. 이렇게 세계에서 최빈국으로 손꼽혔던 한국은 1970년대 고도 경제성장을 이룩한 이래 이미 2017년에 1인당 국민소득 3만 달러를 달성한 경제 대국이 됐다.

지금 나이로 50대 중반 이상의 한국인들은 후진국의 아이로 태어나서 중년 무렵에는 중진국 어른으로 직장을 다녔고, 직장을 은퇴하는 나이 무렵이 되어서는 이제 나라가 선진국에 진입했다. 반세기도 되지 않아 나라의 경제적 지위가 최후진국에서 선진국으로 급상승한 거의 유일한 국가가 대한민국이다.

한국은 해방 이후 이승만 대통령의 독재와 5·16 군사 쿠데타로 집권한 박정희 대통령의 1960년대와 1970년대의 독재, 그리고 1979년 12·12 군사 쿠데타로 집권한 전두환 대통령의 독재의 시기를 거쳤지만 1987년 6월 항쟁과 대통령 직선제 헌법개정을 거치면서 그 후로 평화적 정권교체가 여러 번 반복된 민주주의 국가가 됐다.

그러나 이렇게 우리 사회가 압축적 경제성장과 민주화를 이룩하기 위해 숨 가쁘게 앞만 보고 달려오는 과정에서 정의와 공정이라는 가치가 희생되거나 간과된 것은 아닌지 이제 되돌아봐야 할 시점이 되었다. 가시적인 목표나 성과 달성에 집착한 나머지 거쳐야 할 필요한 과정이나 절차가 과감하게 생략됨으로써 절차적 공정성이 무시 또는 훼손되고, 그 과정에서 사회적 약자나 소수자가 차별 취급받거나 홀대당하지는 않았는지를 포함한 공정 이슈에 대해 차분히 성찰해 보아야 한다. 2022년 대통령선거에서 '공정과 상식'이 이슈가 된 것 역시 우리 사회에서 양극화 문제를 비롯해 사회적 불균형과 불공정 문제가 도

공수처, 아무도 가지 않은 길

처에 산재해 있다고 사람들이 느끼기 때문이라고 생각한다.

노무현 대통령은 우리 사회의 불공정 문제를 한마디로 '반칙과 특권'이라는 두 단어로 요약했다. 또한 반칙과 특권이 없는 세상이 사람이 '사람답게 사는 세상'임을 강조했다.

앞서 운동경기에서 경쟁의 '공정성'이 저해되는 경우로 부당한 이득이나 혜택을 받아 경쟁에서 유리한 입장이 되는 경우와 (반칙을 통해) 부당하게 부담 또는 장애handicap를 초래하여 경쟁 상대가 불리한 입장에 서게 만드는 경우의 2가지를 들었다. 전자가 특권의 문제라고 한다면 후자는 반칙의 문제라고 생각한다.

세상이 반칙과 특권이 얼마든지 허용되고 판치는 한쪽으로 기울어진 운동장이라면 반칙과 특권이 허용되지 않는 세상은 평평한 운동장일 것이다. 사람은 세상을 살아가면서 취업시장이나 아파트 분양시장 등 크고 작은 수많은 시장에 참여하고 그 시장에서 경쟁하면서 살아간다. 그런데 그 시장이 기울어진 운동장이라면 심각한 문제이다. 기울어진 운동장에서 운동장 아래쪽 사람들은 운동장이 구조적으로 위쪽 사람들에게 유리하게 기울어져 있으므로 운동장 위쪽 사람들과 경쟁할 때 절대로 공평한 조건에서 경쟁할 수 없다. 운동장이 사회라면 이것은 사회 구조적인 문제인 것이다.

따라서 기울어진 운동장을 펴서 평평한 상태로 만들어야 경쟁의 조건이 공평해지고 비로소 공정한 경쟁이 가능하다. 그렇다면 세상이라는 운동장에서 반칙과 특권을 제거하고 허용하지 않는 것이야말로 기울어진 운동장을 펴서 평평하게 만드는 첫 번째 길이다.

정의와 사회의 기본구조의 문제

이러한 맥락에서 평생을 평등만 연구한 철학자 존 롤스가 평등은 사회의 기본구조basic structure의 문제라고 한 것은 올바른 지적이다. 롤스에 따르면, 정의에 대한 연구는 곧 평등과 불평등에 관한 연구인데 그 일차적인 주제는 사회의 기본구조, 즉 사회제도social institutions에 따라 권리와 의무가 배분되고 사람들 간의 협동의 결과로 생긴 이익이 어떻게 배분되는지를 정하는 방식에 대한 것이다. 여기서 사회제도란, 헌법과 법률에 따른 정치적·경제적·사회적 제반 제도와 체제를 모두 포괄하는 개념이다. 사상의 자유를 비롯한 자유권의 법적 보장, 경쟁적 시장제도, 생산수단의 사유제도, 일부일처제 등의 제도와 체제 전부를 포함한다.

이런 사회제도들로 구성된 사회의 기본구조는 구성원들의 권리·의무를 규정하면서 인생의 기회와 삶의 전망에 대해 영향을 미치고, 어떻게 살 것인가 하는 삶의 소망까지 좌우한다. 롤스는 이런 제도들로 인해 어떤 인생의 출발점을 다른 인생의 출발점보다 유리하거나 불리하게 만드는 조건을 형성하는 뿌리

깊은 사회 구조적 불평등이 생길 수 있음을 지적했다.

그렇다면 정의에 대한 물음, 어떤 사회가 정의로운가에 대한 물음은 바로 이 지점, 즉 사회의 기본구조가 정의로운지에 대한 질문에서부터 시작해야 한다.

한국 사회의 공정성 연구

한국사회과학연구협의회는 1990년 이래 5년 주기로 한국 사회의 불평등과 공정성에 대한 한국인들의 인식을 조사해 왔다. 2005년 연구 결과를 보면, 한국인들은 성공(출세)이 운에 달려 있다는 사람(8.4%)에 비해 개인의 능력에 달려 있다는 사람(62.7%)이 압도적으로 많았다. 또한 경제 제도가 공정할 경우 능력 있는 사람이 과실을 더 얻어야 한다는 것에 대해 압도적으로 (약 80%) 동의했다. 한국인들은 능력과 노력에 따라 분배가 달라지는 것에 대해 대체로 동의하면서 공정하다고 인식한다는 것이다.

2023년 〈충청일보〉가 우명숙과 남은영의 최근(2021년) 연구를 인용한 것을 본다. 분배의 공정성 조사를 하면서 1) 실적이 더 많은 사람이 더 받아야 한다, 2) 많이 노력한 사람이 더 받아야 한다, 3) 타고난 능력이 많은 사람이 더 받아야 한다, 4) 자신의 필요에 따라 받아야 한다, 5) 모든 사람이 똑같이 받아야 한다라는 문항을 제시했을 때 많이 노력한 사람이 더 받아야 한다는 응답(58.8%)이 실적이 많은 사람이 더 받아야 한다는 응답(24.6%)이나 타고난 능력이 많은 사람이 더 받아야 한다는 응답(5.9%)에 비해 압도적으로 많았다. 이 조사에 따르면, 한국인들이 생각하는 공정성의 기준은 엄밀히 말하면 '능력주의'라기보다는 '노력주의'라 할 수 있다. 그러나 우리 사회에서 노력에 대한 보상이 제대로 이루어지는지 물었을 때 불과 몇 년만에 그렇다는 응답이 67%가량에서 45%가량으로 큰 폭으로 떨어진 연구 결과도 있는데 이런 사람들의 인식 변화가 맞다면 큰 문제 같다.

다음으로 기회균등과 관련하여 사람들에게 교육의 기회가 평등한지 물어보니 '평등하다'는 응답(39.7%)이 '불평등하다'는 응답(32.8%)에 비해 약간 높은 정도였으나 취업 기회에 대해서는 '불평등하다'는 응답(57.8%)이 '평등하다'는 응답(15.4%)을 압도했다. 정부의 법 집행이 공평한지에 대해서는 '불평등하다'는 응답(69%)이 '평등하다'는 응답(8.7%)과 비교조차 되지 않았고, 법원이 누구에게나 공정한 재판을 보장하는지 물었더니 소수(26.7%)만 동의하고 다수(45%)는 동의하지 않았다. 또한 정부의 행정에 대해서는 모두에게 공정하게 행정이 이루어진다는 응답은 11.8%에 불과하여 '그렇지 않다'는 응답(61.4%)의 5분의 1 수준이었다.

사람은 모두 평등한가

자본주의가 한국경제에 뿌리내리고 발전하면서 계층 간 소득이나 자산 격차가 갈수록 늘어나는 부익부 빈익빈 현상의 심화, 자산 가격의 급등, 양극화의 가속화 현상 등이 사회 문제가 되고 있다. 이는 비단 우리나라만의 문제가 아닌 미국을 비롯한 전 세계적인 현상이다.

미국은 신자유주의가 주창한 세계화에 따른 과실이 불균등하게 배분된 결과 1980년대 이후 미국 경제성장 성과의 대부분이 상위 10%에 돌아갔고, 하위 50%는 거의 아무것도 얻지 못해 그들의 2014년 평균 소득은 실질 가치로 환산할 때 1980년과 별반 차이가 없다고 한다. 오늘날 가장 부유한 1%의 미국인은 하위 50%가 버는 것보다 많이 벌고 있다(마이클 샌델,『공정하다는 착각』).

사회에서 이러한 심각한 불평등이 존재한다는 사실은 불평등의 문제가 개인의 노력이나 운으로 좌우할 수 없는 구조적 문제, 즉 사회의 기본구조와 관련된 문제임을 잘 보여준다고 생각한다.

프랑스 대혁명에 큰 영향을 미친 사상가 장 자크 루소가 1753년 프랑스 디종 아카데미의 현상 공모 주제인 "인간 불평등의 기원은 무엇이고 자연법에 의해 허용되는지?"에 응모하여 쓰고, 나중에 책으로 출판된 것이 유명한『인간 불평등 기원론』이다. 이 책에서 루소는 인간의 불평등을 2가지로 제시했다. 하나는 자연적·신체적 불평등의 유형으로 나이나 건강, 체력, 정신이나 마음의 능력 등에 따라 사람마다 차이가 나는 불평등이다. 다른 하나는 사회적·정치적 불평등의 유형이다. 이것은 기본적으로 사람들 간의 합의(약속)에 달린 것으로, 사람들 간의 동의를 바탕으로 이루어졌거나 적어도 허용이 되는 불평등이다. 두 번째 불평등에 의하면 일종의 특권이 허용되는 셈이다. 다른 사람들보다 더 부유하거나 더 큰 권력을 가져서 다른 사람들을 복종시킬 수 있다는 식의 특권이다. 루소는 일부 사람들이 이런 특권과 혜택을 누리기 때문에 손해를 보는 사람들이 있다고 보았다.

루소가 말한 불평등의 유형 중에서 첫 번째 자연적 불평등은 각자에게 주어진 재능이나 능력, 건강, 신체상의 차이로 인한 것이므로 개인이나 사회가 쉽게 바꿀 수 없는 문제이다. 그러나 두 번째 불평등은 인간이 법이나 제도 등을 통해 만들어낸 사회 구조적인 불평등이므로 얼마든지 개혁 또는 개선이 가능하다.

루소가 『인간 불평등 기원론』을 썼던 18세기 프랑스는 구체제를 뜻하는 '앙시앙 레짐Ancien Regime'이 지배하던 엄격한 신분제 사회였다. 국왕과 왕족 밑에 3종류의 신분이 있었는데 제1신분은 가톨릭 성직자, 제2신분은 세습 귀족으로 이 두 신분은 세금 면제의 특권 등을 누렸다. 제3신분이 프랑스 인구의 약 98%를 차지하면서 제1신분과 제2신분을 먹여 살렸다. 농민과 도시 노동자, 부르주아 등이 제3신분이었다.

　이런 엄격한 신분제도야말로 루소가 말한 사회적·정치적 불평등의 전형적인 예이고 롤스가 말한 사회의 기본구조의 문제이다. 이런 구조적 불평등의 모순이 계속 누적됨으로써 프랑스 대혁명의 도화선이 됐을 것이다.

신분제 사회와 불평등의 문제

앞서 보았듯이 고대 그리스와 로마는 자유인 외에 노예가 제도로서 인정되는 체제였고, 조선시대 역시 노비제도가 있었다. 유럽에서는 귀족, 이에 대응해 조선에는 양반이란 이름의 상층계급이 있었다. 이런 식의 신분제 사회는 20세기 들어서서 민주공화국 체제가 일반화되기 전까지 전 세계적인 현상이었다. 조선의 노비제도는 조선 말까지 지속되다가 19세기 말 갑오개혁(갑오경장)을 통해 비로소 폐지됐다.

　신분제 사회의 문제는 단지 엄격한 신분의 구분이 있다는 점만이 문제가 아니다. 그 신분이 대를 이어 세습된다는 것이다. 귀족과 양반의 지위, 평민과 노비의 지위 등이 대대로 세습됨으로써 신분에 따른 불평등이 고착되는 구조이다. 예외가 없는 것은 아니지만, 이런 구조라면 능력과 재능이 출중한 사람이 나타나도 신분의 벽을 뛰어넘을 수 없어서 사회 발전의 동력이 전반적으로 저하될 수밖에 없다.

태어날 때부터 정해진 신분에 의해 사회가 유지되는 신분제 사회는 사람이 불평등함을 당연한 전제로 한다. 이런 사회가 19세기 이전에 수천 년 동안 유지됐다는 것은 사회의 구성원들이 사람을 신분에 따라 차별하는 신분제도가 옳다고, 정의롭다고 받아들이고 그 정당성에 대해 의심하지 않았기 때문이다.

그러나 세습을 전제로 한 신분제 사회는 공정하지도 정의롭지도 않다. 나라의 주권이 국민에게 있고 모든 권력이 국민에게서 나오는 민주공화국에서는 신분제도가 인정될 여지가 전혀 없다. 우리 헌법은 제11조 제2항에서 "사회적 특수계급의 제도는 인정되지 아니하며, 어떠한 형태로도 이를 창설할 수 없다."라고 못 박고 있지 않은가.

미국은 신분제도가 전 세계적으로 공고했던 1776년 독립선언을 통해 "모든 인간이 평등하다는 것을 자명한 진리로 믿는다."라고 선언하면서 영국의 지배로부터 독립도 선언했다. 이후 헌법 제정을 통해 신분제도가 인정되지 않는 민주공화국 체제를 선택했다. 당시 미국의 독립을 선구적으로 주창한 사상가 토머스 페인Thomas Paine은 태어나면서부터 자신의 신분이 정해지고 세습까지 되는 체제는 공정하지 않을 뿐만 아니라 상식에도 반한다고 주장하면서 1776년 1월 유명한 『상식common sense』을 발간했다. 이 책이 몇 달 뒤 미국의 독립선언에 중대한 영향을 끼치면서 미국 독립혁명의 선봉이 됐다는 것은 주지의 사실이다.

공정과 상식

윤석열 대통령이 지난 대통령선거 무렵부터 강조한 '공정과 상식'에 대해 잘 설파한 책이 바로 토머스 페인이 쓴 『상식』이다. 페인은 이 책에서 사회는 인간의 필요에 따라 생겨난 것으로 축복이라 할 수 있지만 정부는 도덕이 세상을 지배하지 못하기 때문에 불가피하게 생겨난 소산물이라고 했다. 그래서 최선의 정부라 하더라도 필요악에 불과한데 최악의 정부는 도저히 참을 수 없는 정부라고 했다.

페인은 대대로 세습되는 군주가 다스리는 체제는 상식에도 반한다고 했다. 모든 사람은 평등하게 태어나는 법인데 어떤 사람은 날 때부터 남을 지배할 권리를 갖고 태어나고 다른 사람들은 그 지배를 받아야 한다는 것이 상식에 맞지 않다는 지적이다. 게다가 제비뽑기나 선출, 왕위 찬탈의 방법으로 왕이 된 어떤 사람이 자기 당대에 지배하고 후임자에게 넘겨주는 것도 문제인데 그 정도가 아니라 왕위를 자기 후손들에게 대대로 물려주는 세습제는 더더욱 상식에 맞지 않다고 강조했다.

페인에 따르면, 군주제도가 세습제도와 결합할 때 그 폐단은 극심해지는데 날 때부터 다른 사람들을 지배하고 부릴 권리를 갖고 태어났다고 스스로 생각하면 쉽게 악에 물들 뿐만 아니라 세습되는 군주 중에서 늘 현명하고 좋은 군주만 나온다는 보장도 없다고 지적했다.

선왕이 일찍 사망하여 나이 어린 왕이라도 즉위하게 되면 왕이 아닌 섭정이 국정을 전횡하는 문제가 있고, 왕이 나이 많고 병약해질 때도 같은 문제가 생긴다는 지적도 했다. 실제로 영국의 역사를 보면 무위도식하면서 전쟁이나 일삼는 왕들이 많았고 이런 군주들 때문에 크고 작은 전쟁과 내전이 계속되어 나라의 내부 사정이 불안정한 경우가 많았다고 한다. 페인에 따르면 11세기 노르만 정복왕 이후 서른 명의 왕과 두 명의 미성년자 왕의 재위기간 동안 내전 8차례, 민란은 19차례나 일어났다는 것이다.

페인은 미국에서 그 대안으로 절대왕권하에서는 왕이 곧 법이듯이 자유 국가에서는 법이 왕이 됨이 마땅하고, 다른 왕은 없어야 한다고 주장했다. 또 사람들이 자신들의 정부를 선택하는 것은 자연권이라고 했다. 페인이 말한 '자연권'은 지금으로 보면 인권에 해당하는 말이다. 미국은 당시 영국의 식민지였는데 페인은 『상식』에서 영국과 결별하고 13개 식민지 주에서 대표를 뽑아서 제헌의회를 구성하여 공화제를 채택할 것을 강력하게 주장했다.

사실 세습이 되는 신분제도는 19세기까지 전 세계적으로 군주제가 성행할 수 있었던 배경이었다. 신분이 세습된다고 할 때 비단 왕의 지위만 세습되는 것이 아니라 귀족이나 평민, 노비의 지위 등도 대대로 세습되기 때문이다. 지금 시각에서 보면 참으로 이해하기 어렵지만 이런 신분제도가 수천 년 지속된 것을 보면 과거에는 나름대로 안정성이 있는 체제였던 모양이다.

신분제와 인간 존엄의 문제

토머스 페인이 상식에도 반한다고 보았던 신분제는 인간의 불평등을 당연한 전제로 한다. 아리스토텔레스는『정치학』에서 사람 중에서 다스리도록 타고난 사람과 다스림을 받도록 타고난 사람이 있는데 타고난 지배자는 자유인, 타고난 피지배자는 노예라고 했다. 자연은 자유인과 노예를 날 때부터 구별하고 노예는 남이 계획한 것을 몸으로 실현할 뿐이라고 했다. 플라톤 역시 국가politeia 안에서 자유인과 노예의 역할을 구별하는 것은 올바르다고 보았고, 로마법도 자유인liber과 노예servus의 구별을 당연시했다.

그러나 18세기 존 로크John Locke나 장 자크 루소 같은 계몽주의 사상가들이 사람은 날 때부터 자유롭고 평등하다는 평등사상을 강력하게 주창한 이래 인간이 평등하지 않다는 생각은 깨지기 시작했다.

"인간은 자유롭게 태어났지만 어디서나 쇠사슬에 매여 있다." 루소가 1762년 출간한 유명한『사회계약론』의 첫 문장이다. 루소의 평등사상에서 큰 영향을 받은 프랑스 대혁명은 1789년 7월 14일 바스티유 감옥 습격 사건 뒤 같은 해 8월 발표한 프랑스 인권선언의 첫머리에서 "인간의 권리에 대한 무지와 망각, 경시가 공공의 불행과 정부 부패의 유일한 원인임에 유의하면서 인간이 가지는 타고난, 양도 불가능한 신성한 권리들을 엄숙히 선언한다."라고 선언했다.

프랑스 인권선언의 정확한 명칭은 '인간과 시민의 권리선언'이다. 우리가 쓰고 있는 '인권'이란 말은 프랑스 인권선언이 말한 '인간의 권리'에서 나왔다. 프랑스 인권선언은 제1조에서 "인간은 자유롭게 태어났고 권리에 있어서 평등하다. 사회적 차별은 오로지 공공선에 대한 고려에 의한 경우만 가능하다."라고 명쾌하게 선언했다. 이런 프랑스 인권선언의 내용은 "모든 사람은 평등하게 창조되었고 조물주로부터 양도 불가능한 일정한 권리, 즉 생명, 자유, 행복을 추구할 권리를 부여받았다."라는 1776년 미국 독립선언의 내용과도 일치한다.

그렇다면 사람과 사람 사이 평등의 근거는 무엇인가? 인간이 존엄하고 존귀한 존재, 가치 있는 존재라는 점에서 찾아야 할 것이다. 우리 헌법 제10조는 "모든 국민은 인간으로서의 존엄과 가치를 가지며, 행복을 추구할 권리를 가진다."라고 선언하고 있다. 독일의 기본법(헌법)은 아예 제1조에서 "인간의 존엄은 불가침이다. 이를 존중하고 보호하는 것은 모든 국가권력의 의무이다."라고 명시하고 있다.

인간은 그 출생 배경이나 집안, 타고난 능력이나 재능, 성별 구분, 장애 여부 등과 상관없이 오로지 인간이라는 사실만으로 가치 있고 존귀한 존재이다. 인간으로서의 존엄이나 가치 있음은 인간이 인간이라는 사실에만 의존하므로 인간이 인간인 이상 평등하게 누려야 함이 마땅하다.

그렇다면 이러한 인간 존엄의 근거는 무엇일까? 인간이 자유와 자율을 가지는 존재, 즉 자유롭고 자율적인 존재라는 데에서 찾을 수 있다고 생각한다. 독일의 철학자 칸트는 1788년 출간한 『실천이성비판』에서 외부적 원인의 간섭을 받지 않고 독립적이라는, 자유에 관한 기존의 소극적·부정적 개념 정의에 대항하여 자유의 적극적·긍정적 측면을 강조했다. 자유는 곧 자율이라고 강조한 것이다.

행복의 추구와 평등한 자유의 향유

이 세상에 불행하기 위해 태어난 사람, 불행하기 위해서 사는 사람은 아무도 없다. 존귀하고 존엄한 존재인 인간은 자신의 자유와 자율을 가지고 행복을 추구하며 사는 존재이다.

인간에게 '행복'이란 주제는 기원전 4세기 아리스토텔레스가 설파한 행복론을 거론할 필요도 없이 최고의 주제이다. 아리스토텔레스에게 인간은 '좋음'을 추구하는 존재인데 행복은 좋음 중의 좋음, 가장 좋음이라고 했다. 행복은 다른 어떤 것을 위해 선택하는 것이 아니라 그 자체로 선택하는, 최종적이고 자족인 최고 좋음이기 때문이다(아리스토텔레스, 『니코마코스 윤리학』).

사람이 좋은 삶, 행복한 삶을 누리기 위해서는 자유와 자율의 바탕 위에서 건강, 안전, 존중, 개별성(개성), 여가, 자연과의 조화, 우정, 기회, 소득과 재산 등을 누릴 수 있어야 한다. 이런 것들을 기본재primary goods로 부르기도 한다. 인간이 누려야 할 기본적인 재화나 가치의 의미로 말이다.

여기서 모든 사람이 동등하게 권리로서 누려야 할 것이 있는 반면에 소득이나 재산, 건강 등처럼 서로 다르게 누릴 수 있고 실제로도 다르게 누리는 것들이 있다.

모든 사람이 동등하게(평등하게) 권리로서 누려야 할 것으로 인간이 인간이기 때문에 가지는 기본적 자유가 있다. 민주공화국 체제 아래서 개인들은 이런 기본적 자유를 국가를 상대로 권리로써 보장받고 누려야 한다. 개인이 국가에 대해 권리를 가짐에 대응하여 국가는 개인의 자유를 보장할 의무를 진다. 개인의 권리와 국가의 의무가 상호 호응하는 것이다. 자유가 권리로써 보장되는지, 그렇지 않은지는 법적으로 중요한 의미가 있다. 자유가 권리로써 보장된다면 자유의 침해가 있을 때 소송 등의 법적 구제 수단이 있기 때문이다.

이렇게 개인이 국가에 대한 권리를 주장하고, 국가는 이에 대해 의무를 부담하는 법률관계(권리·의무 관계)는 개인들 간의 법률관계가 사법관계로 불리는 것에 대비하여 공법관계라고 불린다. 우리 헌법 제111조 제1항 제5호, 그리고 이에 따른 헌법재판소법 제68조 제1항에 따라 공권력의 행사 또는 불행사로 인해 헌법상 보장된 기본권을 침해받은 국민은 법원의 재판을 제외하고는 헌법재판소에 헌법소원을 청구하여 구제받을 수 있는 길이 있다. 헌법에는 기본권이란 말이 없지만 헌법재판소법은 기본권이란 말을 썼다. 이에 따라 권리로써 보장되는 자유의 침해가 있는지는 법적으로 구제받을 수 있는지 여부 판단에 있어서 중요하다.

우리 헌법 제10조에 따르면 국가는 개인이 가지는 불가침의 기본적 인권을 확인하고 이를 보장할 의무를 지는데 이런 불가침의 기본적 인권은 누구나 동등하게 누려야 하는 것이다. 이렇게 보장되는 기본적 권리가 무엇인지는 우리 헌법 제2장 '국민의 권리와 의무'에 열거된 자유와 권리들을 보면 알 수 있다. 신체의 자유, 사상과 양심의 자유, 거주·이전의 자유, 직업의 자유, 사생활의 비밀과 자유, 통신 비밀의 자유, 종교의 자유, 표현의 자유, 집회와 결사의 자유 등이다.

자유에 관한 최고의 이론가 중 하나는 존 스튜어트 밀John Stuart Mill이다. 그는 1859년 출간한 『자유론』에서 자유 중에서 가장 소중하고 또 유일하게 자유라는 이름으로 불릴 수 있는 것은, 다른 사람의 자유를 박탈하거나 자유를 얻기 위한 노력을 방해하지 않는 한 각자 자신이 생각한 대로 행동하고 각자의 삶을 꾸려나갈 수 있는 것이라고 했다. 자유에 있어서 각 개인의 '개별성(개성)'을 그만큼 중시한 것이다.

밀은 자유의 행사에 관한 간단명료한 하나의 원칙을 천명했다. 이른바 '해악의 원칙harm principle'이다. 인간 사회에서 개인이든 집단이든 어떤 사람의 자유를 침해할 수 있는 경우는 오로지 자기 보호를 위한 경우뿐으로, 다른 사람에게 해harm를 끼치는 것을 막기 위한다는 유일한 경우를 제외하고는 문명사회에서 그 구성원의 자유를 침해하는 그 어떤 권력 행사도 정당화될 수 없다고 했다.

밀은 자유의 영역을 크게 3가지로 보았다. 첫째는 인간의 내면적 영역에서의 자유로 양심의 자유, 생각의 자유, 주장의 자유, 둘째는 사람들이 각자 자신의 개성에 따라 자기 삶을 설계하고 자기 좋을 대로 행동하며 살아갈 자유, 셋째는 이러한 개인적 자유들을 토대로 사람들이 어떤 목적의 모임이든 자유롭게 결성할 수 있는 자유, 즉 결사의 자유이다.

1979년 인권을 3세대로 구분하는 새로운 이론이 주장된 이래 점차 널리 쓰이고 있다. '~로부터의 자유'로 요약되는 전통적인 소극적인 자유를 1세대 인권, '~에 대한 권리'로 요약되는 적극적인 권리를 2세대 인권으로 부르는데 생명권, 종교의 자유, 표현의 자유 등은 1세대 인권에 속하고, 참정권, 교육을 받을 권리, 근로자의 권리 등은 2세대 인권에 속한다. 최근 부상하고 있는 3세대 인권은 환경권이나 평화권, 인류의 공동 유산에 대한 소유권, 경제발전권 등 새로운 유형의 인권이다. 최근 유럽인권재판소에서 기후 변화와 관련하여 미래 세대의 권리를 인정한 결정을 내린 것은 신선하다. 인권에도 세대가 있고, 세대 차이가 있다는 것은 참 흥미로운 지점이다.

기회의 평등인가, 결과의 평등인가, 조건의 평등인가

윤석열 대통령이 '인생의 책'으로 꼽은 책이 있다. 대학 재학 시 경제학자였던 부친이 선물로 준 책으로 대통령의 인생에 가장 큰 영향을 준 책이라고 한다. 신자유주의 이론의 대표적 경제학자 밀턴 프리드먼Milton Friedman이 1980년에 쓴 『선택할 자유』이다.

이 책을 보면 프리드먼은 5장에서 평등의 문제를 정면으로 다루었다. 1776년 미국 독립선언에서 말한 평등은 원래 '신 앞에 평등'인데 노예제도가 폐지됨에 따라 사람들 사이에 인격이 평등하게 되어 집안이나 국적, 피부색, 종교나 성별, 그밖에 어떤 것도 인간에게 열리는 기회를 결정해서는 안 되고 오직 개인의 능력에 따라 인생이 열려야 한다는 기회의 평등이 미국에서 자리 잡게 됐다고 한다.

프리드먼은 20세기 들어서 유럽에서 먼저 결과의 평등이 주창되고 미국에서도 주창되기 시작했는데, 기회의 평등은 인격의 평등과 마찬가지로 자유와 모순되거나 대립하지는 않지만 결과의 평등은 자유를 축소시키는 큰 문제를 야기했다고 썼다. 결과의 평등은 결국 평등뿐만 아니라 자유도 달성하지 못하는 우를 범한다는 것이다.

앞에서 한국인의 공정성과 불평등에 대한 설문조사 결과에서 보았듯이, 한국인은 누구나 정부의 간섭 없이 성공의 기회를 동등하게 가져야 한다는 것에 대하여 압도적으로(80% 이상) 지지하여 결과의 평등이 아니라 기회의 균등을 공정성으로 인식하고 있다.

우리 헌법 역시 기회균등을 지지한다. 헌법 전문에서 "정치·경제·사회·문화의 모든 영역에 있어서 각인의 기회를 균등히 하고 능력을 최고도로 발휘하게"라고 쓴 것은 기회균등이라는 헌법의 이념과 이상을 잘 표현한 것이다. 물론 모든 이상이 그렇듯이 기회의 균등도 완벽하게 실현하기는 불가능하다. 그렇지만 기회의 균등을 가로막는 차별이나 편견, 특권과 반칙과 같은 장애물들을 제거한다면 기회균등의 실현에 훨씬 가깝게 다가갈 것이다. 그리고 이를 통해 경쟁 참여자 간에 실질적인 조건의 평등도 가능해질 것이다.

조건의 평등은 기존 기회의 평등이냐, 결과의 평등이냐의 양자택일적 개념에서 진일보한 개념이다. 성공의 기회와 같은 사회적 기회를 획득하려는 자유로운 경쟁에 있어서 출발의 조건이 평등(균등)해지도록 모든 것을 개인의 능력에 맡기고 내버려 두는 것이 아니라 국가나 사회가 일정한 역할을 통해 경쟁의 조건이 실질적으로 같아지도록 하자는 것이다. 예를 들어, 출산과 육아의 부담을 지고 있는 여성 근로자와 그런 부담을 지지 않는 남성 근로자 간에 아무런 배려 없이 그냥 경쟁시키는 것이 아니라 여성 근로자에 대해 출산휴가를 자유롭게 쓰도록 허용하고 보육시설을 쉽게 이용할 수 있도록 하는 조치를 취함으로써 조건의 평등을 기하자는 것이다. 이를 통해 경쟁의 기회를 형식적·기계적으로 말로만 제공하는 것이 아니라 실질적 경쟁이 되도록 하는 것이 정의롭고 공정하다는 취지이다.

우리 헌법은 "여자의 근로는 특별한 보호를 받으며, 고용·임금 및 근로조건에 있어서 부당한 차별을 받지 아니한다."라고 규정하여(제32조 제4항) 여성의 근로에 대한 특별한 보호와 우대조치를 명하고 있다.

정의란 무엇인가

플라톤은 『국가』에서 국가 안에서의 정의에 대해, 각자가 남의 것을 취하지도 않고 자기 것을 빼앗기지도 않도록 함으로써 자기 몫을 분명히 하고 보유하는 것, 그리고 각자가 제 일을 하는 것을 정의롭다(즉 올바르다)고 설파했다. 그런데 정의는 로마법을 통해 정리된 대로 "각자에게 자기 몫을 주고자(분배하고자) 하는 한결같고 영속적인 의지"라는 법언으로 내려오고 있다. 그렇다면 각자가 보유하거나 받아야 할 '자기 몫'이 무엇인지가 중요한 문제가 아닐 수 없다.

아리스토텔레스가 기원전 4세기에 '정의란 무엇인가'의 문제에 천착하여 각자에게 균등하게(평등하게) 보장되어야 할 평균적 정의와 비례적으로 각자의 몫을 잘 배분하여야 할 분배적 정의, 그리고 분배 후 불균등을 교정(시정)하는 교정적 정의로 구분한 것은, 정의의 여러 측면과 그 본질을 잘 파악한 것이다.

국가의 주권이 국민에게 있는 민주공화국의 시각에서 보면,

인권의 차원에서 개인에게 보장되는 기본적 자유와 권리를 구성원들이 차별 없이 평등하게 누리는 것이 가장 우선시된다.

정의의 이러한 측면은 존 롤스가 『정의론』에서 말한 정의의 제1원칙, 즉 각자는 평등한 기본적 자유의 체계에 대한 동등한 권리를 가져야 한다는 원칙으로 요약된다. 요컨대 기본적 권리와 의무basic rights and duties의 분배(할당)가 균등하게 이루어져야 하고, 이에 따라 개인들이 기본적 자유를 평등하게 누리도록 사회의 기본구조가 만들어져야 한다는 것이다.

제레미 벤담Jeremy Bentham과 함께 대표적인 공리주의자로 분류되는 밀은 벤담의 '최대 다수의 최대 행복'으로 대변되는 양적 공리주의에 반대하여 행복(쾌락)에도 질적 차이가 있음을 지적했다. 그는 『공리주의』에서 "만족한 바보가 되는 것보다는 불만족한 소크라테스가 되는 것이 더 낫다."라는 유명한 말로 요약되는 질적 공리주의를 주장했다.

아울러 밀은 효용(공리)의 원리와 정의의 상관관계에 대해서 공리주의자답게 정의란 사회 전체의 차원에서 볼 때 사회적 효용이 아주 높아서 다른 어떤 것보다 더 강력한 구속력을 가지는 도덕적 요구사항이라고 하면서 다음 5가지 원칙을 제시했다.

첫째, 법에 따라 어떤 사람에게 속하는 것으로 인정된 자유나 재산, 권리를 그로부터 박탈하는 것은 대체로 정의롭지 않다.

둘째, 법적 권리 박탈의 경우에도 그러한 권리를 수여한 법이 악법이어서 권리 수여가 처음부터 잘못된 경우라면 이런 경우 권리 박탈이 정의로운지, 그렇지 않은지에 대해 논란이 있을 수 있겠지만 도덕적 권리까지 박탈하거나 유보하는 것은 정의롭지 않다.

셋째, 각자가 자신이 받아야 마땅할 응분의 몫을, 좋은 것이든 나쁜 것이든 그 몫만큼 받는 것은 정의롭다. 그러나 그 응분의 몫보다 더 좋거나 더 나쁜 것을 받는 것은 정의롭지 않다.

넷째, 명시적 약속이든 암묵적 약속이든 약속을 어기는 것이나 자신의 행위로 인해 상대방이 갖게 되는 기대를 저버리는 것을 포함하여 타인의 신뢰를 배반하는 것은 정의롭지 않다.

다섯째, 호의를 베풀거나 특혜를 주는 것이 허용되지 않는 경우, 특정인에게 호의나 특혜를 베푸는 것은 편파적인 것으로 정의와는 거리가 멀다.

정의에 관해 밀이 언급한 원칙들을 살펴보면 법으로 보장된 권리나 자유는 각자의 몫으로 보장되는 것이 원칙이고, 좋은 것이든 나쁜 것이든 각자가 받아야 할 응분의 몫 역시 받아야 할 몫만큼 받아야 하는 것이 원칙이라는 점에서 '각자에게 자기 몫'이라는 고전적인 원칙에 충실하다. 밀은 편파적이거나 신뢰를 배반하는 것 역시 정의롭지 않다고 규정했는데, 이것은 결국 공정하지 않기 때문에 정의롭지도 않다는 관점으로 보인다. 즉 '공정으로서의 정의justice as fairness' 말이다.

적극적 우대 조치와 정의의 구현

앞에서 기회의 평등과 결과의 평등, 조건의 평등에 대해 살펴보았는데 형식적·기계적 평등이 아니라 실질적 평등이 달성되도록 하기 위해 국가가 나서서 적극적인 조치를 취하기도 한다.

인종차별의 역사를 가진 미국에서 활발하게 운용됐던 제도로 '적극적 우대 조치affirmative action'로 불리는 제도가 있다. 적극적 우대 조치는 역사적으로 차별받아온 일정한 집단(예컨대 흑인)에 대하여 그러한 차별로 인해 남아 있는 불리한 여건에 대한 보상 차원에서 학교 입학(특히 대학을 포함한 고등교육기관 입학)이나 취업 등에 있어서 직·간접적으로 혜택을 주어 우대하는 정부 정책을 지칭하는 말이다.

마이클 샌델은『정의란 무엇인가』에서 내신 성적과 입학시험 성적이 더 우수한데도 흑인 지원자 등에 대한 적극적 우대 조치 때문에 상대적으로 불이익을 받아 로스쿨에 불합격하고 소송을 제기한 백인 학생들의 사례를 예로 들었다. 그러면서 과거에 조상들이 했던 인종차별 때문에 후손들이 역차별받는 것이 과연 정의롭고 공정한지에 대한 문제 제기도 있다고 지적했다.

이런 식의 우대 조치는 비단 미국만의 문제는 아니고 우리나라의 법과 제도 역시 소수자나 사회적 약자 등에 대해 적극적 우대 조치를 장려하고 명령하는 경우가 꽤 있다. 앞에서 여성 근로자에 대해 헌법이 특별한 보호를 규정한 경우를 예로 들었다. 이뿐만 아니라 국가유공자나 상이군경, 전몰군경의 유가

족에게 법률이 정하는 바에 따라 우선적으로 근로 기회를 제공한다거나(헌법 제32조 제6항) 신체장애자, 질병·노령 기타의 사유로 생활 능력이 없는 국민을 법률이 정하는 바에 따라 국가가 보호하는(헌법 제34조 제5항) 식으로 우대 조치하는 경우가 있다.

사실 이런 식의 우대 조치는, 우대 조치의 수혜자가 아닌 사람들의 입장에서는 국가가 소수자, 사회적 약자 등의 보호를 명분으로 그렇지 않은 사람들을 차별이나 역차별하는 것이 되어 국가의 차별 금지 의무(평등 대우 의무)를 규정한 헌법 제11조 위반이라고 주장할 여지가 있다. "모든 국민은 법 앞에 평등하다. 누구든지 성별·종교 또는 사회적 신분에 의하여 정치적·경제적·사회적·문화적 생활의 모든 영역에 있어서 차별을 받지 아니한다."라는 규정 위반 말이다.

그런데 국가가 적극적 우대 조치를 하는 근거는 어디서 찾을 수 있을까?

정의의 제2원칙과 상향 평준화

평생 정의를 연구한 철학자 존 롤스는 기본적 권리와 의무의 균등한 분배(할당)와 기본적 자유의 평등한 향유라는 정의의 제1원칙은, 사회에서 혜택을 가장 적게 본 집단이나 계층에게 혜택을 주는(즉 이득이 되는) 경우에만 사회적·경제적 불평등이 정당화된다는 내용의, 정의의 제2원칙에 의해 보완되어야 한다고 주장했다(존 롤스, 『정의론』). 그러니까 롤스가 말한 정의의 제2원칙은 제1원칙에 대한 보완 원칙으로서 사회적·경제적 불평등을 시정하거나 적어도 완화하는 사회정의·경제정의의 실현 문제가 된다. 사회적으로 신분제도가 용인되었던 불평등한 사회구조가 극복된 오늘날에 있어서는 이제 경제정의의 실현이 무엇보다 중요한 과제가 되고 있다.

롤스는 사회에서 혜택을 가장 적게 본 집단이나 계층을 '최소 수혜자'로 불렀다. 사회적·경제적 약자에 해당하는 이들 '최소 수혜자'에게 혜택이 돌아가고 이득이 될 수 있도록 사회의 기본구조가 형성되어야 정의롭다는 것이 롤스의 주장이다.

우리 헌법은 헌법 전문에서 "정치·경제·사회·문화의 모든 영역에 있어서 각인의 기회를 균등히 하고 능력을 최고도로 발휘하게" 한다는 기회균등의 원칙을 천명한 다음, "안으로는 국민 생활의 균등한 향상을 기하고 밖으로는 항구적인 세계평화와 인류공영에 이바지함으로써 우리들과 우리들의 자손의 안전과 자유와 행복을 영원히 다짐한다."로 끝맺고 있다.

헌법이 전문에서 이처럼 '국민 생활의 균등한 향상'을 기한다고 명시한 것은 '국민 생활'이란 표현이나 '균등한 향상'이란 표현에서 알 수 있듯이 국민의 생활 수준을 균등하게(고르게) 끌어올린다는 것이므로, 특히 경제적인 측면에서 상향식 평등의 이상을 표현한 것으로 본다. 상향식 평등은 '억강부약抑强扶弱', 즉 약자를 우선시하고 도와준다는 의미로 형식적·기계적 평등이 아니라 실질적인 평등을 기하자는 취지이다. 다른 말로 '상향 평준화'하자는 것이다.

우리 헌법에 '경제민주화' 조항으로도 불리는 유명한 조항이 있다. 헌법 제119조 제2항이다. "국가는 균형 있는 국민경제의 성장 및 안정과 적정한 소득의 분배를 유지하고, 시장의 지배와 경제력의 남용을 방지하며, 경제주체 간의 조화를 통한 경제의 민주화를 위하여 경제에 관한 규제와 조정을 할 수 있다."라는 내용이다.

우리나라가 기본적으로 자본주의와 시장경제 시스템으로 운영된다고 해서 국가가 경제를 그냥 내버려두는 것이 아니라 경제에 관한 규제와 조정을 통해 개입할 수 있음을 명시한 것이다. 1) 균형 있는 국민경제의 성장과 안정, 2) 적정한 소득 분배의 유지, 3) 시장의 지배와 경제력의 남용 방지, 4) 경제주체 간의 조화를 통한 경제의 민주화를 위한 4가지 경우에 국가가 개입한다는 것이다.

이런 헌법 규정에 근거하여 작동하는 대표적 법제도 중 하나가 앞서 본 공정거래법이다. 위에 열거한 세 번째 경우인 시장의 지배와 경제력의 남용 방지를 주된 목적으로 하는 것이다. 국가는 헌법 제119조에 의거한 '적정한 소득의 분배와 그 유지'라는 목적을 위해서도 경제에 관한 규제와 조정을 할 수 있는데 이런 취지의 국가 개입을 통해서도 상향식 평등 내지 상향 평준화가 이루어질 수 있을 것이다.

헌법 제119조와 경제정의의 실현

헌법 제119조는 본래 '경제민주화'에 대한 조항이 아니라 대한 민국의 경제질서에 관한 조항이다. 헌법 제119조 제1항을 보면 "대한민국의 경제질서는 개인과 기업의 경제상의 자유와 창의를 존중함을 기본으로 한다."라고 명시하고 있기 때문이다.

대한민국의 경제질서는 개인이나 기업을 포함한 경제주체들의 자유와 창의를 존중함을 원칙으로 하는 자유시장 경제질서이다. 개인이나 기업 같은 경제주체들이 자유롭게 경제활동을 하면서 자유시장이 작동하는 자본주의 경제체제이다. 그러나 그렇다고 하더라도 애덤 스미스가 말한 시장에서의 수요와 공급이라는 '보이지 않는 손'의 작동에 전적으로 맡기고 국가는 아무런 역할을 하지 않는 체제가 아니라 '경제주체 간의 조화를 통한 경제의 민주화 등'을 위해 필요한 경우 경제에 관한 규제와 조정의 방법으로 개입할 수 있는 수정 자본주의 체제이다. 국가의 경제 문제에 대한 개입의 근거 조항이 되는 것이 바로 헌법 제119조 제2항이다.

아리스토텔레스가 『니코마코스 윤리학』에서 거론했던 교정적 정의와 분배적 정의에 있어서, 교정적 정의가 사법제도를 통해 원고와 피고 간에, 국가와 피고인 간에 불균등을 교정(시정)하는 역할을 하는 것이라면 각자에게 자기 몫을 잘 배분하는 분배적 정의는 결국 경제정의의 실현 문제라고 생각한다.

이러한 측면에서 헌법 제119조 제2항이 "국가는 균형 있는 국민경제의 성장 및 안정과 적정한 소득의 분배를 유지하고, 시장의 지배와 경제력의 남용을 방지하며, 경제주체 간의 조화를 통한 경제민주화를 위하여 경제에 관한 규제와 조정을 할 수 있다."라고 명시한 것은, 헌법 제119조 제1항의 경제질서에 관한 원칙 규정을 보완하는 규정으로 해석한다.

존 롤스가 제시한 정의의 원칙과 관련해 볼 때 롤스가 말한 정의의 제1원칙, 즉 각자가 기본적 자유에 대한 평등한 권리를 갖는다는 원칙은 헌법 제119조 제1항의 '자유와 창의를 존중'한다는 원칙 규정에 구현되어 있다고 볼 수 있고, '최소 수혜자'에 대한 우대 조치 등을 통한 상향 평준화의 가능성을 언급한 정의의 제2원칙은 헌법 제119조 제2항에 구현되어 있다고 생각한다. 이런 취지에서 헌법 제119조는 잘 만들어진 조항으로 본다.

앞에서 법이란 무엇인지 살펴보면서 기원전 1200년경 모세의 인도로 이집트에서 탈출한 히브리인(유대인) 공동체가 하느님으로부터 율법을 수여받는 장면을 언급했는데, 출애굽의 하느님은 당시 사회적 약자의 대표적 존재였던 고아나 과부의 하느님으로 불리기를 원했다. 거룩한 곳에 계신 하느님이 고아의 아버지이며 과부의 보호자임을 자칭하면서 고아와 과부를 압제하지 말고 도와주라는 관심과 보호를 신·구약 성경을 통해 수십 차례 나타냈다.

하느님의 눈이 항상 고아와 과부와 같은 고대 근동 사회의 사회적 약자 위에 머물러 있고, 그들의 송사가 공정하게 처리되는지 유의하며 고아와 과부를 억압하지 말고, 추수하는 밭에서 떨어진 이삭을 줍지 말고 그냥 두어서 이들이 먹고살 수 있도록 배려할 것을 유대인들에게 명령한 것은 사회적 약자, 즉 '최소 수혜자' 그룹에 대한 우대 조치를 통해 실질적 평등을 기하자는 취지라고 생각한다.

앞서 본 대로 우리 사회에서 반칙과 특권을 제거함으로써 기울어진 운동장을 평평하게 만드는 것이 공정한 세상으로 나아가는 첫 번째 길이겠지만, 그것만으로 실질적 평등을 도모하기에 부족한 경우 롤스가 말한 정의의 제2원칙에 의해 상향식 평준화를 기하는 보완책이 뒤따라야 할 것이다.

특히 사회적·경제적 정의의 실현에 있어서 대한민국과 같은 자본주의 시장경제 체제 아래서 크게 사회 문제로 대두되고 있는 '불로소득'의 문제에 대해 국가는 헌법 제119조 제2항에 근거한 경제에 관한 규제와 조정을 통해서 사람들의 근로의욕을 저하시킬 정도로 과다한 불로소득이 발생하지 않도록 적극적으로 개입할 필요도 있다고 생각한다.

인구는 많고 국토는 유한한 우리나라에서 수십 년 전부터 부동산 투기 문제가 심각한 사회 문제가 되고 있고, 근로자들의 평균적 임금 수준과 비교해 볼 때 천정부지로 상승한 부동산의 가격, 특히 주택 가격의 문제는 결혼 적령기의 젊은이들이 결혼을 기피하고 출산도 회피하는 가장 중요한 원인이 되고 있다. 그런데 유한한 재화인 부동산(특히 주택)의 가격은 정부의 규제 여부에 따라 오르기도 하고 내리기도 하는 등 정부 규제에 상당히 민감하다는 점에서 롤스가 말한 사회의 기본구조가 현재의 부동산(특히 주택)의 가격을 떠받치고 있다고 할 수도 있다. 이런 점에서 책임 있는 정부라면 부동산(특히 주택)의 가격 수준을 적정하게 유지하여 근로자들의 근로의욕이나 젊은이들의 결혼 의욕, 출산 의욕을 꺾지 말아야 할 것이다.

정의의 두 얼굴

앞서 정의에 관한 고전적 명제 "각자에게 자기 몫을 주라."에서 각자가 받아야 할 몫에는 비리나 범죄와 같은 잘못된 행위에 대해 치러야 할 응분의 대가가 당연히 포함됨은 정의의 요청상 당연하다고 했다. 그러나 정의에는 이런 응보(복수)라는 측면 외에 연민으로서의 정의의 측면도 있다.

연민의 영어 compassion은 passion(수난, 고통)을 함께(com) 한다는 뜻이다. 그러나 단지 함께 고통받고 함께 아파한다는 감정적인 차원에 머문다는 말은 아니라고 한다. 여기서의 연민은 인간의 상호의존성과 공평성, 정의에 대한 인식 아래서, 그런 고통을 가져오는 원인을 제거하기 위한 적극적 개입과 행동의 차원으로까지 나아간다는 것이다(강남순, 『정의를 위하여』).

상호의존적 존재인 인간은, 다른 사람이 받는 고통이나 어려운 처지에 대해 연민compassion이나 공감sympathy으로 반응하면서 고통의 원인에 대한 시정을 요구하거나 타인이 당한 어려운 처지에 대해 공감하고 배려하는 조치를 할 수 있는데 이러한 행위 역시 정의justice의 작용이라고 불러야 할 것이다.

예컨대 유대인들의 출애굽의 하느님이 고아와 과부를 압제하지 말고 도와주라는 관심과 보호를 명령한 것 역시 정의의 요청에서 비롯된 것이다.

성경에 보면 포도원 주인과 품꾼(일용직 노동자)의 비유가 있는데 그 내용은 대략 다음과 같다.

어느 포도원 주인이 포도원에서 일할 일꾼이 필요해서 아침 일찍 인력시장에 나가서 하루 품삯으로 한 데나리온 주기로 약속하고 일꾼들을 자기 포도원에 들여서 일을 시켰다. 그런데 오전 9시에 나가도 일자리를 못 구한 일꾼들이 있길래 일하라고 하고 포도원에 보냈고 정오와 오후 3시에 나가도 그런 사람들이 서성이길래 그렇게 했다. 심지어 오후 5시에 나갔을 때도 일자리를 못 구해서 인력시장에서 서성이는 사람이 있어서 들여보냈다. 6시에 포도원 일이 모두 끝난 다음, 포도원 주인은 늦게 온 사람부터 먼저 불러서 품삯을 치르고 집에 보냈는데 5시에 와서 한 시간 일한 사람에게 한 데나리온을 주었다. 그런데 문제는 3시에 온 사람, 정오에 온 사람, 9시에 온 사람 등 모든 품꾼에게 한 데나리온을 주었다는 것이다.

사람들이 돈을 받고도 집에 가지 않고 불평하기 시작했다. "겨우 한 시간밖에 일하지 않은 사람에게도 한 데나리온을 주어 온종일 뙤약

별 아래서 수고한 우리와 똑같이 취급하는 것은 부당하다."라는 취지였다.

그러자 포도원 주인은 다음과 같이 말했다. "당신들은 나와 당초에 한 데나리온 받기로 약속했고 내가 그 약속을 이행했는데 왜 불평합니까, 받은 것을 갖고 집으로 가십시오, 내 것을 가지고 내가 내 뜻대로 하는 것이 무슨 잘못입니까? 내가 자비로운 사람이라는 것이 당신 눈에는 거슬립니까?"

이 이야기에서 한 데나리온은 노동자 한 사람의 하루 임금이라고 한다. 가장인 노동자가 한 데나리온을 갖고 집에 가야 그 가정이 그날 밥을 먹을 수 있었다. 그런데 포도원 주인이 한 시간 일한 사람과 9시간 일한 사람을 똑같이 대우하고 같은 품삯을 준 것이 과연 정의롭고 공평한가? 우리 사회에서 아마 이런 질문을 하면 무노동 무임금의 원칙 같은 것을 들 필요도 없이, 아마 백이면 백 사람 정의롭지도, 공평하지도 않다고 대답할 것이다.

그러나 여기서 포도원 주인이 이렇게 한 이유가 '자비' 때문이라는 것, 즉 한 가정의 가장으로 식구들을 그날그날 먹여 살려야 하는데 자신을 고용해서 일을 시키고 돈을 줄 사람을 못 찾아서 인력시장에서 정오, 오후 3시, 오후 5시까지 안타까운 마음으로 서성였을 품꾼들의 마음을 헤아린다면, 포도원 주인이 모든 사람과 하루 품삯으로 합의했던 한 데나리온을 각자 가지고 집에 가도록 배려한 것은 정의의 원칙 위반이 아니라 오히려 부합한다고 볼 수도 있다.

이런 차원에서 포도원 주인의 이야기는 "즐거워하는 자들과 함께 즐거워하고 우는 자들과 함께 우는" 연민compassion으로서의 정의의 좋은 예일 것이다.

앞서 철학자 존 롤스의 정의의 제1원칙과 제2원칙에 대해 살펴보았다. 제1원칙이 기본적 자유의 평등한 향유라는 동등성의 원칙이라면 사회에서 혜택을 가장 적게 본 집단이나 계층(최소 수혜자들)에게 혜택을 주는 정의의 제2원칙(소위 '차등 원칙')은 최소 수혜자들을 우대하는 차등 대우를 통해서 동등을 기하자는 것이다. 역설적으로 들릴 수 있지만 차등 취급을 통해 오히려 동등을 기하자는 취지이다. 정의의 첫 번째 원칙이 자유와 권리를 동등하게 누려야 마땅한 사람들을 동등하게 대우함으로써 평등을 기하자는 원칙이라면, 두 번째 원칙은 최소 수혜자들에게 혜택을 주어 차등을 기함으로써 오히려 사람들 간에 실질적 평등을 보장하겠다는 취지이다. 이런 점에서 정의의 제2원칙은 연민으로서의 정의로 이해할 수 있다고 생각한다.

반면 범죄를 저지른 사람에 대해 재판을 통해 벌을 주는 것은, 아리스토텔레스에 따르면 범죄로 인해 생긴 불균등을 균등하게 만드는 '교정적 정의'가 작동하는 응보로서의 정의의 모습이다.

앞서 "하늘이 무너져도 정의는 세워라."라는 라틴어 법언을 살펴봤는데 이 말은 법학을 공부하는 사람들과 법조인들에게는 금과옥조와 같은 말이다. 법학에 대해 '빵을 위한 학문'이란 비아냥거리는 말, 그리고 법조인들에 대해 '법 기술자'나 '법비'라는 조소도 있지만 그래도 법학을 공부하고 법조인이 된 사람들의 마음속에는 하늘이 무너지더라도 이 땅에서 정의를 세우겠다는 초심은 지금도 살아 있을 것이다.

법학을 공부하고 사법시험이나 변호사시험을 준비하면서 법조인의 꿈을 품었을 때 개인적으로 출세하고 잘 먹고 잘살겠다는 생각도 했겠지만 법의 실현을 통해 우리 사회에서 정의를 바로 세우겠다고 다짐하는 마음과 각오를 누구나 한 번쯤은 가졌을 것이다.

"각자에게 자기 몫을 주라."라는 고전적 정의에도 불구하고 응당 받아야 할 자기 몫을 받지 못하고, 달라고 주장조차 하지 못하는 법의 보호에서 소외된 이웃들이 여전히 우리 사회에 많다는 점을 생각해 보면 법조인들의 역할은 점점 커질 수밖에 없다. 직업적으로 잘 훈련된 법조인들이야말로 이들을 도와주는 법적인 대변자, 옹호자 역할을 누구보다 잘할 수 있기 때문이다. 의사 세계에서 '국경 없는 의사회'가 전 세계를 무대로 적극적인 구호 활동을 하고 있는 것처럼 변호사들 역시 자기 권리를 찾지 못하고, 주장조차 하지 못하는 이웃들을 돕는 선한 사마리아인 역할을 하는 '국경 없는 변호사'의 모습으로 조만간 많이 등장할 것으로 기대한다.

공수처의 장래

윤석열 대통령의 멘토로 알려진 신평 변호사가 2021년 6월 발간한 『공정사회를 향하여』라는 책이 있다. 신평 변호사는 이 책의 제4부 「가짜 사법개혁」에서 '공수처의 장래'라는 소제목 하에 공수처의 역할에 대한 자신의 견해를 다음과 같이 밝힌 바 있다.

신 변호사는 "판사나 검사는 엄청난 시련과 고통의 과정을 거쳐 선발된 초인이었다. 그들은 어떠한 잘못도 저지르지 않고, 그들의 잘못을 어느 누구도 추궁할 수 없는 존재라는 믿음이 우리 사회를 지배했다. 그래서 검사가 하는 수사나 판사가 하는 재판은 신성불가침의 것이었다. … 그러나 이것은 물론 현실과는 괴리된 것이다. 현실에서는 많은 수사의 오류, 재판의 오류가 있었고, 그것이 인간적인 한계에서 초래된 것도 있지만 경우에 따라서는 부정부패와 같은 의도적인 오류도 있었다. '사법무결점주의'의 신화라는 나무 밑에서 독버섯들이 피어난 셈이다." 라고 말하며 공수처 설립의 필요성에 대해서 설명했다.

신 변호사는 위와 같은 이유로 공수처의 존재의의를 언급하면서 "그래서 '사법의 책임'을 실현하기 위한 제도가 필요한 것이다. 나아가서 우리 사회의 법원, 검찰이 누리는 독특한 지위를 돌아볼 때 특단의 대책이 요구되어왔다. 그 하나가 바로 공수처의 설립인 것이다. 공수처의 설립 이후 공수처에 가장 많이 고발되는 직업인은 판사와 검사가 될 것이라고 나는 일찍부터 예측하였는데 지금 그대로 되고 있다. 그만큼 공수처는 판사와 검사에게 커다란 압박 수단으로 작용할 것이고, 이는 '사법의 책임'을 고양시키는 주요한 수단으로 기능할 수 있는 것이다."라고 말하면서 공수처의 장래 방향성에 대해 제안했다.

신 변호사의 위 제안대로 공수처의 장래 방향성에 대해 공수처가 수사권과 기소권을 모두 가지는 판사와 검사, 그리고 고위 경찰관과 같은 사법관료에 대한 수사와 기소에 집중하는 기관이 되어서 소위 '법조 비리'를 척결하는 기관이 되어야 한다는 의견도 있다. 그러나 1996년 이래 시작된 공수처 설립 운동의 당초 취지는 그동안 수사가 제대로 되지 않았다고 국민들이 느끼는 고위공직자나 그 친인척의 소위 권력형 비리를 수사하고 척결하는 기관을 만들자는 것이었음을 지적하면서 반대하는 의견들도 많다.

제5장

법의 지배와 법치주의

공수처법의 시행과 공수처의 출범

공수처법은 2019년 12월 30일 국회 본회의를 통과했다. 그해 초부터 여야 간에 있었던 극심한 논란과 대립, 힘겨루기의 어려운 과정을 거쳤다. 2019년 민주당은 공수처법을 통과시키 위해서 4월 22일 여야 4당(더불어민주당, 바른미래당, 민주평화당, 정의당) 간 합의를 이뤄냈다. 연동형 비례대표제 선거제 개편과 공수처법의 패스트트랙(신속처리방안) 지정 등에 대한 전격 합의가 이루어지면서 공수처법 제정은 급물살을 타게 되었다. 그러자 공수처법의 패스트트랙 처리에 자유한국당이 강력하게 반발하고 항의하면서 농성과 충돌, 그리고 고발전으로 이어졌다.

2019년 말 본회의를 통과한 공수처법은 그해 4월 백혜련 의원이 대표 발의한 법률안이 주축이 되고, 그해 12월 윤소하 의원이 대표 발의한 법률안이 일부 가미된 내용이다. 당시 국회에서 공수처 설립이 논의될 때 여론조사 결과를 보면 국민의 80% 이상이 공수처 설립에 압도적으로 찬성했다. 그만큼 고위공직자와 친인척에 대한 성역 없는 공정한 수사와 기소, 권력기관 견제에 대한 국민의 열망이 높았다고 볼 수 있다.

공수처법은 2020년 1월 14일 공포되고 2020년 7월 15일부터 시행 예정이었다. 공수처라는 새로운 정부 기관이 발족하기 위해서는 최소한 근무할 인원과 청사, 규정 등이 마련되어야 하므로 이런 준비 작업을 위해 같은 해 2월 10일 총리실 소속으로 공수처 설립준비단이 발족되었다. 남기명 전 법제처장을 준비단 단장으로 하여 9개 부처에서 파견된 25명가량의 직원이 조직, 법령, 행정의 3개 분과로 나뉘어서 공수처 설립을 준비했다. 설립준비단은 공수처가 선진 수사기구의 전범典範이 될 수 있도록 효과적이면서도 절제된 수사 체계를 마련한다는 것을 대원칙으로 설정했다.

설립준비단은 공수처 직제를 마련하고 공수처의 사건사무규칙 초안을 제정하는 등 조직과 법령 작업을 하면서 신설 기관의 청사도 마련해야 했다. 신설 기관의 독립 청사를 마련하기 위해 유휴 국유재산과 공공건물 및 민간건물 등 여러 후보지를 검토했다. 그러나 공공건물의 경우 기존 입주 기관의 이전 문제, 면적 협소 등의 문제가 있었고, 민간건물의 경우에도 용도 변경이나 복잡한 권리관계의 문제 등이 있었다.

2020년 7월 15일 공수처법 시행일까지 준비시간이 상당히 촉박했고, 이에 시간에 쫓긴 준비단은 2020년 5월 임시로 정부 과천청사 5동의 2층과 3층에 입주하는 것으로 확정한 다음 사무환경 조성을 위한 인테리어 작업을 했다. 독립된 정부 기관으로 신설되는 공수처가 행정기관들이 입주해 있는 정부과천청사의 한가운데에, 법무부도 인근에 있는 곳으로 입주하는 것은 독립성과 중립성 보장이 무엇보다 중요한 공수처의 청사로 부적절하다는 언론의 지적들이 많았다. 그렇지만 어쩔 수 없이 공수처가 법 시행일에 쫓겨서 정부청사의 비어 있던 공간으로 입주한 것이다.

공수처가 정부종합청사 안에 입주한 관계로 공수처의 조사를 받기 위해 출석하는 사람들은 피의자 신분이거나 참고인 신분이거나 관계없이 정부청사 안내동에서 신분 확인 절차상 본인의 신분증을 맡기고 출입증을 받아서 출입해야 한다. 이렇게 되면 신분이 노출되는 것은 불가피하다. 이런 점 때문에 수사의 밀행성이나 수사 보안이 지켜지지 않는다는 문제가 지금까지 계속되고 있다.

2020년 7월 15일 공수처법 시행일에 맞춰 청사의 사무공간 마련을 비롯한 공수처 설립 준비가 어느 정도 마무리되었으나 초대 공수처장의 임명은 여야의 힘겨루기로 지연되어 6개월가량이 지난 2021년 1월 21일이 되어서야 임명이 이루어지고 공수처가 출범했다.

고위공직자범죄수사처 구성

	공수처장	차장	검사	수사관
인원	1명	1명	23명 이내	40명 이내
임기	3년 (중임 불가)	3년 (중임 불가)	3년 (3회 한정 연임 가능)	6년 (연임 가능)
비고	• 판사 · 검사 · 변호사 등의 직에 15년 이상 재직 • 추천위 2명 추천 ▼ 대통령이 1명 지명 ▼ 국회인사청문회 ▼ 대통령이 임명	• 판사 · 검사 · 변호사 등의 직에 15년 이상 재직 • 처장이 제청 ▼ 대통령이 임명	• 특정직 공무원 • 변호사 자격 7년 이상 보유 • 검사 출신은 정 원의 50% 초과 못함 • 인사추천위 추천 ▼ 대통령이 임명	• 일반직 공무원 • 변호사 자격 보 유자 또는 7급 이상 공무원으 로 조사 · 수사 업무 경력 등 • 처장이 임명

※수사대상 가족: 배우자와 직계존 · 비속. 대통령의 경우는 배우자와 4촌 이내의 친족

법의 지배와 민주공화국

초대 공수처장으로 취임한 직후 관훈클럽의 초청을 받았다. 관훈클럽은 관훈토론을 주관하는 언론인들의 모임으로 여러 차례 망설임 끝에 결국 참석을 수락했다. 수사기관의 수장이 관훈포럼에 참석한 전례는 없지만, 규모가 작은 신생 조직 공수처가 자리를 잡기 위해서는 언론을 통해 국민과 소통하는 것이 꼭 필

요하다고 보았기 때문이었다. 당시 언론의 많은 개별 인터뷰 요청에 대해 한꺼번에 응한다는 의미도 있었다. 2021년 2월 25일 관훈포럼에 나가서 30분가량 기조 발제를 하고 질의응답도 했다. 관훈포럼의 주제는 '민주공화국과 법의 지배'로 정했다. 신설 기관 공수처가 대한민국에서 법의 지배 확립에 중요한 역할을 할 것으로 생각했기 때문이다.

포럼에서의 발제 내용을 구상하던 중 주말에 남산의 성곽과 둘레길을 탐방할 기회가 있었다. 남산에 조선의 태조 때, 세종 때, 숙종 때, 순조 때 축성된 성곽들뿐만 아니라 일제강점기 테라우치 통감관저의 터, 위안부 할머니들의 기억의 터, 경성 신사, 노기 신사의 터, 중앙정보부가 있던 자리(현재 서울 유스호스텔)가 남아 있었다. 이런 역사의 흔적들이 고스란히 남아 있음을 오랜만에 간 남산에서 재발견했다.

군주국가 조선의 500년 역사와 비록 독재정권 아래였지만 공화국 대한민국의 최근 역사가 서울의 중심부 남산에서 서로 만나고 있었다. 민주공화국은 군주국이 끝나는 곳에서 시작할 텐데 그곳이 남산이었던 셈이었다. 그 둘 사이에 있던 일제강점기 역시 남산에 흔적을 남기고 있었다. 1910년 8월 서울 남산 테라우치 통감관저에서 체결된 한일병합조약으로 군주국가 조선의 518년의 역사는 끝이 났다. 일본제국이 조선 총독을 통해 한반도를 지배하는 식민지 시대가 열린 것이다.

군주국가 조선의 역사는 서울 남산에서 한일병합조약의 체결로 마감됐지만, 민주공화국의 첫걸음은 사실 우리나라가 아닌 중국 상해에서 시작됐다. 1919년 3월 1일 거국적인 3·1운동이 일어난 지 한 달여 뒤 4월 11일 망명 독립지사들이 상해에 모여 대한민국 임시정부를 조직하고 임시헌장을 공포한 것이다. 임시의정원에서 격론 끝에 표결로, 지금 우리가 쓰고 있는 '대한민국'이란 나라 이름도 채택했다.

구한말 고종은 1896년 2월 세자와 가족들을 데리고 경복궁에서 러시아공사관으로 거처를 옮겨 '아관파천俄館播遷'으로 불린다. 고종은 1897년 2월 덕수궁으로 환궁한 뒤 서재필의 독립협회와 일부 수구파 세력의 지지에 힘입어 1897년 10월 '대한제국'을 선포하고 황제에 즉위했다.

상해 임시정부 임시의정원에서 나라 이름을 정할 때 '대한민국'이라 한 것은 고종이 세운 '대한제국'에서 '대한大韓'은 채용하되 제국을 민국으로 바꾼 것이다. 제국의 시대는 마감되고 이제는 백성이 주인 되는 '민국民國'의 시대라는 취지였다.

'대한大韓'이란 제국의 이름은 고종이 직접 정한 것이라 한다. 우리나라가 예전에 '삼한三韓'으로 불리었으니 이제 '대한大韓'으로 나라 이름을 정하는 것이 불가능한 것은 아니라면서 고종이 정했다고 한다(『고종실록』). 삼한은 삼국시대 이전에 우리나라 중남부에 있었던 마한, 진한, 변한을 일컫는 말이다.

상해 임시정부와 임시의정원

사실 상해 임시정부 임시의정원에서 '대한민국'이란 나라의 이름을 정할 때 이광수, 여운형 등 일부 독립지사는 정부를 조직하는 것에 반대했다. 이유는 정부 조직을 하는 데 있어서는 주권, 인민, 영토의 3가지 요소가 있어야 하는데 하나도 구비되지 않은 형편이고, 정부를 조직하는 것 자체가 너무 거창하여 독립운동에 오히려 장애가 될 것이라는 우려 때문이었다. 그러나 독립지사들의 다수 의견은 정부를 수립하자는 쪽이었다. 정부가 있어야 민심이 쏠리는데 정부를 잃어서 민심이 떠난 지가 이미 10년이니 이제는 정부를 설립하여 민심을 잡는 것이 중요하다는 의견이었다.

결국 다수 의견에 따라 정부를 수립하기로 하고 1919년 4월 10일 임시의정원을 구성하여 국호와 체제를 어떻게 할 것인지 논의하게 된다. 나라의 이름을 어떻게 정할 것인지에 대해 '대한민국'으로 하자는 의견에 대해서는 우리가 '대한제국'으로 망했는데 '대한'이란 이름을 다시 쓸 수 없다는 반대의견도 있었다. '고려공화국'이나 '조선공화국'으로 하자는 의견도 있었다. 그러나 우리가 '대한'으로 망했기 때문에 오히려 되찾아야 한다는 의미로 '대한'이란 이름을 쓰자는 의견이 다수를 이루었다. '대한제국'으로 망했지만 이제 '대한민국'으로 새롭게 시작한다는 취지였다.

이렇게 해서 임시의정원이 제정한 대한민국 임시헌장은 제

1조에서 "대한민국은 민주공화제로 함."이라 선포했다. 그 의미는 임시정부가 임시의정원의 결의에 따라 통치하는 공화국 형태라는 의미였다(임시헌장 제2조). 임시헌장은 또한 "남녀, 귀천 및 빈부의 계급이 없고 일체 평등함."을 선언했다(제3조). 이어서 종교의 자유, 신체의 자유, 주소 이전의 자유 등 여러 가지 자유와 권리에 대해 규정했다(제4조, 제5조). 군주국가 조선이 엄격한 신분제를 바탕으로 한 계급사회였다면 민주공화국 대한민국은 신분의 구별이 없는 평등사회로 모든 국민이 자유와 평등을 권리로 누리는 사회이다.

군주국과 민주공화국

국가의 역사를 군주국과 공화국으로 구분해 본다면 군주국은 주권이 군주(왕)에게 있는 나라이다. 주권은 국가의 의사를 최종적으로 결정하는 대내적으로 최고이고, 대외적으로는 독립된 권력이다.

조선이 이런 군주국이었기 때문에 1910년 8월 한일병합조약의 체결로 통치권이 일본제국에 양도될 수 있었다. 조약의 내용을 보면 대한제국의 황제가 국가(조선) 전체에 대한 일체의 통치권을 완전하고도 영구하게 일본 황제에게 양도한다는 것이다. 이렇게 황제들 간에 나라를 양도하고 양수받고 할 수 있었던 것은 나라의 주권이 군주(왕)에게 있는 군주국 체제였기 때문이다.

하루아침에 이렇게 나라를 잃은 우리 선조들은 몇 년 뒤 1917년 7월 대동단결선언을 통해 민주공화국을 선포한다. 대동단결선언은 조선왕조의 마지막 왕 순종이 일본과 한일병합조약을 체결하여 주권, 인민, 영토의 3가지를 모두 포기했으니 국민 동지들이 이제 계승함으로써 군주주권의 시대가 끝나고 국민주권의 시대가 열렸다는 선언이었다. 1919년 4월 11일 대한민국 임시헌장 제1조 "대한민국은 민주공화제로 함."은 이런 배경에서 나왔다.

1919년에 선포된 "대한민국은 민주공화제로 함"은 대한민국은 민주공화제로 하기로 한다는 결단이자 헌법의 약속이다. 그 약속이 1948년 대한민국 정부가 수립되면서 제정된 제헌헌법 제1조 "대한민국은 민주공화국이다."의 현재형으로 이어졌다. 민주공화제를 약속하는 미래형이 민주공화국의 현재형이 된 것이다. 다만, 진정한 민주공화국으로의 길은 아직도 진행중이라 할 것이므로 현재 진행형으로 봄이 정확할 것이다.

물론 공화국이라면 민주공화국만 있는 것이 아니다. 귀족공화국도 있었다. 로마가 기원전 509년 왕을 몰아내고 공화국을 수립한 이래 기원전 27년 카이사르의 양자 옥타비아누스가 황제로 즉위해 로마의 제정을 열 때까지 500년간 공화정이 계속된 역사가 있다. 로마 공화정은 그 이전의 왕정 시대에 있었던 왕과 원로원, 민회 가운데 왕을 두 명의 집정관(임기 1년)으로 바꾸면서 시작됐다. 중세와 르네상스기에 있었던 피렌체 공화국 역시 귀족 공화정이었다. 이런 공화정들은 귀족과 평민의 신분이 구별되는 신분사회를 배경으로 했다.

사실 사람에게는 어떤 중요한 결정을 할 때 회피하고 싶은 마음이 드는 경우가 왕왕 있다. 누가 대신 결정을 해주고 따라갔으면 하는 것이다. 그 이유는 결정하면 결정에 대한 책임을 전적으로 져야 하기 때문이다. 군주국가에서는 왕이 결정하고 왕이 책임을 진다. 신하 된 백성(신민)은 왕이 하는 결정을 따라가면 그만이다.

반면 민주공화국은 주권이 국민에게 있는 나라이므로 최종적으로 국가의사를 결정하는 주권자 국민은 결정에 대한 책임도 부담해야 한다. 대통령이나 국회 같은 국가의사 결정기관이 있지만 이들 권력기관은 국민으로부터 선출되는 대의기관이자 국민 전체에 대한 봉사자로서 국민에 대해 책임을 지는, 국민의 공복公僕일 뿐이다. 따라서 민주공화국에서 국민은 나라의 주인으로서 자유와 평등을 권리로 누리는 대가로, 민주공화국을 민주공화국답게 만들 책임도 있는 것이다.

법의 지배와 법에 의한 지배

공수처장 취임 후 관훈포럼 주제를 '민주공화국과 법의 지배'로 정했을 때 군주국과 일부 공화국의 '법에 의한 지배'와 민주공화국의 '법의 지배'를 대비하고자 한 의도가 있었다. 군주국가 조선 역시 법에 의한 지배(통치)라는 점에서는 법치국가라 할 수 있고, 군주제가 폐지되고 공화국이 된 나라에서도 법에 의한, 법을 이용한 독재도 얼마든지 가능하지만 이것과 법의 지배는 완전히 다르기 때문이다.

루소가 『사회계약론』에서 주장한 대로 법이 지배하는 나라, 공익이 우선시되고 공적인 것이 중요하게 취급되는 나라가 진정한 공화국이고, 국민이 주인 대접 받는 민주공화국임을 강조하고자 한 의도였다. 루소는 『사회계약론』에서 어떤 나라든 법이 다스리는 나라를 공화국으로 부른다고 했다.

조선을 개국한 태조 이성계는 즉위교서에서 모든 제도와 법제는 갑작스럽게 개혁하지 않을 것이고 고려시대의 것을 따르겠다며 법전에 따라 나라를 다스릴 것임을 표방했다. 아울러 세조 때 시작해 성종 때 완성된 종합 법전 『경국대전』은 이후 200년 동안 별다른 수정 없이 조선왕조의 국가 운영의 지침서로 기능함으로써 조선은 법치국가로 부를 만하다(박병호, 『한국법제사』).

그러나 조선의 통치가 『경국대전』 같은 법을 토대로 한, 법에 따른 통치라 해도 그 통치의 주체는 여전히 왕이므로, 왕이 법을 통치의 수단으로 삼아 하는 지배에 불과하다. 즉 국민에게 주권이 있는 민주공화국에서의 '법의 지배'는 법이 주어이지만, 군주에게 주권이 있는 군주국에서의 '법에 의한 지배'에서의 주어는 여전히 군주이고 법은 하나의 수단일 뿐이다. 법의 지배rule of law는 종전에 왕 같은 '사람'이 하던 지배rule of man에서 '사람'을 '법'으로 대치한 것이다. 그러나 법에 의한 지배rule by law는 이런 사람(예컨대 왕)이 지배하는 체제의 한 유형에 불과한 것이다.

그렇기 때문에 군주국은 통치자(왕)의 선의에 전적으로 의존할 수밖에 없는 체제이다. 세종대왕 같은 훌륭한 왕이 나와서 백성을 위한 민본정치의 선정을 베풀면 백성들이 그 혜택을 누리지만 폭군이 나와서 통치하면 꼼짝없이 당해야 하는 취약한 체제이다. 백성이 왕에게, 백성을 위한 정치를 해서 혜택을 베풀 것을 권리로써 주장할 수는 없는 체제이다.

즉 과거 군주국에서는 법을 활용하는 주체는 법을 통치의 수단으로 사용하는 군주(왕)뿐이고 백성은 그 법의 적용 대상일 뿐이었다. 자유나 권리가 법으로 '보장'되지 않았기 때문에 백성이 자신의 자유나 권리를 주장함에 대한 근거로 법을 활용할 수도 없었다. 그러나 오늘날 법이 지배하는 민주공화국은 국민이 단지 법 적용의 대상이 아니라 법을 근거로 자신의 자유와 권리를 주장할 수 있는 나라이다. 요컨대 과거 군주국가의 법이 의무 중심의 법이었다면, 현재 민주공화국의 법은 권리 중심의 법으로 전환한 것이다.

과거 전 세계적으로 사람의 지배가 성행하던 군주국가 체제에서는 그 지배가 자의적인 지배가 될 가능성이 컸고 실제로도 그런 경우가 많았다. 왕이 총애하는 사람들에게는 특혜를 베풀

공수처, 아무도 가지 않은 길

고 그들이 비위를 저질러도 눈감거나 쉽게 용서하는 반면, 왕이 싫어하는 사람은 핍박하고 조그만 비위를 저질러도 처벌이 가혹했던 식의 자의적인 법 적용이 빈번했다. 법의 지배는 이러한 자의적인 사람의 지배가 아닌 합리성과 객관성을 갖춘 법에 의거하여 누구에게나 공평한 법 적용을 하자는 것이다.

어떤 체제가 법의 지배인지, 법에 의한 지배인지를 구분하는 시금석으로 법 위에 사람이 있는지, 없는지가 중요한 기준이 될 수 있다. 법에 의한 지배에 있어서는 그 법의 지배를 받지 않는 왕과 같은 존재가 있다. 법을 만드는 왕은 법 위에 있고, 법은 아랫것들이나 지키는 것이다. 그러나 법의 지배에 있어서는 누구도 법 위에 있지 않다. 더 이상 왕과 같은 존재는 없고, 모든 사람이 법 아래에 있고 법 앞에 평등하다. 법이 지배하는 나라에서는 법이 곧 왕이기 때문이다.

민주공화국의 시작

주권이 국민에게 있고 법이 지배하는 민주공화국은 1789년 연방헌법 제정을 통해 수립된 공화국 미국이 세계 최초이다. 1789년 프랑스 대혁명의 결과로 1792년 수립된 프랑스 제1공화국이 그 뒤를 이었다.

미국은 신대륙에서 영국과의 독립전쟁과 연방헌법 제정을 통해 신생국가로 민주공화국을 시작했다. 반면 프랑스는 미국과 달리 왕이 지배하는 군주국가 체제가 일반적이었던 유럽대륙의 한가운데서 기존의 군주국 체제의 폐지, 신분의 해방과 함께 민주공화국으로 시작됐다. 프랑스 대혁명이라는 시민혁명을 통해서 공화국을 수립하고 시민의 자유와 권리를 쟁취했다. 그리고 프랑스 왕 루이 16세를 단두대로 보냈다. 주변의 군주국들은 프랑스의 시민혁명을 보면서 위협을 느꼈고 수수방관할 수 없었다. 당연히 갈등이 생겼고 전쟁이 일어났다.

공화국 프랑스의 군대는 나폴레옹이 이끌면서 승승장구했는데, 독일의 철학자 헤겔G.W.F. Hegel은 "말을 탄 세계정신이 오는 것을 봤다."고 썼다. 군주국과 민주공화국의 차이는 이 나라들이 서로 싸우는 전쟁에서도 극명하게 드러난다. 군주국 군대의 경우 대개 장교들은 귀족이지만 실제로 싸우는 병사들은 하층민이었다. 신분 해방을 이미 이룬 민주공화국 군대가 자유, 평등, 박애의 기치 아래 쳐들어올 때 지휘관 장교들은 자기가 지휘하는 병사들이 자신들도 신분 해방이 되지 않을까 기대하면서 소극적으로 전투에 임하거나 혹시나 자기 등 뒤에서 총구를 겨누지 않을까 전전긍긍할 수도 있는 상황이었다. 상황이 이렇다면 공화국 프랑스 군대가 초반에 승승장구한 것은 전혀 이상한 일이 아니었다.

이와 비슷하게, 노예해방 문제 때문에 북부와 남부 간에 남북전쟁이 벌어진 미국에서도 링컨 대통령이 전쟁 중에 흑인 노예의 해방을 선언함으로써 해방된 흑인들이 총을 들고 싸운 북군의 사기는 남군과 비교할 수 없었을 것이다. 반면 남군 노예

입장에서는 노예해방의 기치를 든 북군과 피 흘려 싸워야 할 아무런 이유가 없었던 셈이다.

윤석열 검찰총장과 법의 지배

윤석열 대통령은 검찰총장 시절인 2020년 8월 3일, 대검찰청에서 있었던 신임 검사 신고식의 당부 말씀(연설)에서 자유민주주의와 법의 지배에 대한 소신을 밝혔다. 다음과 같은 내용이다.

"우리 헌법의 핵심 가치인 자유민주주의는 평등을 무시하고 자유만 중시하는 것이 아닙니다. 이는 민주주의라는 허울을 쓰고 있는 독재와 전체주의를 배격하는 진짜 민주주의를 말하는 것입니다. 자유민주주의는 법의 지배rule of law를 통해서 실현됩니다."

당시는 소위 '추윤갈등'으로 불린 추미애 법무부장관과의 갈등이 한창이던 때였다. 언론은 이 연설에서 '독재와 전체주의를 배격하는 진짜 민주주의'나 "자유민주주의가 법의 지배를 통해서 실현된다."는 표현에 주목했다. 검찰 수사의 독립성이 보장되지 않으면 법의 지배가 실현되기 어렵다는 취지의, 문재인 정부에 대한 비판으로 본 것이다. 일부 언론은 법의 지배rule of law와 법에 의한 지배rule by law를 대비하기도 했다.

조국 조국혁신당 대표는 2023년 8월 출간한 『디케의 눈물』이란 책에서 법에 의한 지배rule by law를 '법을 이용한 지배'로 지칭했다. '법을 이용한 지배'는 실정법에 대한 복종을 내용으로 하고, 형사정책에 있어서 엄벌주의를 취하며, 통치자의 권력을 강화하기 위한 목적으로 법을 이용하는 것에 불과하다고 정리했다. 반면 법의 지배는 통치자의 권력을 통제하는 것이 목적이고, 헌법과 인권의 관점에서 법을 비판적으로 점검하는 것을 내용으로 한다고 했다.

조국 대표는 이 책에서 윤석열 정부의 법무부가 소위 '검수완박법'으로 불리는 검찰의 직접 수사권 축소 법률에 대해 헌법재판소에 제출한 권한쟁의심판청구서에서 법치주의를 법의 지배가 아니라 법에 의한 통치, 즉 법을 이용한 지배를 의미하는 개념으로 밝혔다는 점도 지적했다.

법의 지배란 말

법의 지배와 법에 의한 지배에 대한 논란이 계속되는 모습인데 '법의 지배rule of law'란 말의 연원부터 살펴본다. '법의 지배'란 영어 rule of law를 번역한 말이다. 종전의 사람의 지배rule of man에 대응하여 사람이 아니라 법이 지배한다는 것이다. 이 말은 국가나 사회에 대해 쓰는 말이므로 법이 지배하는 국가, 법이 지배하는 사회인지의 여부가 중요하다.

이 말은 영국의 헌법학자 다이시Albert V. Dicey 교수가 1885년 『헌법학 입문Introduction to the study of the law of constitution』에서 영국의 헌정 제도의 특징으로 언급하면서 최초로 사용한 말이다. 이 책이 베스트셀러가 되면서 '법의 지배'라는 말도 인구에 회자하기 시작했다고 한다.

영국의 의회는 "남자를 여자로 만들고 여자를 남자로 만드는 것 외에는 무엇이든 할 수 있다."라는 말이 있을 정도로 의회가 우위에 있다는 것이 영국 헌정의 대표적인 특징이다. 다이시는 이런 의회 우위의 원칙과 더불어 '법의 지배'를 영국 헌정의 또 다른 특징으로 들었다.

다이시는 '법의 지배'란 말을, 일반적인 절차에 따라 제정된 법의 명백한 위반이 일반 법원에 의해 확립된 때만 처벌이 가능하다는 의미로 썼다. 즉 법이 지배하는 국가나 사회에서는 이미 제정되고 공포된 법을 명백하게 위반했다는 점이 법원에 의해 확정되지 않는 한 형사처벌을 받지 않는다는 것이다. 반대로 말하면 법이 지배하는 국가나 사회가 아니라면, 법을 위반했다는 것이 명백하게 법원의 재판에 의해 확정되지 않은 경우에도 처벌이 이루어진다는 것이다. 영국도 과거에 그랬고 인류 역사에서 이런 일들이 많았음은 주지의 사실이다.

요컨대 법이 지배한다는 법의 지배 원칙의 핵심은 죄가 있는 곳에 처벌도 있는 법인데, 그 여부는 이미 제정되고 공포된 법의 명백한 위반이 법원의 재판에 의해 인정되는지 여부에 따른다는 것이다. 그렇다면 공수처처럼 고위공직자범죄의 수사와 기소를 담당하는 형사사법기관은 법의 지배 확립에 중추적인 역할을 담당할 수밖에 없다.

다이시는 다음으로, 법의 지배는 '법 앞에 평등'을 의미한다고 썼다. 보다 구체적으로는 누구도 법 위에 있지 않다는 것과 지위나 신분의 높고 낮음을 막론하고 누구든지 일반적인 국내법에 구속되고, 일반 법원이 행사하는 재판권 아래 있다는 의미로 사용했다. 다이시가 지적한 대로 법이 지배한다고 할 때 법 적용에 열외가 되고 법 위에 있는 사람의 존재가 없어야 법이 지배하는 것이다.

마그나 카르타와 법의 지배

영국에서 시작된 '법의 지배'의 출발점은 1215년 있었던 '마그나 카르타Magna Carta(대헌장)'로 보는 사람들이 많다. 당시 영국의 존 왕은 프랑스의 필리피 2세에게 패배하여 프랑스 내의 영지를 잃은 뒤 이를 되찾고자 전쟁을 일으켰다. 그는 전쟁 비용이 모자라자 귀족들에게 세금을 걷어 자금을 조달하려 했다. 그러자 귀족들은 세금 납부를 거부하며 일종의 반란을 일으켰다. 귀족들 사이에서 왕의 권한을 제한하는 각서를 받고 합의하자는 의견이 득세했고, 왕이 이 문서에 서명함으로써 일단락됐다.

마그나 카르타(대헌장)의 내용 중 제39조가 법의 지배 원칙과 관련해 중요하다. "어떠한 자유민도 그와 동등한 자의 적법한 판단이나 국법에 의하지 않고서는 체포·구금되거나 권리나 재산이 박탈되거나 추방되거나 하지 않는다."는 것이다.

다이시가 1885년 '법의 지배'란 말을 만들어 쓸 때 그 첫 번째 의미로, 일반적인 절차에 따라 제정된 법의 명백한 위반이 일반 법원에 의해 확립된 때만 처벌이 가능하다는 의미로 쓴 것은 마그나 카르타 제39조에서 유래한 것으로 보인다. 지금 식으로 말하면 인신 구속에 있어서 법관이 발부한 영장을 받으라는 것이다.

영국을 비롯한 당시 유럽 국가들의 왕은 신의 대변자였고, 법의 구속을 받거나 누구에게 책임을 지는 존재가 아니었다. 탄핵제도는 의회제도가 마련된 영국에서 역시 시작되었는데, 이렇게 왕에게 책임을 묻기 어렵기 때문에 왕의 측근이나 대신들에게 책임을 묻는 제도에서 비롯됐다. 그런데 대헌장의 체결로 그런 왕도 법의 구속을 받는 계기가 마련된 것이다. 물론 존 왕은 당장의 위기가 지나자 자신이 귀족들의 강요에 의해 서명했다면서 대헌장의 취소를 교황에게 청원하기도 했다.

에드워드 코크와 법의 지배

법의 지배의 원칙, 그중에서도 법 앞의 평등 원칙이 영국에서 확립되는 데에는 에드워드 코크Edward Coke 판사가 큰 역할을 했다.

1608년 영국의 제임스 1세 재임기에 왕과 판사들이 재판 권한을 두고 대립할 때, 에드워드 코크가 왕에게 "왕은 어떤 사람 아래에도 있지 않지만 신과 법 아래에 있다."라고 직언한 것이 누구도 법 위에 있지 않다는 법의 지배의 원칙 확립의 중요한 계기가 됐다.

당시 제임스 1세는 판사들도 왕의 대리인에 불과하므로 왕은 어떤 사건이든 판사가 아닌 다른 신하에게 재판하라고 할 수 있다고 선언했다. 그러자 판사를 대표한 에드워드 코크가 나서서 왕이 재판할 수는 없고 법원만이 법(보통법)과 영국의 관습에 따라 재판할 수 있을 뿐이라고 반박했다. 그는 비록 왕이 뛰어난 학문과 탁월한 품성을 가진 것은 사실이나 영국의 법과 신민들의 생명, 재산 등에 관한 권리주장에 대해 배우지 않았는데 이런 것들은 오랜 학습과 경험을 통해서만 습득할 수 있는 법에 따라 판단할 사항이라고 반박했다. 그러자 왕은 "경의 말은 내가 법 아래에 있다는 말인가?"라고 되물었다. 이에 대해 에드워드 코크가 "폐하는 어떤 사람 아래에도 있지 않지만 신과 법 아래에 계십니다."라는 유명한 말을 남겼다.

1628년의 권리청원 역시 에드워드 코크가 주도했다. 당시 영국 국왕 찰스 1세 역시 스페인과의 계속된 전쟁으로 자금이 부족해지자 의회를 소집했는데, 이것이 결국 권리청원으로 귀결되었다. 하원이 채택하고 상원이 수용한 권리청원은 찰스 1세에 의해서도 승인되었다.

국민 다수가 아무런 이유 제시도 없이 구금됐다는 것과 구금의 적법 여부를 심사하는 제도habeas corpus에 의해 구금당한 사람을 법관 앞에 출석시키고 구금의 사유를 제시하도록 했음에도 불구하고 아무런 사유도 제시되지 않았다는 점 등이 문제였다. 권리청원에 의해 앞으로 어떤 이유로도 자유민이 구금되거나 투옥되지 않을 것임이 선언되었다. 아울러 의회의 동의 없이는 왕이 마음대로 세금을 징수하지 못하도록 분명히 했다(톰 빙험, 『법의 지배』).

그 뒤 1642년 찰스 1세와 영국 의회가 충돌하고 청교도 혁명이 일어났다. 왕당파와 의회파 간에 전쟁이 일어났는데 처음에는 왕당파가 우세했으나 올리버 크롬웰Oliver Cromwell이 이끈 의회파가 결국 승리하고 찰스 1세는 재판을 통해 1649년 처형됐다. 크롬웰과 독립파가 영국에서 군주제를 폐지하고 공화국을 세운 것이다. 크롬웰은 1653년 의회를 해산하고 호국경이 됐다. 사실상 군사독재 정부였던 셈이다.

그러던 중 1658년 크롬웰이 독감으로 사망하자 왕정복고가 일어났고, 유럽에 망명 중이던 찰스 2세가 왕으로 복귀했다. 영국에서 공화국은 이렇게 단명했다. 그 뒤 찰스 2세의 뒤를 이은 제임스 2세가 왕권 강화에 힘을 쏟자 이내 의회와 갈등을 빚었다. 제임스 2세는 결국 프랑스로 망명했고, 의회는 제임스 2세의 맏딸 메리 공주와 배우자 네덜란드 윌리엄 공의 두 사람에게 왕위를 양도할 테니 영국으로 와 달라고 초청했다. 피 흘림 없이 혁명을 성취하였다고 해서 '명예혁명'으로 불리는 사건이다.

의회는 의회와 국민이 누릴 수 있는 권리와 자유를 권리장전으로 규정해 왕의 승인을 받았다. 1689년의 일이었다. 왕이

의회의 동의 없이 법률의 효력을 정지시키거나 적용을 면제하는 등의 행위를 하는 것을 금지하고, 의회의 동의 없이 과세하거나 평상시 상비군을 유지하는 것을 금지하며, 의회 의원 선거의 자유를 보장하는 등의 내용이었다.

얼마 가지 않아 윌리엄 공의 스튜어트 왕조는 후사 없이 끝이 났다. 그래서 18세기 초 독일에 가 있던 제임스 1세의 증손자 조지 1세가 하노버 왕조를 여는데 영어를 못하는 외국인이 왕이 된 것이었다. 이미 영국에서는 의회가 실권을 장악하고 있었으니 영국에서는 "왕은 군림하되 통치하지 않는다."라는 영국식 입헌군주제가 확립된 계기가 되었다. 13세기 초 마그나 카르타로 시작된 법의 지배를 바탕으로 한 입헌군주제, 즉 사실상의 민주 공화국 체제가 500년에 걸쳐서 서서히 자리를 잡은 것이다.

법의 지배와 법치주의

법의 지배와 법치주의는 거의 같은 의미로 혼용해서 사용하는 경우가 많다. 그러나 엄격하게 보면 함의가 다른 말이다. 법치주의란 말에는 법이 지배한다는 의미뿐만 아니라 법에 따라 다스린다는 의미도 포함될 수 있다. 그런데 후자는 사람이 법에 따라 지배한다는 의미여서 문제이다.

사실 법으로 다스린다는 의미의 법치法治는 덕이나 예로 다스린다는 덕치德治나 예치禮治에 대응하는 말이다. 법치나 덕치,

예치는 중국의 춘추전국시대(기원전 770~221)부터 사용됐던 말로 비주류 사상이었던 법가와 주류 사상이었던 유가(유교)의 통치 방식을 각각 대표하는 용어였다. 중국에서도 그렇고 우리나라 조선시대에도 그렇고 법치나 덕치, 예치는 모두 군주가 다스리는 것을 당연한 전제로 하는 말이다.

즉, 춘추전국시대 이래 중국에서 법은 권력과 통제의 도구로 주로 사용되면서 법으로 다스린다는 법치는 대개 형벌로 다스린다는 의미로 사용됐다. 유가(유교)에서는 군주가 인(仁)과 의(義)의 덕으로 다스리는 덕치와 예치를 권장했다. 그러나 법가에서는 이것을 현실성 없는 통치 방법으로 보고 현실적인 통치 수단으로 법치를 택했다. 대표적인 법가 사상가 한비자는 법은 문서로 편찬하여 관청에 비치해 두고 백성들에게 공포한 것으로, 법을 위반한 사람은 벌하고 법을 잘 지키는 사람에게는 상을 베푸는 상벌을 법치의 근간으로 삼았다.

문제는 한비자가 법으로 금지하는 것이 사사로움을 쫓고 공익에 반하는 행위라고 했을 때, 그 공익은 사실 군주의 이익을 말하는 것으로 그야말로 통치자의 주관적 이익에 불과했다는 점이다. 아울러 한비자는 형벌이 따르지 않은 법은 없다고 하며 법을 지극히 좁게 보았다. 이에 따라 법 위반에 대해서는 엄격한 처벌을 하자는 엄벌주의를 채택하고, 여기에다가 준법에 대해 상을 주는 것을 보태서 법치로 보았다. 한비자의 법치 개념은 한마디로 상벌 개념에 불과한 지극히 좁은 것이었다(심재우, 『왕도와 패도』).

　동양에서 오랫동안 법으로 나라를 다스린다는 법치는 등급이 낮은 통치로 하치下治이고, 덕이나 예로 다스리는 것이 등급이 높은 바람직한 통치 방법으로 인식됐다. '법 없이 사는 사람'이 훌륭한 사람이라는 인식은 이런 맥락에서 만들어졌을 것이다.

법치국가 원리

영국에서 시작된 '법의 지배'란 말에 비견되는 개념으로, 독일에서 거론되는 법치국가Rechtstaat 원리가 있다. 독일의 기본법(헌법)은 제28조 제1항에 "주의 헌법 질서는 기본법상의 공화주의적, 민주주의적, 사회적 법치국가의 원칙에 부합하여야 한다."라고 명시하고 있다. 그리고 법치국가 원리는 기본법 제20조 제3항에 "입법은 헌법적 질서에 구속되고, 행정과 사법은 법률과 법에 구속된다."라고 보다 구체적으로 명시되어 있다.

　독일에서 말하는 법치국가는 본래 경찰국가나 관료국가에 대비한 개념이다. 국가 활동의 형식을 법으로 정함으로써 국가 권력을 완화하고자 한 형식 원리였다. 행정법의 대가 오토 마이어Otto Mayer가 국가의 행정이 입법자가 제정한 법률에 구속되고, 또한 사법부의 통제 아래 있음으로써 행정이 법률에 적합하게 운영되도록 하는 것이 법치국가라고 주장한 것이 유명하다. 요컨대 국가 작용, 특히 행정이 법률에 합치하는 것을 법치주의로

공수처, 아무도 가지 않은 길

본 것이다.

독일에서 법치국가 원리는 법률우위의 원칙과 법률유보의 원칙 2가지로 정리된다. 법률우위의 원칙은 행정이 법률에 기속되고 법률에 위반하는 행정작용은 해서는 안 된다는 것이다. 법률유보의 원칙은 행정작용, 그중에서도 특히 국민의 자유와 권리를 제한하거나 침해하는 행정작용은 법률에 근거가 있어야 한다는 것이다.

독일은 영국이나 프랑스에 비해 후발 민주국가이다. 독일은 영국과 프랑스처럼 자체적인 시민혁명을 거쳐서 아래로부터 헌법을 제정하고 국민의 자유와 권리를 보장한 나라가 아니다. 황제가 위로부터 헌법을 제정했다.

1848년 2월 프랑스에서 제2공화국을 수립한 2월 혁명이 일어날 무렵인 1848년 3월 독일에서도 혁명이 일어났다. 혁명 후에 국민의회로 모인 독일인들이 입헌군주제를 채택한 프랑크푸르트 헌법안을 공포한다. 그러나 당시 프로이센 왕은 이 헌법안을 거부하고 황제 즉위도, 제관도 거부했다. 대신 자신이 만든 흠정 헌법을 공포하는데, 그 뒤 1871년 독일 제국의 소위 비스마르크 헌법으로 제정된다. 일본이 메이지 유신 후에 제정하고 이토 히로부미가 큰 역할을 한 메이지 헌법은 이 독일 헌법과 오스트리아 헌법을 모방해서 만든 것이다.

독일은 그 뒤 제1차세계대전에서 패전했고, 항복을 선언하자마자 1918년 11월 혁명이 일어났다. 독일 황제 빌헬름 2세가 망명함으로써 군주제에서 공화제로 전환되었는데, 바이마르 공화국 헌법의 제정이 그 밑받침이 되었다.

우리 헌법에도 제37조 제2항에 "국민의 모든 자유와 권리는 국가의 안전보장, 질서유지 또는 공공복리를 위하여 필요한 경우에 한하여 법률로써 제한할 수 있으며, 제한하는 경우에도 자유와 권리의 본질적인 내용은 침해할 수 없다."라는 내용으로 법치국가 원리가 명시되었다. 최근 제정된 행정기본법 역시 "행정작용은 법률에 위반되어서는 아니되며, 국민의 권리를 제한하거나 의무를 부과하는 경우와 그 밖에 국민 생활에 중요한 영향을 미치는 경우에는 법률에 근거하여야 한다."라는 내용으로 법치행정의 원칙을 규정하고 있다.

형식적 법치주의의 문제

독일에서 법치국가원리가 법원리로 처음 주장됐을 때 그것은 국가의 질서가 법률에 합치한다는 합법성 차원의 요구였고 내용적 정당성까지는 요구하지 않았다. 즉 입법자인 의회가 적법한 절차를 거쳐서 법률로 제정하면 충분하고, 법의 내용이나 목적까지는 들여다보지 않는다는 식의 원리였다.

형식적으로 합법성을 갖추면 충분하다는 것인데 그 폐해는 바로 드러났다. 히틀러의 나치 정권하에서 의회가 통과시킨 전권위임법(수권법)이 이런 법치국가원리와 결합하여 유대인에 대한 인종차별과 대량 학살을 비롯한 심각한 인권침해를 자행한 것이다.

히틀러의 나치당은 바이마르 공화국 정부하에서 1920년대 3%에서 1930년 18.3%로 제2당이 되었고, 1932년 37% 득표로 제1당이 되면서 1933년 독일 의회에서 전권위임법을 통과시킬 수 있었다. 전권위임법은 의회를 통하지 않고 법률을 제정할 수 있는 권한을 히틀러에게 부여한 법이다. 한마디로 전권을 위임한 법인데 히틀러는 이 법에 근거해 튀른베르크법 같은 악법을 통과시켜 인권침해를 자행했다.

행정이 법률에 적합해야 한다는 좋은 의도를 지닌 법치국가 원리를 히틀러 정권이 이용하도록 허용하여 합법적인 방법으로 불법을 자행하는 길을 열어준 결과가 된 것이다. 형식적으로는 법에 근거를 둔, 법에 따른 통치라고 할 수 있지만 그 법이 인간의 존엄과 기본적 인권을 짓밟는 내용이라면 이렇게 정당성 없는 법의 지배는 법의 지배라고 부르기 어려울 것이다.

가장 민주적인 헌법을 가졌다는 바이마르 공화국 체제 아래서 이런 일이 벌어졌다. 법에 의한, 법을 이용한 지배를 하는 권력자라면 국민의 기본적 인권을 보장하고 공공의 복리를 도모하기보다는 언제나 반대 세력을 탄압하고 권력을 연장하는 데 우선순위를 두고 법을 도구로 삼아 통치할 것이다. 또한 자신은 법 아래 있지 않고 법 위에 군림하려 할 것이다. 따라서 법에 의한, 법을 이용한 지배는 법의 지배의 유사품, 모조품일 뿐이다.

17세기 대표적인 계몽주의 사상가 존 로크는 1689년 출간한 책 『통치론』에서 법이 끝나는 곳에서 폭정이 시작된다고 설파했다. 합법을 가장한 불법의 지배는 폭정의 연장일 뿐이고, 결코 법의 지배는 될 수 없다.

법에 의한 인권침해의 반성

독일의 유명한 법철학자 라드브루흐가 나치 독일의 인권침해 참상을 통렬하게 반성하고 극도로 정의롭지 못한 법은 법이 아니라는 '라드브루흐 공식'을 제시한 것은 합법을 가장한 불법에 대한 반성적 고려 때문이다. 독일은 제2차세계대전 이후 제정한 기본법(헌법)에 '자유롭고 민주적인 기본질서'(우리 헌법에는 '자유민주적 기본질서')를 명시하고, 민주주의의 적으로부터 민주주의를 보호하기 위한 소위 '방어적 민주주의'를 채택했다. 민주주의가 민주주의를 파괴하려는 세력으로부터 자신을 보호할 수 있어야 한다는 논리였다. 독일에서의 법치국가원리 역시, 이제는 의회가 적법하게 법률로 제정했다는 형식적 요건만으로는 충분하지 않고 법의 내용 자체가 정당해야 한다는 것으로 변모했다. 실질적 법치국가원리라고 부른다.

독일은 제2차세계대전 패전 후 1949년 인간 존엄의 불가침을 선언하면서 헌법(기본법)을 시작했다. 독일의 기본법 제1조는 "인간 존엄은 불가침이다. 이를 존중하고 보호하는 것은 모든 국가권력의 의무이다."라고 밝힌 다음(제1항), "이에 독일 국민은 불가침이고 불가양인 인권을 세계의 모든 인류공동체와 평화 및 정의의 기초로 인정한다."라고 선언했다(제2항). 그것도 모자랐는지 기본법은 "이하의 기본권은 직접 효력을 가지는 법으로서 입법과 행정 및 사법을 구속한다."라는 규정까지 두었다(제3항). 나치 독일의, 합법의 탈을 쓴 불법에 대한 통렬한 반성문이 아닐 수 없다.

제2차세계대전 후 국제연합UN이 설립되고 1948년 세계인권선언이 공포되었다. 인권선언은 그 첫머리에서, 사람들이 폭정과 억압에 대항하는 최후의 수단으로 반란을 일으킬 수밖에 없는 사태가 일어나지 않으려면 인권이 법의 지배에 의해 보호되어야 함이 필수적이라고 명시했다.

인간의 존엄과 기본적 인권을 짓밟는 통치는 법치국가라는 이름으로 정당화될 수 없고 다른 어떤 명분으로도 정당화될 수 없다. 정의의 요청에 정면으로 반하고 국가의 존재 이유에도 반하기 때문이다. 독일 기본법이 잘 기술하고 있는 것처럼 인간의 존엄은 국가권력도 침범할 수 없고, 국가권력은 이를 존중하고 보호할 의무를 오히려 부담하는 것이다.

인간의 존엄과 기본적 인권을 보호하는 것이 모든 국가권력의 의무라면 입법부가 법률을 제정하는 단계부터 인간 존엄과 기본적 인권을 침해하지 않도록 해야 한다. 제2차세계대전 후 실질적 법치국가원리(실질적 법치주의)의 주창과 함께 각국에서 헌법재판이 활성화된 이유이다.

헌법재판을 통해 의회가 적법한 절차로 통과시킨 법률이더라도 헌법에 위반하는지 여부를 심사하는 것인데 인간의 존엄이나 기본적 인권의 침해 여부가 중요한 기준이 된다. 이런 이유로 지금은 '법의 지배'란 말보다 '헌법과 법의 지배'란 말을 쓰는 것이 정확하고 제도의 취지에도 맞다는 의견이 많다. 과거의 형식적 법치국가가 '법률국가'라면 지금의 실질적 법치국가는 '헌법국가'인 셈이다.

민주공화국은 법이 지배하는 나라

민주공화국의 의미, 특히 '민주공화국 대한민국'은 10년 넘게 일하던 대형 로펌을 떠나 헌법재판소로 이직한 2010년 이후 지금까지 생각했고 의문을 가졌던 주제였다. 나라의 주권이 국민에게 있는 오늘날의 민주국가(민주정치)는 국민의 자유와 평등에 기초해 대의기관을 통해 다스리는 대의제 민주국가 체제이다. 이처럼 국민주권과 대의제가 확립된 오늘날 공화국이라 부를 때 그것은 민주국가의 내용에 이미 포섭되어 별다른 내용은 없다는 것이 헌법학계의 일반적 견해이다. 그러나 내내 의문이었다.

'민주공화국'에서 '공화국'이 무엇인지에 대해 이미 18세기에 탁월한 의견을 제시한 사람이 있다. 프랑스 대혁명의 사상가

로 알려진 장 자크 루소(1712~1778)이다. 루소는 1762년 출간한
『사회계약론』에서 주권과 일반 의지, 법에 관해 쓰면서 어떤 정
부형태든지 법에 의해 통치되는 국가를 공화국으로 부른다고
했다. 그 이유는 그때만 공익이 우선시되고 공적인 것들이 중요
시되기 때문이라는 것이다.

　루소는 『사회계약론』에서 전체 국민(시민) 공통의 의지인 일
반 의지general will가 표현된 것이 곧 법이라고 보았는데, 이런 법
이 통치할 때 비로소 공익이 우선시되고 공적인 것들이 중요시
된다고 했다. 루소는 1789년 프랑스 대혁명을 보지 못하고 1778
년 눈을 감았지만 프랑스 인권선언에도 큰 영향을 미쳤다. 프랑
스 인권선언 제6조의 "법률은 일반 의지의 표현이다."라는 명제
는 루소의 주장을 조문화한 것이다.

　루소의 『사회계약론』은 1789년 프랑스 대혁명의 사상적 기
초가 됐고 혁명 후 단두대에서 이슬로 사라진 루이 16세는 자
신의 왕국을 루소가 무너뜨렸다고 고백했다. 루소가 『사회계약
론』을 통해 세우고자 한 '법에 의해 통치되는 국가'는 지금 식으
로 말하면 법이 지배하는, 국민이 주인 되는 민주공화국이 아닐
수 없다.

　원래 공화국은 불어의 republique, 영어의 republic을 19세
기 일본인들이 '공화국共和國'으로 번역해서 쓴 말이다. 구한말 서
재필 선생이 독립협회를 조직하고 대규모 민중 집회인 만민공
동회를 조직해 의회설립운동을 할 무렵 〈독립신문〉에도 사용된

말이다.

루소도 『사회계약론』을 통해 지적했듯이 공화국이란 말
은 원래 라틴어 레스 푸블리카res publica에서 나왔다. 라틴어 res
privata가 사적인 것들private things이므로 그 반대인 res publica는
공적인 것들public things이란 뜻이다. 오늘날의 공화국은 이런 원
어의 의미도 살려서 집권자나 집권층의 사적인, 부분적 이익이
아니라 국민 전체의 공적인 이익을 추구하는 국가로 봄이 옳다
고 생각한다.

동양에서의 공화共和는 기원전 841년 주나라에서 폭동이 일
어나 왕이 쫓겨난 뒤 주정공과 소목공 같은 귀족들이 왕을 대신
하여 공동으로 화합하여 정무를 보았다고 하여 이를 '공화共和'
라고 했다는 기록이 있다(사마천, 『사기』). 비록 귀족공화정이었
지만 어쨌든 왕을 쫓아내고 귀족들이 합의하여 나라를 다스렸
다는 것이 공화제의 의미였으니 군주국 체제에서는 아주 위험
한 사상이었다. 구한말 고종이 독립협회와 만민공동회의 의회
설립운동과 공화제 주장에 대해 민감하게 반응하고 탄압한 이
유도 이와 무관하지 않을 것이다.

필자는 공화국에 대한 루소의 정의에 동의하면서 우리 헌법
제1조 제1항의 "대한민국은 민주공화국"에서 '민주'는 국민이
주인 된다는 의미로, '공화'나 '공화국'은 법이 지배하는 나라로
이해한다.

토머스 페인과 공화국 미국

1776년 『상식』이란 책을 써서 미국 독립선언에 선구가 됐던 토머스 페인 역시 1792년에 쓴 『인권The Rights of Man』에서 공화국에 대해 루소와 비슷한 견해를 밝혔다. 페인 역시 루소와 마찬가지로 공화국이란 말이 라틴어 레스 푸블리카res publica, 즉 공적인 것에서 나왔다는 사실을 지적하면서 이 말은 공적인 일이나 공적인 재화(공공재)의 의미이므로 국가의 성격과 업무가 무엇인지 잘 보여주는 것이라 했다. 이에 따라 공화국의 원리, 즉 공적인 것을 유일하고 전적인 목적으로 삼지 않는 정부는 좋은 정부가 될 수 없다고 했다.

공공의 이익(공익) 같은 공적인 것들을 위해 수립되고 운영되는 공화국은 자연스럽게 대의제도와 연관된다고 했다. 페인은 당시 폴란드와 네덜란드가 공화국임을 자처했지만 둘 다 세습적 귀족정에 지나지 않고, 전적으로 대의제도에 입각한 미국 정부가 당시 유일하고도 진정한 의미의 공화국이라고 했다.

공화국에 대한 루소와 페인의 의견처럼 공화국이란, 본래 일부 사람들의 사적인 이익이 아니라 국민 전체에 공통된 공적인 이익을 뜻하는 취지이다. 그렇다면 오늘날 공화국의 의미는 국가권력의 사유화를 부정하고 공적인 이익과 공공선의 가치를 강조하고 존중하는 국가라 할 것이다.

그리고 이처럼 공화국이 국민 전체의 공적인 이익을 추구하도록 하려면 국가의 권력이 한군데에 집중하지 않도록 해야 하고, 기관 상호 간에 견제와 균형이 이루어지도록 법을 통해 제도화해야 한다. 아울러 법의 지배의 의미를 살려서 국회라는 대의기관을 통해서 주권자의 전체적 의사가 반영되어 제정된 법이 행정부와 사법부를 통해 잘 집행되고 적용되는 나라여야 한다. 요컨대 사람에 의한 자의적 지배가 아니라 입법부가 제정하고 행정부가 집행하며 사법부가 판단하는, 합리성과 객관성을 토대로 한 법이 지배하는 나라가 공화국인 것이다.

대통령과 공화국

2017년 3월 10일 헌법재판소는 박근혜 전 대통령 탄핵심판사건에서 "피청구인(박근혜)이 최서원(최순실)의 사익 추구를 도와주는 한편 이러한 사실을 철저히 은폐한 것은, 대의민주제의 원리와 법치주의 정신을 훼손한 행위로서 대통령으로서의 공익실현의무를 중대하게 위반한 것이다."라고 결론 내리고 파면 결정을 선고했다. 헌법재판소의 위와 같은 판시 이유를 보면 헌법재판소 역시 국가권력의 사유화를 부정하고 공적인 것의 가치를 강조하고 존중하는 것이 민주공화국과 법의 지배의 정신임을 감안한 것으로 생각한다.

　여기서 헌법재판소가 박근혜 전 대통령이 위반했다고 인정한 공익실현의무는 헌법 제7조 제1항에 근거한 것이다. 해당 헌법 조항은 "공무원은 국민 전체에 대한 봉사자이며 국민에 대하여 책임을 진다."라는 내용이다. 박 전 대통령이 최순실의 사익 추구를 도와주면서 그런 사실을 철저히 은폐한 것은 '국민 전체에 대한 봉사자'여야 할 최고위직 공무원인 대통령으로서 국민 전체를 위한 공익을 실현할 의무를 저버렸다는 것이 헌법 재판소의 결론이었다.

루소나 페인이 역설한 공화국 정신을 구현하기 위해서는 국정의 최고 책임자인 대통령이 국민의 일부가 아니라 국민 전체를 위한 공익을 실현해야 한다는 것이 너무나 당연하므로 이 사건에서 대통령이 공화국 정신을 저버렸다고 표현할 수도 있을 것이다.

법치주의와 법의 지배

지금까지 법의 지배와 법에 의한 지배, 법치국가원리, 그리고 동양에서의 법치에 대해 살펴보았다. 그런데 우리가 흔히 사용하는 '법치주의'라는 말은, 문자적으로 법에 의해, 법에 따라 다스린다는 의미이고 동양 문화권에서 법치는 형사법과 형벌을 위주로 한 통치로 인식되어 왔다는 점에서 법의 지배뿐만 아니라 법에 의한 지배까지 전부 포함할 우려가 있다. 따라서 아래에서는 '법치주의'란 말보다는 '법의 지배'란 용어로 통일하면서 법에 의한 지배와 대비해 사용하기로 한다.

사실 과거 우리나라에서 '법치주의'란 말은 법과 질서 또는 법과 질서의 유지, 또는 엄벌주의와 같은 의미로 사용된 경우가 많았다. 박정희 정권하에서 집권 세력은 자신들의 통치와 인권 침해 행위를 '법치주의의 이름'으로 정당화했다. 이어서 집권한 정권들도 '정의 사회의 구현'이나 '범죄와의 전쟁' 등을 내세우며 법과 질서를 유지하기 위한 엄벌주의를 강조했는데 이런 것들이 법치주의인 것처럼 혼동된 역사도 있다. 학계에서도 1987년 이전 우리나라의 법치주의는 행정의 합법성을 확보하는 차원 정도에 머물렀다는 평가가 지배적이다.

법의 지배와 법의 실효성

앞에서 나라마다 법의 지배의 수준이나 정도에 차이가 있음을 보았는데, 사실 어느 나라의 법의 지배의 수준이 어떠한지는 입법이나 행정, 사법과 같은 국가권력을 행사하는 사람이나 기관들만의 문제라고 볼 수는 없다. 해당 국가의 민주주의 수준뿐 아니라 사람들이 법을 어떻게 인식하고 받아들이는지 등과도 밀접한 관계가 있다.

　　실제로 세계정의프로젝트World Justice Project의 140개국에 대한 법의 지배 수준 평가에서 다섯 손가락 안에 드는 상위 국가는 덴마크, 핀란드, 노르웨이, 스웨덴 같은 북유럽 국가들이다. 이들 국가는 영국의 유명한 경제 잡지 〈이코노미스트〉가 매년 실시하는 민주주의 수준 평가에서도 비슷한 등수를 유지하고 있다. 국제투명성기구TI가 매년 평가하는 부패인식지수CPI에서도 이들 나라들은 부패가 없고 투명하다는 국민의 인식 면에서도 세계에서 최상위권이다. 국가의 민주주의 수준과 법의 지배 수준, 부패 없고 투명하다는 국민 인식의 3가지 척도에 따른 평가 결과가 서로 유사한 것이다.

앞에서 법이란 무엇인가에 대해, 법은 명령과 강제의 시스템이라는 견해와 사람들 상호 간에 지켜야 할 승인된 규칙이라는 견해의 2가지로 크게 구분됨을 살펴보았다. 그런데 법을 명령과 강제로 인식한다면, 즉 국가권력이 사람들에게 무엇을 하라거나 하지 말라고 법으로 정해서 명령하고, 이를 위반하면 벌칙을 적용해서 처벌함으로써 강제하는 경우라면, 이런 법이 자발적으로 준수될 가능성은 그리 크지 않을 수 있다.

그런데 법이 법으로 존재하지만 실제로 준수되거나 실현되지 않는다면 법으로서 실효성이 없는 법이다. 법의 실효성은 법이 규범으로서 실제로 효력을 가지고 있느냐의 문제인데 단지 공권력이 명령한다고 해서 무조건 법이 실효성이 있고 법의 준수가 보장되는 것은 아니다. 법을 준수하지 않으면 처벌하고 위협하는 등의 강제적 수단을 쓰기보다는 사람들로 하여금 그 법을 준수하려는 태도를 갖도록 만들고 자발적으로 준수하게 하는 것이 상책이다. 법의 준수를 보장하기 위해서는 국가권력이 법을 제정하여 명령하는 것만으로는 충분하지 않고 사람들이 해당 법규범이 옳고 규범으로서 정당하다고 승인할 때 자발적으로 준수할 가능성은 그만큼 커질 것이고, 법으로서의 실효성도 높아질 것이다.

과거에 비해 우리 사회에서 음주운전이 많이 줄어들었다. 법으로 음주운전에 대한 처벌을 강화해서 처벌 수위를 높인 것도 영향이 있겠지만 그보다 더 큰 원인은, 우리 사회에서 음주운전을 하면 위험하고 나만 위험한 것이 아니라 사고를 일으켜 남에게 큰 피해를 줄 수 있으니 음주운전을 하면 안 된다는 사회적 공감대가 광범위하게 확산한 영향일 것이다.

반면 우리 사회에서 어떤 범죄 유형이 사회적으로 크게 문제되었을 때 해당 범죄에 대한 형량을 높이거나 특별법을 제정해서 엄벌하자는 반응이 많은데 단순히 법을 강화하거나 처벌의 수준을 높이는 엄벌주의만으로 해당 범죄가 바로 줄어들거나 하지는 않을 것이다.

법은 설득과 강제

사실 입법자가 어떤 법을 제정하거나 개정할 때는 무엇이든지 개선하려는 목적으로 법을 제·개정하는 것이고, 그 법이 잘 준수되고 실효성이 있을 것이라고 기대하고 법을 만든다. 입법자가 법이 지켜지지도 않고 무시될 것이라고 기대하고 법을 만들지는 않을 것이기 때문이다. 정부가 지켜지지도 않을 법을 만들어서 시행한다면, 그래서 법을 지키는 사람도 있지만 안 지키는 사람도 있고, 오히려 안 지키는 사람이 더 많다면 법을 지키는 사람들로서도 법을 지키는 자기만 손해 본다는 생각이 들 것이다. 이럴 바에야 차라리 법을 안 지키는 편이 낫겠다고 생각하고 법을 안 지키는 편에 가담할 수 있고, 그렇게 되면 법의 실효성은 더욱 저하될 것이다.

그렇다면 법의 지배 원칙에 따라 법이 지배한다고 하려면 국가가 법을 제정할 때 실효성 있는 법을 많이 만들고, 기존의 법도 실효성을 높이는 방향으로 개정하거나 해서 나라 안에서 법이 실효적으로(즉 효력이 있게) 다스리도록 해야 할 것이다. 그러려면 많은 사람들이 해당 법규범이 정당하다고 생각하는 법을 만드는 것이 법의 실효성을 높이는 길이고, 사람들에게 정당하다고 승인받기 위해서는 입법의 목적이나 입법 목적의 정당성, 입법의 경위 등을 잘 설명하고 이해를 구하는 설득의 과정이 필요할 것이다.

플라톤은 기원전 4세기 『법률』이란 책에서, 법이 실효성을 갖기 위해서는 법에 강제적인 명령의 언어뿐만 아니라 설득의 언어도 개진해야 한다고 주장하면서, 정부는 법의 서문(전문)을 통해 설득의 언어를 개진할 의무가 있고 오로지 강제라는 수단만 써서 입법하는 것은 잘못이라고 했다. 문제의 본질을 꿰뚫어 본 탁월한 견해라고 생각한다.

법이 잘 안 지켜지고 오히려 혼란만 야기한 사례도 있다. 보행자가 우측으로 통행하라는 법이 그랬다. 우리나라에서 차는 우측으로 통행, 사람은 좌측으로 통행하는 것이 오랜 법이었고 학교에서도 그렇게 가르쳤다. 오랫동안 사람들은 좌측으로 통행한다는 것을 너무나 당연시했다. 그러다가 2010년 정부가 사람도 우측 통행하는 것으로 발표하고 시행에 들어갔다.

그러나 오랫동안 좌측으로 통행하다가 어느 날 갑자기 우측으로 통행하라고 하니까 혼란이 많았다. 예를 들어 지하철 역사 안에서 지하철을 타기 위해 승강장 쪽 계단으로 우측으로 내려가려고 하는데 종전처럼 좌측으로 올라오려는 사람들이 많이 있다 보니 내 쪽에서 내려가는 우측과 올라오는 사람들의 좌측이 같은 계단이 되어 서로 부딪히는 경우가 생긴 것이다.

사실 종전에 좌측으로 통행할 때는 통행의 질서가 비교적 잘 유지되어 내려가는 사람과 올라오는 사람 간에 아무런 문제가 없었다. 그런데 갑자기 우측으로 통행하라고 하니까 바뀐 법대로 우측 통행을 하려는 사람과 종전의 법대로 좌측 통행을 하려는 사람 간에 서로 충돌의 소지가 생긴 것이다. 그러다 보니 어떤 경우는 각자 통행하고 싶은 대로 우측으로 가려는 사람은 우측으로 가고, 좌측으로 가려는 사람은 좌측으로 가는 식으로, 자기가 원하는 대로 무질서하게 진행하는 바람에 부득이 우측도 아니고 좌측도 아닌 가운데로 가야 하는 경우도 있었다. 보행자가 우측으로 통행하게 하자는 법이 좋은 취지로 만들어졌을 텐데 의도와 달리 전에 없던 혼란만 야기한 것이다. 충분한 계도 없이 어느 날 갑자기 시행하다 보니 통행 방법이 바뀌었다는 사실 자체를 모르는 사람이 많았다는 것이 주요한 원인이었다.

지하철 역사 안처럼 다니는 사람이 많고 혼잡한 곳에서 혼란이 주로 빚어졌는데 통행 방향 때문에 혼란을 겪을 때마다 정부가 충분한 준비나 설명 없이 성급하게 제도를 시행했다는 생각이 들었다. 사람들의 통행 방법을, 오랫동안 시행하던 좌측 통행의 법에서 우측 통행의 법으로 바꾸려면 그런 법 시행 전에 왜 이제부터는 우측으로 통행하는 것이 바람직한지에 대해 사람들이 수긍할 만한 이유를 들어서 잘 설명하고 충분한 계도 기간을 두고 홍보도 하고 시행했다면 문제가 없었을 것이다. 군데 군데 우측 통행 화살표만 잘 보이는 곳에 다수 설치했어도 이런 혼란은 없었을 것이다.

어느 방향으로 통행하느냐가 비교적 사소한 일로 치부할 수도 있지만 사람들이 늘 하던 행동을 법으로 바꾸려는 경우에는 플라톤이 법을 제정할 때 법의 서문에서 법의 정당성에 대해 충분히 설명하고 설득해야 한다고 제안한 대로 정부가 국민을 상대로 충분한 설명과 설득 과정을 통해 법의 실효성을 높여야 할 것이다.

최근 우리나라에서는 나이 세는 방법을 통일하여 만 나이로 세는 것을 원칙으로 했다. 이런 만 나이 통일법 역시 충분한 설명과 설득의 과정이 필요할 뿐 아니라 사람들이 이렇게 나이 세는 법을 변경하는 것이 옳은 방향이고 편리하다고 느낀다면, 만 나이로 계산하는 법이 빨리 정착되고 법으로서의 실효성도 자연히 높아질 것이다.

제6장

민주공화국의
법의 지배와 형사사법

대한민국은 민주공화국

1919년 4월 대한민국 임시헌장에서 민주공화제로 한다는 헌법의 약속(미래형)은 1948년 제헌헌법 제1조의 "대한민국은 민주공화국이다."의 현재형으로 면면히 이어졌다. 현행 헌법으로는 제1조 제1항이다.

대한민국 임시헌장은 독립운동가 조소앙이 기초했다고 알려져 있다. 제1조에서 "대한민국은 민주공화제로 함."으로 표현하여 민주공화제로 하기로 한다는 헌법의 결단이나 헌법의 약속을 분명히 한 것이다. '민주공화제'를 국민의 정치적 권리를 균등화하고 국민이 균등하게 정치에 참여하도록 하는 가장 좋은 제도로 보고 채택했다고 한다.

현재 세계 대부분의 나라들은 스스로를 민주공화국이라 한다. 북한도 민주공화국을 표방한다. 그러나 우리나라처럼 헌법 제1조에서 나라가 민주공화국임을 명시한 예는 흔하지 않다. 1919년 8월 제정된 독일의 바이마르 헌법 제1조가 "독일은 공화국이다. 국가의 권력은 국민으로부터 나온다."라고 한 예가 있는 정도이다. 바이마르 헌법은 당시 지구상에 존재하던 헌법 중에서 가장 민주적인 헌법으로 손꼽히던 헌법이다. 이런 헌법 아래서 나치스의 히틀러가 합법적으로 정권을 잡은 뒤 독재체제를 수립하고 인권을 유린한 것은 역사의 아이러니이다. 가장 민주적인 체제하에서 민주주의를 부정하는 독재체제가 태어나고 성장하여 그 체제를 전복시켰기 때문이다.

1948년 7월 제정된 제헌헌법은 1946년 11월 공포되고 1947년 5월부터 시행에 들어간 일본 헌법의 큰 영향을 받았다. 두 개의 헌법을 나란히 놓고 비교해 보면 이런 사실이 분명하다. 그럼에도 불구하고 우리 헌법과 일본 헌법은 제1조부터 큰 차이가 있다.

제헌헌법이 "대한민국은 민주공화국이다."에서 헌법을 시작하는 반면 일본 헌법은 제1조에서 "천황은 일본의 상징이며 일본 국민 통합의 상징으로서 그 지위는 주권을 가진 일본 국민의 총의로부터 나온다."라며 헌법을 시작한다.

천황을 주어로 하여 시작하는 일본 헌법과 민주공화국 대한민국을 주어로 해서 시작하는 우리나라 헌법은 그 출발부터가 완전히 다르다. 일본인들이 스스로를 천황 나라의 신하 된 백성(신민)으로 여기고 헌법을 만들었다면, 한국인들은 자신을 민주공화국 대한민국의 주인으로 선언하며 헌법을 시작한 것이다.

사실 1946년 11월 공포된 일본 헌법은 일본이 제2차세계대전 패전 후 맥아더를 사령관으로 한 연합국 최고사령부가 일본을 점령했을 때 만들어진 헌법이다. 당초 일본 측이 헌법개정안(소위 마쓰모토안)을 제출했으나 맥아더 사령부는 일본이 제국일 때의 헌법과 별반 차이가 없다며 거부하고 독자적인 초안(맥아더 초안)을 들이밀었다. 그러자 일본 측이 이를 참고로 하여 다시 헌법(안)을 만들어 제정한 헌법이 현행 일본 헌법이다.

일본 헌법이 이런 경위로 제정됐기 때문에 자신들의 헌법을 '강요된 헌법'으로 부르는 일본인들도 많다. 그러나 일본 헌법이 지금까지 한 번도 개정된 적이 없다는 사실과 강요된 헌법에서조차 천황은 헌법의 중심에 있다는 것은 많은 것을 말해 준다. 천황이 헌법의 중심이라는 점에서는 종전의 메이지헌법(대일본제국헌법)의, '일본은 만세일계의 천황이 통치하는 제국'이라는 것(제1조)과 별반 다르지 않은 것이다.

대한민국은 민주공화국이어야 한다

그런데 헌법 제1조의 "대한민국은 민주공화국이다."를 보면 A는 B라는 사실명제, 즉 사실을 진술한 명제처럼 보인다. 그러나 실제로는 ~ 해야 한다거나 ~ 해서는 안 된다는 규범을 진술한, 규범명제 또는 당위명제이다.

이것은 한국법제연구원의 우리 헌법의 공식 영어 번역을 보면 대번에 알 수 있다. 공식 번역은 "The Republic of Korea shall be a democratic republic."이다. "The Republic of Korea is a democratic republic."가 아니라는 말이다.

즉 "대한민국은 민주공화국이다."라는 문장은 "대한민국은 민주공화국이어야 한다."라거나 "대한민국은 민주공화국으로 만들어가야 한다."라는 의미이다. 즉 '민주공화국 대한민국'은 우리가 목표로 삼고 만들어가야 하는 지향점이다. 이런 의미에서 '대한민국은 민주공화국'은 사실sein을 기술한 명제가 아니라 당위sollen를 서술한 명제이다.

유시민 작가는 『후불제 민주주의』에서 '대한민국은 민주공화국'의 당위를 존재로 전환하는 주체는 국민이라고 했다. 우리의 민주주의는 아직 할부금을 완전히 치르지 않은 채 타고 다니는 자동차처럼 온전히 우리 것이 되는 비용을 다 치르지 않은 소위 '후불제 민주주의'라고 했다. 선불을 하지 않았으면 후불로라도 반드시 비용을 치러야 한다는 의미일 것이다. 또한 대한민국이 민주공화국이어야 한다는 shall be의 당위를 is의 현재형으로 만들 책임을 주권자인 국민이 진다는 의미로 이해한다.

'대한민국은 민주공화국'이 당위명제라면 그 명제를 실행하는 주체(주어)가 있어야 할 텐데 대한민국의 대통령이나 국회의

원, 총리나 장관 등의 고위공직자가 물론 여기 해당한다. 이들에게 부여된 권한이 크기 때문에 대한민국이 진정한 민주공화국이 되는 데에 큰 책임이 있다. 그러나 대한민국의 주권자인 국민 역시 대한민국이 민주공화국이 되는 데에 아무런 책임이 없다고 할 수는 없을 것이다. 따라서 대한민국의 주권자로서 입법, 사법, 행정의 정부의 모든 활동을 비판하고 감시하고 견제하는, 늘 깨어 있는 능동적 국민이 많아져야 한다.

다음으로 헌법 제1조 제1항의 "대한민국은 민주공화국이다."에서 '민주공화국'이 과연 무엇인지 생각해 봐야 하는데, 앞서 본대로 헌법학계의 일반적 의견은 오늘날 공화국은 군주국가가 아니라는 소극적인 의미에 불과하다고 한다. 그러나 정치학계 등에서는 '공화'의 의미에 대해 별도의 의미를 부여하는 의견들이 많다. '대한민국은 민주공화국'은 '민주제'의 원리와 '공화제'의 원리가 국가 운영의 기본원리가 되는 국가로, 여기서 '공화'는 '민주'와는 다른 별도의 의미가 있다는 것이다. 많은 견해가 공화국 republic의 어원, 즉 레스 푸블리카res publica가 '공적인 것들'의 뜻임에 주목한다. 헌법 제7조 제1항이 "공무원은 국민 전체에 대한 봉사자이며 국민에 대해 책임을 진다."라고 명시하는 것처럼, '민주공화국'에서 '공화'는 공적인 이익이나 공공선을 추구한다는 의미로 이해함이 옳다고 생각한다.

아울러 헌법 제1조 제1항의 민주공화국은, "대한민국의 주권은 국민에게 있고, 모든 권력은 국민으로부터 나온다."라는 헌법 제1조 제2항을 통해 이해하는 것이 명확하다고 생각한다. 나라의 주권이 국민에게 있고(국민주권), 모든 권력이 국민에게서 나오는 나라를 민주공화국으로 보는 것이다.

"대한민국의 주권이 국민에게 있다."라고 했을 때 그 국민 속에 분명 '내'가 들어 있고, 이런 '내'가 모여 만들어가는 '우리'가 헌법 제1조의 '국민'이 되어서 나라의 모든 권력의 원천이 된다는 것이므로, 이런 헌법 조항이 명실상부하게 잘 지켜질 때, 비로소 우리는 대한민국을 '우리' 나라라고 부를 수 있을 것이다. 대한민국이 '남'의 나라가 아니고 '우리' 나라가 되고, 우리가 꼭 지켜야 할 나라가 되는 것이다. 만일 나라의 주인 되는 '우리'가 어느 순간 밀려나거나 소외되고, 이런 현상이 일시적 현상이 아니라 제도화되고 영속화된다면 그런 나라에 대해 주인의식을 가지고 '우리' 나라라고 부를 수는 없을 것이다.

대한민국 초대 대통령 이승만은 1904년 서대문 형무소에서 쓴 『독립정신』에서 한 나라의 흥망성쇠가 정치제도에 달렸다고 하면서 조선의 전제정치에 대해 이렇게 말했다. "백성이 자신들은 나라와 아무런 상관이 없는 줄로 알고 나라를 지키려고 하지 않으니 외국인들이 와서 고위 관료들을 매수하거나 협박하여 장악하면 총 한 방 쏘지 않고 나라가 망하게 된다."고 썼다. 조선이 망하게 된 과정을 간결하게 설명한 통찰력 있는 주장이다.

유신헌법을 살펴볼 필요도 있다. 유신헌법 제1조 제2항은 "대한민국의 주권은 국민에게 있고, 국민은 그 대표자나 국민

투표에 의하여 주권을 행사한다."라고 규정했다. 주권자인 국민
은 선거 때에나 간헐적으로 주권을 행사한다는 것이다. 이런 식
의 제한 규정이 없어진 현행 헌법하에서 국민은 헌법 제1조 제
2항에 따라 상시적으로 주권을 행사할 수 있다고 보아야 할 것
이다. 유신헌법은 "국민은 그 대표자나 국민투표에 의하여 주
권을 행사한다."로 개정하면서 종전에 그 자리에 있던 "모든 권
력은 국민으로부터 나온다."라는 규정도 삭제했는데 사실 그 의
도도 석연치 않다.

링컨 대통령이 미국 남북전쟁 중 1863년 게티스버그 연설
에서 했던 '국민의, 국민에 의한, 국민을 위한 정부government of the
people, by the people, for the people' 역시 민주공화국을 잘 정의한 것이
라 생각한다. 조선시대의 정부도 백성을 위한다는 민본주의, 왕
도정치를 표방한 정부였다는 점에서 국민을 위한 정부라는 것
만으로는 민주공화국이라고 부르기에 부족하다. 국민에 의해
국가의사가 결정되는 것이 동반되어야 비로소 민주공화국이라
할 것이다.

국민에게서 나오는 권력(권한)

필자는 1995년 3월 법관으로 임명장을 받고 서울에서 1998년
2월까지 3년간 판사로 일했다. 1998년 3월 대형 로펌으로 이직
해 12년가량 변호사 생활을 하다가 2010년 2월 헌법재판소로

이직했다. 헌법재판소 재직 중 2020년 12월 28일 공수처장 후보추천위원회에서 복수의 후보 중 하나로 추천받고 12월 30일 초대 공수처장 후보자로 대통령의 지명을 받았다.

그때부터 출근길 인터뷰(도어스태핑)가 시작됐다. 도어스태핑 과정에서 가장 먼저 주목한 것 역시 우리 헌법 제1조였다. 대한민국의 주인이 국민이고, 모든 권력이 국민에게서 나오는 것이면 공수처가 행사하는 권력 역시 국민에게서 나오는 것이 틀림없으므로, 그렇다면 국민께 받은 권력, 국민께 되돌려 드리겠다는 마음가짐으로 권한 행사를 해야겠다는 생각이었다.

당시 공수처가 정권 비호처나 '무소불위의 권력기관'이 되지 않을까 하는 우려들이 있었다. 필자는 무소불위의 권력기관이란 국민 위에 군림하면서, 국민에 대해 (전혀) 책임을 지지 않는 기관이라고 나름대로 규정했다. 그렇다면 국민에 대해 책임을 진다는 것은 지나간 과오를 인정하고 시정하는 것을 당연히 포함할 것이고, 이에 따라 늘 자신을 되돌아보면서 과오가 있으면 인정하고 사과하고 시정하는 기관이라면 무소불위의 권력기관은 될 수 없다고 생각했다.

이러한 생각을 바탕으로 '국민께 받은 권력, 국민께 되돌려 드리는' 권한 행사를 '성찰적 권한 행사'로 명명하고 공수처장 취임사에서도 이 말을 사용했다. 즉 공수처가 행사하는 권한이 국민께 받은 것이라면 그 권한을 받은 공수처는 응당 이러한 사실을 항상 기억하고 되새기면서 권한 행사를 해야 하는데, 이것을 '성찰적 권한 행사'라 한 것이다.

성찰적 권한 행사라면 권한을 맡겨주신 국민 앞에서 항상 겸손하게 자신을 돌아보면서 주어진 권한도 절제하며 행사할 것이고, 수사와 기소라는 중요한 결정을 함에 있어서도 이런 결정이 국민의 눈높이에 맞는 결정인지, 헌법과 법 그리고 양심에 따른 결정인지 항상 성찰할 것이므로 국민 앞에서 오만한 권력이 되지 않을 것이라고 생각했다.

그러나 지금 되돌아보면, 성찰적 권한 행사라는 이름에 걸맞게 공수처가 그동안 권한 행사를 해 왔는지 참 부족하고 송구스러운 마음이다.

대한민국 만들기

1948년 7월 17일 민주공화국 대한민국의 헌법을 제정·공포할 때 제헌국회 의장이었던 이승만은 국회에서 다음과 같은 연설을 했다.

"역사적으로 면할 수 없는 그 사정은 기미년에 우리가 나서 군주정부를 세우지 아니하고 독재정부도 세우지 아니하고 민주정부라는 것을 우리가 세워가지고 세계에 광고하는 그 사실만은 우리가 뚜렷하게 내놓는 것이 우리의 긴 역사상으로나 우리의 민주사업을 진행하는 데 대단한 복리가 될 줄을 믿음으로 그것만을 여러분께 기억해 주실 것을 바란다는 말씀입니다."

여기서 기미년에 우리가 나섰다는 것은 물론 1919년 3·1운동을 말하는 것이고, 기미년에 세웠다는 정부는 대한민국 임시정부를 말한다. 1919년 대한민국 임시헌장의 "대한민국은 임시공화제로 함."이 제헌헌법 제1조의 "대한민국은 민주공화국이다."로 이어지고 있음을 잘 표현한 연설이다.

이승만의 이 연설은 제헌헌법의 전문 내용과도 일맥상통하다. 제헌헌법의 전문은 "유구한 역사와 전통에 빛나는 우리들 대한국민은 기미 3·1운동으로 대한민국을 건립하여 세계에 선포한 위대한 독립정신을 계승하여 이제 민주독립국가를 재건함에 있어서"라고 썼다. 즉 제헌헌법의 전문에 따르면, 제헌헌법 제1조의 '대한민국은 민주공화국'에서 말하는 대한민국은 기미년에 일어난 3·1운동 후에 이미 건립되어 있던 것이고, 제헌헌법에 의한 대한민국 정부는 이미 건립된 '민주독립국가 대한민국'을 '재건'한 정부라는 것이다.

이승만은 며칠 뒤 7월 20일 국회에서 실시된 정·부통령 선거에서 대한민국 초대 대통령으로 선출됐고, 대한민국 정부는 8월 15일 출범했다. 사실 '민주공화국 대한민국'의 건설에 이승만만큼 깊이 관여한 사람도 없다. 이승만은 1919년 3·1운동 직후에 결성된 한성정부에서는 집정관 총재로, 같은 해 4월 상해 임시정부에서는 국무총리로 선출됐다가 1919년 9월 통합 임시정부가 출범하면서 임시정부의 헌법이 대통령제를 도입하자 대통령에 취임한 역사가 있을 뿐만 아니라 1948년 대한민국 정

공수처, 어쩌도 가지 않은 길

266

부가 수립되었을 때 초대 대통령이기도 하기 때문이다.

1948년 제정된 제헌헌법에서 "대한민국은 민주공화국이다."가 헌법의 첫머리에서 선언될 무렵 국민이 지지하는 이념이 무엇인지에 대한 설문조사에서 자본주의가 14%, 공산주의가 7%, 사회주의가 70%로 조사된 여론조사 결과가 있다. 당시 한국인들의 마음속에 "대한민국은 민주공화국이다."가 확실히 자리 잡기 전이었음을 보여주는 결과이다. 지금 우리나라는 그때와 비교할 수 없을 정도로 발전하였지만, 공공의 이익과 공적인 것들이 우선하고 법이 지배하는 진정한 의미의 민주공화국으로의 길은 아직도 진행 중이라고 봐야 할 것이다.

제헌헌법의 정부형태

헌법개정이 논의될 때마다 대통령 단임의 현행 제도를 의원내각제로 변경하자거나 대통령 연임제를 도입하자는 등의 개헌안이 제안되고 있는데, 1948년 정부 수립 당시에도 정부형태에 대한 논란이 있었다.

해방 후 좌우합작 운동이 실패로 끝난 뒤 한반도 문제는 1947년 유엔총회에 상정되기에 이르는데, 유엔은 한반도에서 총선거를 통해 새로운 국가 수립을 이루기로 하고 임시 한국위원단을 파견했다. 그러나 북한지역을 점령한 소련은 이들의 입국조차 거부했다. 그러자 선거가 가능한 남한지역만이라도 선거를 실시하자는 미국의 제안에 따라 1948년 5월 10일 총선거가 실시됐다.

총선거에 따라 198명의 의원이 선출되어 제헌국회가 구성됐는데 당시 초대 국회의장 역시 이승만이었다. 제헌국회는 5월 31일 개원 직후 헌법기초위원 30명과 전문위원 10명으로 헌법기초위원회를 구성하여 헌법 초안에 대해 심의한 뒤 6월 23일 국회 본회의에 제출했다. 일제강점기에 보성전문학교(현 고려대학교) 교수를 지낸 유진오가 만든 유진오 안을 원안으로 하고 권승렬 의원 안을 참고안으로 하여 만든 헌법초안이었다. 그러나 정부형태에 대해서는 두 초안 모두 의원내각제였다.

정부형태를 의원내각제로 하자는 것은 유진오의 학문적 소신이기도 했다. 미국의 경우 19세기까지 국가의 세입이 충분하여 정부와 국회가 대립한 채 국정이 교착 상태에 빠지더라도 별 지장이 없지만 국토의 분단, 경제 파탄, 공산주의자들의 극렬한 파괴 활동 등 산더미 같은 문제를 안고 있는 신생 대한민국이 대통령제를 채택할 경우, 정부와 국회가 대립해 국정운영이 지체라도 된다면 나라를 망치거나 독재 국가화되기 쉽다는 것이 유진오의 생각이었다(유진오, 『헌법기초회고록』).

당시 제헌국회에서 최대 정치세력인 한민당 역시 의원내각제를 지지했고, 헌법기초위원회에서도 유진오 안을 채택하는 방향으로 토론이 진행됐다. 그런데 미국식 대통령제를 지지한 국회의장 이승만이 기초위원회 토론에 참석해 대통령제를 채택하자는 의견을 강력히 피력했다. 정부형태를 대통령제로 바꾸지 않으면 자신은 하야하여 국민운동을 전개하겠다며 극력 반대했다. 이에 막판에 정치적 타협이 이루어졌고, 그 결과 정부형태를 대통령제, 국회를 단원제로 변경한 제헌헌법이 1948년 7월 17일 공포되었다. 그리고 8월 15일 초대 대통령 이승만의 대한민국 정부가 정식으로 출범하기에 이른다(성낙인,『대한민국헌법사』).

이승만과『독립정신』

우리 현대사에서 이승만 대통령만큼 평가가 극명하게 갈리는 대통령도 없다. 대한민국 건국의 아버지라는 평가부터 장기 집권한 독재자라는 평가까지 있다. 그러나 어쨌든 대한민국 정부가 수립될 때 유력 정치인이었던 이승만이 미국식 대통령제 도입을 강력하게 주장한 것이 오늘날 대한민국 헌정이 대통령 중심제로 운영된 중요한 원인이라는 점은 부인하기 어려울 것이다. 그만큼 초대의 영향은 크다.

　1875년 태어난 이승만은 비록 몰락한 양반 가문이었지만 양녕대군의 16대손 왕가임을 자랑하며 가문에 대한 자부심이 대단했다. 이승만은 다른 양반 자제처럼 과거를 통해 입신양명하고자 응시하던 중 1894년 갑오개혁이 일어나 과거제도가 폐지되자 1895년 서양의 학문과 영어를 공부하고자 배재학당에 입학했다. 입학 후 1896년 서재필이 창립한 독립협회 활동에도 적극적으로 관여했다. 서재필은 배재학당에서 학생들을 가르치며 '협성회'라는 학생 토론회를 조직하기도 했는데, 이승만은 여기서 대중 연설가로 훈련받으면서 11살 위였던 서재필과는 스승과 제자 사이가 되었다.

이승만은 1898년 서재필의 독립협회가 주도한 만민공동회 집회에 참여하고 가두 연설로 대중의 주목을 받았다. 12월에는 독립협회와 만민공동회가 강제 해산당할 무렵 황제 폐위 음모에 가담했다는 혐의(반역죄)로 1899년 1월 체포되어 서대문 형무소에 수감되었다. 지금으로 보면 의회를 설립하자는 시민운동을 만민공동회가 한 것이다. 그런데 군주(고종) 입장에서는 의회가 설립되면 왕권을 견제할 것이므로 탄압할 생각이 들었을 것이다.

당시 독립협회는 종전에 있던 중추원을 개편하여 의회를 설립하려 했다. 정부가 외국과 조약을 체결할 때 각부 대신들과 중추원 의장이 합동으로 서명날인하지 않으면 시행하지 못하도록 한 '헌의6조'를 건의하여 고종도 처음에는 이를 재가했다. 그러나 황제를 폐위하고 공화제를 수립하려 한다는 모의설이 제기되자 고종은 수구파의 건의를 받아들여 결국 독립협회와 만민공동회의 강제해산으로 돌아섰다.

이승만이 서대문 형무소에 수감되어 있으면서 1904년 러일전쟁 중에 쓴 책이 『독립정신』이다. 이 책에서 이승만은 세상에 존재하는 정치제도로, 임금이 마음대로 다스리는 전제정치와 임금이 있기는 하지만 의회가 설치되어 나라의 중요 문제를 의회에서 토론으로 결정하는 입헌군주제와 민주정치를 들었다. 그중에서 민주정치를 국민이 주인 되는 정치라며 가장 좋은 정치로 보았다. 이승만은 '민주정치'에 대해, 나라의 최고 지도자를 대통령이라 하고 국민이 추천하고 지지하여 그 자리에 앉히되 4~5년 또는 8~9년의 임기 제한을 두어 국민은 정부를 자기 집처럼 생각하고 관리들은 국민을 주인처럼 섬기고 보호하고 돕기 위해 최선을 다하므로 최선의 정치체제라고 했다.

구한말 개화사상가로 활동한 유길준은 『서유견문』에서 미국의 정치체제를 국인國人이 공화共和하는 '합중合衆정체'라고 칭했다. 『서유견문』은 유길준이 개화파의 우두머리 박규수의 가르침을 받고 일본에 건너가 개화사상가 후쿠자와 유키치의 게이오의숙에서 공부하고, 조선의 외교사절단 '보빙사'의 수행원으로 미국을 방문하여 미국 대통령 체스터 아서Chester A. Arthur까지 만나고 와서 쓴 책이다. 유길준은 '합중정체'에 대해, 세습하는 임금 대신에 대통령이 그 나라의 가장 높은 자리에 있으면서 일정한 기간 나라를 맡아 다스리는 제도를 말한다고 했는데, 이 '합중정체'는 이승만이 말한 '민주정치'와 일맥상통한다.

이승만과 대통령제

이승만은 종신 징역형을 선고받았지만 러일전쟁의 와중에 일본 공사의 도움으로 1904년 8월 특별사면으로 석방된다. 그리고 민영환과 한규설의 밀사 자격으로 한미수호통상조약상 한국과 미국이 유사시에 서로 돕는다는 조항에 의거해 한국의 독립을 지켜주도록 미국 측에 청원하는 임무를 띠고 도미하여 1905년 8월 시어도어 루스벨트Theodore Roosevelt 대통령을 만난다. 조선이 서양 국가와 최초로 1882년 미국과 체결한 수호통상조약에 따르면, 만일 제3국이 조약의 양 당사자 중 어느 일국을 부당하거나 강압적으로 대할 경우, 조약의 상대방 나라(이 경우 미국)가 그 사정을 통보받으면 사태의 우호적 해결을 위한 중재를 함으로써 양국 간의 우호 정신을 발휘한다는 조항이 있었기 때문이다. 그러나 미국과 일본 간에는 가쓰라-태프트 밀약이 체결되어 미국이 한국에 대한 일본의 종주권을 이미 인정한 상태였으므로 미국 대통령이 이승만을 만나준 것은 외교적인 제스처에 불과했다(정병준,『우남 이승만 연구』).

러일전쟁이 일어나기 전에 고종과 대한제국은 일본과 러시아 사이에 전쟁이 임박했다고 보고 1904년 1월 엄정중립을 지키겠다고 선언했지만, 일본은 같은 해 2월 러시아와 전쟁을 일으킨 뒤 곧바로 서울에 군대를 진주시켜 버렸다. 러일전쟁은 1905년 9월 일본의 승리로 끝이 났고, 이제 한반도를 집어삼키는 데에 아무런 장애가 없어진 일본은, 이토 히로부미를 일본

정부의 특사 자격으로 보낸다. 이에 이토 히로부미는 1905년 11월 아예 군대를 거느리고 궁궐에 쳐들어와 일본이 대한제국의 보호국이 된다는 내용의 조약 체결을 강요했다. 고종이 끝까지 서명을 거부하자 외무대신 박제순의 직인을 가져다가 조약에 날인했다. 이것이 을사보호조약이다.

일본은 고종이 1907년 헤이그에서 열린 만국평화회의에 이준, 이상설, 이위종의 특사를 보낸 사건을 빌미로 1907년 7월 고종을 강제로 퇴위시킨다. 이어서 황제가 된 순종에게는 황제 자리마저 내놓으라고 강요하여 1910년 8월 한일병합조약을 체결한다. 독립협회와 만민공동회의 주장대로 의회가 설립되어 있었다면, 을사보호조약과 한일병합조약의 체결을 통해 이렇게 쉽게 국권이 일본에 넘어가지는 않았을 것이다.

이승만이 1904년 『독립정신』을 쓸 무렵 이미 미국식 대통령제를 최고의 정치제도로 보았고 그 후 미국 대통령을 외교적으로 만나기도 했다는 점, 주로 미국에서 독립운동을 하면서 오랫동안 거주하여 미국식 대통령제에 아주 친숙했다는 점이 나중에 대한민국 헌법이 제정되고 정부가 수립될 때 대통령제가 채택되는 데 큰 영향을 미쳤을 것이다.

참고로, 이승만이 이 책에서 사용한 '대통령'이란 용어의 유래를 살펴본다. 1789년 프랑스 대혁명 후 프랑스에 공화국이 성립하고 주변 국가들과 전쟁이 벌어질 때, 나폴레옹 장군이 승승장구하면서 실력자로 부상한 뒤 쿠데타를 통해 이전의 총재 정부를 붕괴시키고 대신 통령 정부를 조직하고 종신직 통령이 된다. 이 '통령'이란 말에서 대통령이 나왔는데 '통령'에 '대大'자를 붙여서 '대통령'이라는 것이다. 그러나 나폴레옹은 종신 통령에 만족하지 못하고 1804년 자신의 머리에 황제의 관을 제관하고 공화국을 마감했다. 프랑스 대혁명의 민주공화국을 이전의 군주국으로 퇴보시킨 것이다.

윤석열 대통령의 광복절 경축사

8월 15일은 우리 민족이 일제강점기에서 해방된 기쁜 날이면서 동시에 남북 분단이 시작된 비극의 날이기도 하다. 이 때문에 역대 대통령들은 광복절 경축사를 통해 한일관계나 남북관계에 대해 중요한 메시지를 내왔고 다른 이슈에 대해서도 묵직한 메시지를 낸 경우가 많았다.

윤석열 대통령 역시 2022년 광복절 경축사를 통해, 일제강점기의 독립운동은 3·1 독립선언과 상해 임시정부 헌장, 그리고 매헌 윤봉길 선생의 독립정신에서 보는 바와 같이 국민이 주인인 민주공화국, 자유와 인권, 법치가 존중되는 나라를 세우기 위한 것이었고, 이런 독립운동은 1945년 광복의 결실을 이뤄냈다고 평가하여 독립운동과 이를 통한 나라 만들기에 대해 설명했다.

윤 대통령은 2023년 광복절 경축사를 통해서는 좀 더 구체

공수처, 아무도 가지 않은 길

화하여 "우리의 독립운동은 국민이 주인인 나라, 자유와 인권, 법치가 존중되는 자유민주주의 국가를 만들기 위한 건국 운동이었습니다. 단순히 빼앗긴 국권을 되찾거나 과거의 왕정국가로 되돌아가려는 것이 아니었습니다. 자유와 인권이 무시되는 공산전체주의 국가가 되려는 것은 더더욱 아니었습니다. 따라서 우리의 독립운동은 인류 전체의 관점에서도 보편적이고 정의로운 것이었습니다."라고 했다.

윤 대통령은 특히 자유와 인권, 법치가 존중되는 나라를 자유민주주의 국가로 보았는데, 통일부 업무보고를 받으면서 북한과의 통일은 '자유민주적 기본질서'에 입각한 통일 전략으로 추진해야 한다고도 했다.

자유민주주의는 자유주의와 민주주의가 결합된 정치 원리이다. 인간의 존엄을 바탕으로 한 개인의 자유와 권리가 공식적으로 인정되고 보장되며 권력 작용이 법의 지배 원리에 의해 제한되는 것을 말한다. 이런 의미에서 자유민주주의는 법의 지배를 통해 실현된다는 윤 대통령의 발언은 이해가 간다. 자유민주적 기본질서는 앞서 살펴본 대로 제2차세계대전 후 제정된 독일 기본법(헌법)의 '자유롭고 민주적인 기본질서'에서 유래한 것이다. 우리 헌법재판소에 따르면 민주주의와 법치국가원리를 아울러서 지칭하는 말이다.

자유민주적 기본질서와 법의 지배

헌법재판소는 2004년 노무현 전 대통령 탄핵심판사건에서 '자유민주적 기본질서'의 내용에 대해 밝힌 적이 있다. 탄핵심판절차를 통해 보장하고자 하는 헌법질서는 자유민주적 기본질서인데 그 내용은 법치국가원리의 기본요소인 기본적 인권의 존중, 권력분립, 사법권의 독립과 민주주의 원리의 기본요소인 의회제도, 복수정당제도, 선거제도 등이라고 했다. 민주공화국 대한민국을 운영하는 2가지 원리가 있다면 하나는 민주주의 원리이고 다른 하나는 법의 지배 원리라는 것인데, 이 2가지를 포괄하여 '자유민주적 기본질서'로 부른다는 것으로 이해할 수 있다.

헌법재판소는 또한 이 사건에서, 법의 지배는 국가의 모든 작용이 헌법과 국민의 대표로 구성된 의회의 법률에 의해야 한다는 것, 그리고 국가의 모든 권력 행사에 있어서 행정에 대해서는 행정재판, 입법에 대해서는 헌법재판의 형태로서 사법적 통제의 대상이 된다는 것을 본질적인 요소로 한다고 했다. 이에 따라 입법자는 헌법의 구속을 받고, 법을 집행하고 적용하는 행정부와 법원은 헌법과 법률의 구속을 받는 것이다.

자유민주적 기본질서에 대한 헌법재판소의 이런 판단은 노무현 대통령 탄핵심판사건에서 처음 나온 것은 아니다. 1990년 국가보안법상의 찬양·고무 등 죄가 헌법에 위반되는지 여부가 문제됐을 때도 같은 판시가 나왔다. 즉 헌법재판소에 따르면, 국가보안법상의 찬양·고무 등 죄는 그 행위가 국가의 존립·안전을 위태롭게 하거나 자유민주적 기본질서에 위해를 줄 경우에만 적용된다고 할 것이고, 이러한 해석에 따라 찬양·고무 등 행위를 범죄로 규정하고 처벌하는 국가보안법 규정은 헌법 위반이 아니라는 것이다.

대한민국은 법이 지배하는 나라인가

초대 공수처장으로서 2021년 2월 25일 관훈포럼에서 '우리나라가 법이 지배하는 나라인가'라는 질문을 받았다. 관훈포럼의 기조발제에서 군주국과 민주공화국의 차이점을 상세히 설명했는데 우리나라가 민주공화국의 헌법에 맞게 '법의 지배'를 온전하게 구현하고 있는지, 학점으로 평가한다면 A학점에서 F학점 사이에서 어느 정도로 평가하는지, 대략 이런 질문이었다.

그때 필자는 우리나라의 법의 지배 수준은 최상은 아니지만 중상 정도, A학점은 아니지만 그래도 B학점 정도는 가지 않겠나 생각한다고 답변했다.

그 뒤 관련 자료를 확인해 보니 다른 나라와의 비교 평가에서 우리나라의 법의 지배 수준이 국제적으로 비교적 높은 평가를 받고 있었다. 가장 최근인 2022년의 평가 결과를 보면, 140개국 중에서 19위 정도로 학점으로 치면 A학점으로 볼 수도 있어서 좀 놀랐다.

평가 기관은 '세계정의프로젝트'라는 국제 시민단체로, 미국 변호사협회ABA의 회장을 지낸 변호사들의 주도로 설립되어 세계 140개국의 법의 지배 수준을 매년 평가하고 있다. 이들이 각국의 법의 지배의 수준을 평가하는 기준은 다음 4가지이다.

첫째, 책임성accountability 요건이다. 정부와 정부 관료 또는 대리인들이 법에 따른 책임을 지는지 등의 기준이다.

둘째, 정당한 법just law 요건이다. 법률이 명확하고 공포되어 있는지, 안정적이고 공평하게 적용되는지, 국민의 안전과 재산을 포함한 기본권을 잘 보호하는지 등의 기준이다.

셋째, 개방된 정부open government 요건이다. 법률이 제·개정되고 시행되는 과정이 접근 가능하고, 효율적이고 공정한지 등의 기준이다.

넷째, 민사적·형사적 정의civil/criminal justice 요건이다. 사법 시스템과 이를 통한 사법적 구제가 접근 가능한지, 효율적이고 적시성이 있는지, 불편부당한지, 정부의 간섭으로부터 자유로운지, 적법절차가 보장되는지 등의 기준이다.

베니스위원회의 법의 지배 기준

'법을 통한 민주주의 유럽위원회'라는 다소 긴 명칭을 가진 위원회가 있다. 1990년 설립된 유럽평의회Council of Europe 산하 위원회로 1년에 네 번 이탈리아 베니스에서 모이기 때문에 '베니스위원회'로도 불린다. 유럽평의회에 속한 모든 나라가 대표단을 보내고 있을 뿐만 아니라 우리나라 역시 2006년부터 분담금을 내는 회원이다. 헌법재판소 재판관 중 1인이 정위원, 법무부 대표로 법무부 차관이 대리위원으로 참석하고 있다. 헌법재판이나 헌법적 지원, 선거 문제 등에 대해 각국 정부에 자문하면서 각국의 제도나 법의 제·개정 등에 대해 권고적 의견을 내기도 하므로 상당한 구속력이 있는 국제기구이다.

베니스위원회는 민주주의와 인권보장, 그리고 법의 지배를 모토로 삼으면서 법의 지배를 평가하는 나름의 기준을 제공하고 있다. 크게 5가지 기준으로 합법성, 법적인 확실성, 자의와 권력남용의 금지, 법 앞의 평등과 차별금지, 사법절차에 대한 접근성이다.

의무 중심의 법 문화에서 권리 중심의 법 문화로

앞에서 과거 군주국에서 백성은 그 법의 적용 대상일 뿐이어서 법을 자신의 자유나 권리의 주장 근거로 활용할 수 없었다고 했다. 반면 오늘날 법이 지배하는 민주공화국은, 국민이 단지 법 적용의 대상이 아니라 법을 근거로 자신의 자유와 권리를 주장할 수 있는 나라라고 했다.

과거 군주국가의 법 문화는 한마디로 의무 중심의 법 문화였다. 법은 기본적으로 명령이나 강제였고, 군주국가 아래서 명령과 강제의 주체는 군주(왕)이고 신하 된 백성, 즉 신민臣民은 이런 명령에 복종해야 하는 대상일 뿐이었다. 군주(왕)가 다스리는 체제에서 신민은 군주나 국가에 대해 기본적으로 어떤 권리를 주장하거나 요구할 수 있는 존재가 아니었다. 군주나 국가에 대해 의무를 부담할 뿐인 존재였다.

일제강점기에 조선총독부는 황국신민서사를 제정하여 1937년 10월부터 한국인에게 암기하여 제창하도록 강제하고 일상생활에서 실천하도록 강요했다. 그 내용은 대략 "우리는 대일본제국의 신민이다. 우리는 마음을 합하여 천황 폐하에게 충의를 다한다. 우리는 괴로움을 참고 몸과 마음을 굳세게 하여 훌륭하고 강한 국민이 되겠다."라는 내용이었다.

대일본제국(황국)의 신하 된 백성으로서 천황에게 충성을 다하고, 괴로움이 있더라도 참고 몸과 마음을 굳세게 하여 강한 국민이 되겠다는 등의 내용이 전부 신하 된 백성의 다짐이자 의무로 되어 있었다. 일제는 학교나 관공서, 작업장뿐만 아니라 모임에서도 황국신민서사를 제창하도록 하면서 일본 천황에 대한 충성심을 반복을 통해 주입시키려고 하였다.

천황이나 일본제국은 신하 된 백성에게 충성을 다할 것을 요구할 수 있고, 신하 된 백성은 충성해야 할 의무를 부담할 뿐 천황이나 국가에 대해 무언가를 권리로 주장할 수 있는 구조가 아니었다. 그런데 이것은 일본제국과 조선인 사이에서만의 문제가 아니었다. 나라의 주권이 군주(왕)에게 있던 조선시대도 마찬가지였다. 당시 신하 된 백성으로서는 군주나 국가에 대해 어떤 권리를 주장할 법 문화가 아니었고, 법이라고 하면 군주가 내리는 명령을 지켜야 할 뿐인 의무 중심의 법 문화였다.

그러나 헌법이 성문화되고 국민의 자유와 권리가 헌법에 규정된 민주공화국 아래에서 국민은 이제 인간 존엄과 기본적 자유를 권리로써 주장할 수 있다. 권리 중심의 법 문화가 된 것이다. 군주국가에서 민주공화국으로의 이행은 의무 중심의 법 문화에서 권리 중심의 법 문화로의 코페르니쿠스적 전환을 동반한 것이다.

이처럼 법의 역사를 보면, 법은 의무 위주에서 권리 위주로 발전해 오고 있음을 알 수 있다. 어느 사회에서나 법은 원래 명령이나 금지의 모습으로 나타났는데, 기원전 1200년경 이집트에서 탈출한 유대(히브리) 민족이 무엇을 하지 말라거나 하라는 10가지 계명(십계명)을 신에게서 수여받은 것이 대표적인 예이다. 권력자(권위자)가 개인에 대해 무엇을 하라거나 하지 말라는 명령을 하고 이를 강제하는 것이 어느 사회에서나 법의 애초의 모습이었다. 인류 역사에서 수천 년 동안 존속했던 군주국가 체제에서 이런 현상은 계속되었다.

그러다가 르네상스와 종교개혁을 거치고 근대 시민국가가 성립하면서 사람들이 봉건적 구속으로부터 해방되고 개인의 자유로운 인격과 의사가 존중되기 시작했다. 아울러 로크나 루소 같은 계몽사상가들은 자유로운 개인들이 계약을 체결하여 국가를 성립시켰다는 사회계약론을 주장했다. 이제 '개인의 권리'라는 관념이 점점 강화되는 것은 거스를 수 없는 시대적 요청이 되었다.

모든 사람을 평등하게 대우하고 개인의 자유로운 활동을 보장하는 것을 지도원리로 하는 근대 민법은 이런 배경에서 태동한 것이다. 근대 민법은 무엇보다 개인의 자유와 평등을 강조하면서 1) 사적 자치(계약 자유)의 원칙, 2) 사유재산권 존중(소유권 절대)의 원칙, 3) 과실책임의 원칙이라는 3대 원칙을 확립했다. 개인이 계약 체결 등을 통해 자신을 둘러싼 법률관계를 자유롭게 형성할 수 있어야 한다는 것이 사적 자치의 원칙이고, 재산에 대한 개인의 소유를 절대적으로 인정하는 것이 소유권 절대의 원칙이다. 아울러 개인이 타인에 대해 준 손해에 대해서도 고의나 과실이 있는 경우에만 책임을 진다는 것이 과실책임의 원칙인데 이런 원칙이 확립됨으로써 개인은 이제 안심하고 경제활동을 영위할 수 있게 되었다(곽윤직, 『민법총칙』).

근대 입헌주의와 법의 지배

1789년 프랑스 베르사유 궁전에 삼부회가 소집됐다. 당시 프랑스 왕 루이 16세가 왕실의 재정난 타개를 위해 175년 만에 소집한 회의였다. 삼부회는 세 신분의 대표자들이 모이는 회의체였다. 제1신분이 가톨릭 성직자, 제2신분이 세습 귀족, 제3신분이 평민 계층이었다. 다수의 농민과 도시 노동자, 그리고 부르주아로 불린 소수의 도시상공업자들이 제3신분이었다. '부르주아'는 성안에 거주는 부유한 자들, 즉 유산계급을 지칭하는 말이었다.

당초 루이 13세의 사냥용 별장으로 지어진 베르사유 궁전은 원래는 별 볼 일 없는 곳이었다. 그런데 '짐은 곧 국가'라고 자칭했던 절대 군주 루이 14세가 이곳으로 거처를 옮기면서 대대적인 건설을 한 뒤 호화로움이 극치를 이룬 궁전으로 거듭났다.

루이 16세가 이곳에 삼부회를 소집한 것은 크나큰 실수였다. 제3신분의 대표자들은 말로만 듣던 이곳에 직접 와서 자신들의 혈세로 이런 호사스러운 궁전이 유지되고 있음을 똑똑히 보았고, 그로 인해 왕과 구체제(앙시앙 레짐)에 대한 증오와 적개심이 활활 타올랐다.

1789년 6월 17일 제3신분의 대표자들은 국민의회의 구성을 결의하고 헌법을 제정할 때까지 농성하겠다고 서약했다. '테니스 코트의 서약'으로 불린다. 그러자 루이 16세는 귀족들의 주장에 굴복해 베르사유 궁전에 군대를 투입해 진압하려고 했는데 이에 분노한 파리 시민들이 7월 14일 바스티유 감옥을 습격했다. 프랑스 대혁명이 일어난 것이다.

1789년 8월 국민의회는 봉건제도의 전면적 폐지를 선언하고 2주간의 토론 끝에 프랑스 인권선언을 채택했다. 정확하게는 '인간과 시민의 권리선언'이었다. 인권이란 말은 여기서 유래된 것이다. 인간이 인간으로서, 인간이기 때문에 가지는 권리가 바로 인권이다. 프랑스 인권선언은 17개 조문으로 구성되어 있는데 제16조에서 "권력의 분립과 권리의 보장이 없는 공동체는 헌법을 갖고 있다고 말할 수 없다."라고 규정했다. 헌법을 제정하여 국가권력의 분립과 개인의 권리(인권)를 보장해야 한다는 근대 입헌주의 이념을 선언한 것이다.

국가권력을 입법, 사법, 행정으로 나누어서 각각 입법부, 사법부, 행정부에 맡겨서 수행하도록 하는 것 역시 개인의 인권을 잘 보장하기 위함이고, 헌법을 제정하여 헌법에 따라 국가의 통치가 행해질 것을 요구하는 입헌주의 역시 궁극적으로 국민의 자유와 권리를 보장하기 위함이다.

앞에서 언급한 토머스 페인은 1789년 프랑스 대혁명 후에 쓴 『인권』에서 대의제에 입각한 공화국 미국이 당시 유일한, 진정한 공화국이라고 했다. 이 책에서 페인은 프랑스 대혁명의 경과에 대해서도 자세히 서술하면서 프랑스 대혁명의 대의를 강력하게 옹호했다. 혁명의 주체 세력인 제3신분은 귀족제도란 사회가 부패함으로 생긴 하나의 병균이므로 그 어떤 부분도 받아들일 수 없다고 생각하고 인위적인 신분과 인위적인 특권을 전면적으로 부인했다. 그리고 이것이 프랑스 인권선언과 헌법 제정으로 이어졌다는 것이다.

프랑스 인권선언이 루소의 사상으로부터 큰 영향을 받은 것은 인권선언 제6조만 보아도 알 수 있다. 인권선언 제6조는 "법률은 일반 의지의 표현이다. 모든 시민은 누구나 자신이 직접하거나 그의 대표자를 통해서 법률의 제정에 참여할 권리를 가

진다. 법률은 보호하든지, 처벌하든지, 만인에 대해 동일해야
한다. 법률 앞에 평등한 모든 시민은 덕성과 재능에 의한 차별
이외에는 누구나 그의 능력에 따라서 공적인 고위직, 지위, 직
무에 동등하게 임명될 수 있다."라고 규정한다. 루소의 사상대
로 법률을 일반 의지의 표현으로 보고, 법이 보호하든지 처벌하
든지 만인에게 평등하게 적용되어야 함과 공직 취임에 있어서
평등한 기회를 가져야 함을 잘 선언한 것이다.

법의 지배와 헌법재판

제2차세계대전 후 실질적 법치국가원리가 일반화되면서 의회
가 적법한 절차로 통과시킨 법률이라도 헌법재판을 통해 헌법
에 위반되는지 여부를 심사하는 제도가 일반화됐다. 헌법재판
에서는 인간 존엄이나 기본적 인권의 침해 여부가 중요한 기준
이 된다.

　우리나라에서 헌법재판이 이루어진 것은 꽤 오래됐지만 활
성화되지 못한 상태였다. 그러다가 1987년 민주화 과정에서 대
통령 직선제 개헌을 하면서 헌법재판소를 설립하기로 했고, 또
헌법소원제도를 도입한 것이 헌법재판의 활성화에 큰 계기가
됐다.

　프랑스 대혁명이 일어나기 직전, 제3신분의 대표자들이 국
왕에게 헌법을 제정해 달라고 요구하고 헌법을 제정할 때까지

농성하기로 결의한 것은, 국가의 기본법인 헌법이 제정되어야 국민의 자유와 권리가 제대로 보장되기 때문이었다.

사실 헌법에 규정된 국민의 자유와 권리의 내용만 놓고 보면 법의 지배와 민주주의 척도에서 최상위권을 차지하는 나라와 최하위권에 있는 나라 간에 별 차이를 발견하기 어렵다. 오히려 최하위권 나라의 헌법이 더 잘 완비되어 있을 수 있다. 결국 국민의 자유와 권리보장을 비롯한 헌법의 규정들이 실제로 잘 지켜지는지, 권리보장이 실효성이 있는지에서 차이가 날 텐데 법률이나 행정부의 어떤 행위 등이 헌법을 위반하거나 국민의 기본적 인권을 침해하는 경우, 헌법재판을 통해 헌법 위반을 선언하고 제재를 가하는 헌법재판제도가 자리를 잡으면 헌법의 실효성이 획기적으로 제고될 것이다.

우리 헌법은 1) 법원의 제청에 의한 법률의 위헌 여부의 심판, 2) 탄핵의 심판, 3) 정당의 해산 심판, 4) 국가기관 상호 간, 국가기관과 지방자치단체 간, 지방자치단체 상호 간의 권한을 다투는 심판, 5) 헌법소원 심판의 5가지 유형의 헌법재판을 인정하고 있다.

그런데 전 세계적으로 헌법재판은, 법원이 일반 사건 재판도 하면서 헌법재판도 하는 유형과 법원이 아닌 헌법재판소를 별도로 두고 헌법재판소가 헌법재판을 전담하는 2가지 유형으로 나뉜다. 미국은 1803년 유명한 마버리Marbury 사건을 계기로 연방대법원이 헌법재판도 하는 것으로 원칙을 세운 뒤 1년에

80~100건 정도의 중요 사건을 선정해서 구두변론도 열고 선고도 하고 있다. 반면 유럽에서는 헌법재판소의 설립을 처음 주창한 한스 켈젠의 영향에 따라 1920년 오스트리아에 헌법재판소가 설치되었고, 1951년 독일에도 연방헌법재판소가 설치되어 활발하게 재판하고 있다. 일반 사건이 아니라 헌법재판만을 전담하는 헌법재판소가 이후 유럽 국가를 비롯한 많은 나라들에서 신설된 결과, 일반 법원이 헌법재판까지 하는 나라들 숫자에 버금갈 정도가 되었다.

우리나라는 미국과 마찬가지로 오랫동안 법원이 헌법재판도 해 왔다. 그러나 1987년 헌법에 따라서 1988년 9월 헌법재판소가 설치되어 헌법재판을 전담하고 있다. 헌법재판소는 2004년 선고한 두 사건, 즉 노무현 전 대통령 탄핵심판 사건과 행정수도 이전에 대한 헌법소원 사건을 통해 그 존재를 확실하게 각인시켰다. 그러나 이 사건을 계기로 헌법재판소의 사법 권력화를 우려하면서 헌법재판관들이 사법쿠데타를 했다는 평가도 생겼다.

노무현 전 대통령 탄핵심판 사건에서 헌법재판소는 3가지의 헌법 또는 법률 위반 사실을 인정했지만 대통령을 파면할 만한 중대한 헌법이나 법률 위반은 아니라는 이유로 탄핵심판청구를 기각했다. 헌법재판소는 반면에 같은 해 수도 이전 사건에서는 행정수도를 충청도로 이전하는 신행정수도건설특별법에 대해, 대한민국의 수도가 서울이라는 것은 관습헌법이므로 수

도 이전을 위해서는 헌법개정을 해야 한다는 이유로 위헌을 선
고했다.

우리 법은 조상 전래의 법인가

지금 우리가 쓰고 있는 법은 조상 전래의 법인가? 그렇지 않다.

우리의 현재 법이 조상에게 물려받은 법이 아니라는 말이
다. 형사법을 예로 들어 보면, 조선을 대표하는 실학자 다산 정
약용 선생이 유배지에서 1819년(순조 19년) 완성하여 1822년 간
행한 형사법 전문 서적『흠흠신서』가 있다. 이 책에는 조선시대
범죄인에게 적용하던『경국대전』의 형벌 규정과 대명률의 규
정은 물론이고, 특히 살인사건에 대해서는 우리나라와 중국의
사례까지 분석되어 있다.

다산 정약용 선생은『흠흠신서』를 이렇게 시작했다. "오직
하늘만이 사람을 살리기도 하고 죽이기도 하니, 사람의 목숨은
하늘에 매여 있는 것이다. 고을 수령이 그 중간에서 선량한 사
람은 편안히 살게 해주고 죄지은 사람은 잡아다 죽이니, 이는
하늘의 권한을 드러내 보이는 것일 뿐이다. 사람이 하늘의 권한
을 대신 쥐고 행하면서도 삼가고 두려워할 줄을 몰라 세밀한 부
분까지 명확하게 분별하지 못하고 소홀히 하고 흐리멍텅하게
처리하여, 살려야 하는 사람을 죽이기도 하고 죽여야 할 사람을
살리기도 한다."(『흠흠신서』, 박석무·이강욱 역해 참조)

다산 선생은, 사람의 목숨과 관련된 형사사건은 지방 고을에서 늘 발생하는 것이고 고을 수령이 늘 마주치는 일인데도, 사건의 진상을 조사하는 것이 언제나 엉성하고 죄인의 죄를 결정하는 것은 언제나 잘못된다고 지적하면서 형사사건을 전문적으로 다루는 책이 있어야 한다고 생각하고 『흠흠신서』를 내게 됐다고 했다. 책의 제목을 '흠흠'이라 한 것은 형사사건을 처리할 때 '삼가고 또 삼가는 것(흠흠)'이 형벌을 다스리는 근본이기 때문이라는 것이다.

그런데 『흠흠신서』에 있는 법과 판례는 지금 우리가 쓰고 있는 형사법과 별 관계가 없다. 비단 형사법뿐만 아니라 다른 법 분야도 사정은 마찬가지이다. 조선시대의 법이 지금 우리 법으로 연결되지 않는 것이다.

그렇다면 지금 우리가 쓰고 있는 법은 어디에서 왔을까? 우리의 현재 법 제도는 한 마디로 형사법을 포함한 모든 법 제도가 서양의 법을 '계수'한 것이다. '계수'는 다른 나라, 다른 민족의 법 제도를 체계적으로 받아들였다는, 수용했다는 말이다. 우리 고유의 법이 현재 우리 법이 된 것이 아니라 법의 체계적인 수용인 '계수'를 통해서 서양의 법이 우리나라에 이식됐다는 말이다. 그리고 그것을 매개한 것이 일본, 시대적으로는 일제강점기였다. 즉 일본을 통해서 서양의 법을 체계적으로 수용한 것이, 지금 우리의 법으로 이어졌다.

외국법을 체계적으로 수용한 것은 우리만 그런 것은 아니다. 과거 독일이나 프랑스도 로마법을 체계적으로 계수했다. 이런 로마법의 계수는 몇백 년에 걸쳐서 이뤄졌다. 일본은 1868년 메이지유신 후 서양의 문물을 적극적으로 수용하면서 서양의 법을 체계적으로 계수했다. 우리는 이렇게 일본이 계수한 서양의 법을 계수한 것이다. 법의 계수는 조선시대에도 있었다. 조선시대 형사법은 기본적으로 명나라의 대명률을 계수한 것이다.

조선시대의 대명률

조선의 『경국대전』은 명나라의 대명률을 조선에서 법으로 사용한다고 명시했다. 대명률은 이미 고려 말부터 우리나라의 형사법이었는데, 고려 말 선비들이 대명률 도입에 적극적이었다. 고려에서는 개개의 사건 해결을 위해 그때그때 법률을 계속 공포하고 처벌이 이루어짐에 따라 같은 범죄라도 처벌이 제각각인 문제가 있었기 때문이다.

대명률은 중국 역대의 형법전을 모두 참조하여 만들었고 내용도 매우 상세했다. 가장 큰 특징 중 하나는 신분에 따라 형량의 차이가 있다는 점이다. 양인(평민)과 천민 간에 싸움이 발생했을 때 양인에 비해 천민을 가중하여 처벌했고, 가장이 노비를 때린 경우는 전혀 문제 삼지 않고 노비가 죽은 경우에만 일정한 책임을 지게 했다. 반면 노비는 가장을 구타하기만 해도 참형으로 벌했다. 대명률은 10가지 악행을 규정했는데 유교 사회에서 비난 가능성이 가장 큰 행위 10가지를 꼽았다. 국가를 위태롭게 하려고 꾀하는 것, 본국을 배반하고 타국과 몰래 내통하여 배반하려고 꾀하는 것, 조부모나 부모, 시조부모, 시부모를 때리거나 죽이려고 꾀한 것, 조부모나 부모, 시조부모, 시부모를 고소하거나 악담이나 욕설하거나 봉양하지 않은 것 등이다. 조선은 이런 대명률을 이해하기 쉽게 해설한『대명률직해』도 발간했다(『대명률직해』, 조지만 역해 참조).

성리학 국가였던 조선은 유교의 도덕과 이념이 사회 전반을 지배하면서 양반과 평민의 구별이 엄격한 신분제도와 삼강오륜의 유교 윤리가 형사사법도 지배한 나라였다. 신하는 임금을 섬기는 것이 근본이고, 아들은 아버지를 섬기는 것이 근본이며, 아내는 남편을 섬기는 것이 근본이라는 삼강오륜의 도덕법 말이다.

전통사회의 형사사법

조선시대 재판은 왕이나 지방관리같이 행정업무를 맡은 사람이 했다. 행정과 재판이 분리되지 않은 것이다. 이것은 비단 우리나라만의 현상은 아니었다. 성경에 기록되어 있는 솔로몬 왕의 유명한 재판 역시 왕이 재판도 한 오랜 역사를 잘 보여준다.

행정관이 사법관을 겸한 조선시대의 심급제도는 지방관 — 관찰사 — 형조의 순으로 재판이 올라가는 순서였다. 왕은 최고 통치권자로 최종적인 재판권을 행사했다. 군주국가에서 왕은 최고위직 재판관이었던 셈이다(정긍식, 「조선시대의 권력분립과 법치주의」).

조선시대의 법은 국가가 제정한 형사법과 행정법 중심의 체제였다. '법은 곧 형벌'이란 말도 있듯이 법은 대개 형사적인 제재(벌)를 수반하는 강제적 규범이었다. 민사재판의 경우에도 조선의 민사재판 절차는 형사적인 벌이 수반될 수 있는 절차였다.

조선시대의 재판은 "네 죄를 네가 알렸다. 이실직고할 때까지 쳐라."라는 사극에서 많이 듣게 되는 말로 대표된다. 범죄사실을 가장 잘 알고 있을 피고인이 스스로 죄를 인정하는 자복이 있어야 판결이 있고 처벌이 있다는 것을 원칙으로 했다. 이를 위해 흔히 고문이 사용됐다. 고문을 통한 자복이 형사절차에 내포된 도덕적 사명을 완수하게 해주었다. 이런 식의 조선의 재판절차에 대해 조선시대 말 외국인 선교사로 와 있던 헐버트Homer B. Hulbert는 당시 상황을 다음과 같이 요약했다(문준영, 『법원과 검찰의 탄생』).

"모든 죄인을 다루는 데 우선 매질을 하는 것이 근본적인 절차로 되어 있다. 어떤 죄를 저지른 죄인일지라도 거의 죽도록 매를 맞은 후에야 형이 집행된다. 형이 집행되기 전에 죄인들은 심한 매를 맞아서 자기가 저지른 모든 죄를 고백하고 자기에게 내려진 형벌의 정당성을 인정해야 한다고 한국인들이 믿고 있는 것이다."

조선시대의 형사사법을 다룬 기관은 사헌부, 의금부, 형조, 포도청 등으로 어느 한 기관이 독점하는 체제가 아니었다. 오늘날 검찰이나 감사원에 해당하는 사헌부는 백관을 규찰하고 공직자의 기강과 풍속을 정립하며 백성들의 억울함을 풀어주는 민원 처리 역할도 했다. 감찰관을 파견하여 부정을 적발하고 법적 조치를 취하는 사법권을 가지면서 공직자들의 인사에도 관여하여 임금이 결정한 관원의 자격을 심사하는 등의 역할을 수행했다.

반면 의금부는 특별사법 관청으로 왕명을 받들어 추국(신문)하는 임무를 담당했다. 주로 반역 사건, 왕족의 범죄, 관원의 범죄, 삼강오륜과 관련된 범죄 사건 등을 처리하는 역할이었다. 조선시대의 공수처 같은 기관이었다고 보면 된다(강효백,『공수처』). 강효백 교수는『조선왕조실록』에서 공수처 관련 사례들로, 의금부 관리의 직무 유기를 사헌부가 조사한 사례, 사헌부가 의금부에 고위공직자를 처벌해 달라고 요청한 사례, 세조가 사헌부의 고위 관리들을 의금부에 구속·송치하도록 한 사례, 반대로 사헌부가 의금부 도사(검사)를 처벌하도록 한 사례 등을 들었다. 이런 사례들만 보더라도 사헌부, 의금부 같은 형사사법 기관들이 권한을 서로 나누어 가지면서 상호 견제 기능을 수행했음을 알 수 있다.

공수처나 검찰이 사건을 처리할 때 지침이 되는 '사건사무규칙'에 해당하는 의금부의『금오헌록』이 한글로 번역되어 출간되어 있다. 『금오헌록』에는 의금부의 연혁과 기능, 관원의 구성, 관청의 위치와 구조, 각 건물 및 부속기관의 용도, 관청 내외의 사법 및 행정업무의 수행, 의금부 내부의 업무분장, 관리감독체계, 임금이 직접 추국(신문)할 때의 절차 등이 자세히 규정되어 있다(박명양·이의현, 『금오헌록 역주』).

근대화와 서양 법의 계수

조선시대 말, 아들을 왕으로 만든 대원군은 외국에 대해 나라의 빗장을 걸어 잠그는 쇄국정책으로 유명하다. 그러나 쇄국정책은 우리만 쓴 것이 아니다. 일본도 에도막부 시대 쇄국정책을 썼다. 그러다가 미국의 페리Matthew C. Perry 제독이 전함을 끌고 와서 일본의 문호를 개방하라고 1853년과 1854년 무력으로 시위하자, 막부 정권은 놀라서 미일화친조약을 체결하고 이어서 수호통상조약도 체결했다. 그러자 일본 내에서 이런 막부 정권을 타도하고 천황을 옹립하자는 운동이 일어났다. '존왕양이尊王攘夷', 즉 오랑캐를 물리치고 왕(천황)을 받들자는 운동이었다. 천황 옹립 세력과 막부군 간에 결국 전쟁이 벌어지는데 막부군이 패배했다. 막부 체제 아래서 상징적 존재였던 천황은 1867년 왕정복고의 성공으로 실권을 잡았다. 천황은 1868년 연호를 메이지로 바꾸고 대대적인 개혁을 단행했는데, 이것이 메이지 유신이다.

천황제 국가를 수립한 일본은 메이지유신을 통해 서양의 문물을 적극적으로 수용하여 '근대화' 하는 것을 국시로 삼았다. 미국과 유럽 12개국에 이와쿠라 사절단이라는 대규모 정부사절단을 보내 2년 정도 서양의 문물을 배우게 했다. 일본은 서양의 법과 제도를 수용하는 데에도 적극적이었는데 이토 히로부미도 이와쿠라 사절단의 일원이었다. 일본이 서양에서 받아들인 문물 중 중요한 것이 법과 제도였다. 이토 히로부미는 독일과 오스트리아 등 유럽 국가들을 두루 다니고 와서 1889년 메이지 헌법(대일본제국헌법)을 기초하는 데 큰 역할을 하였고, 초대 내각총리대신이 되었다.

일본의 형사사법

일본은 1871년 사법성을 설치하여 사법권을 통일하고 서구의 사법제도를 연구하여 도입하기 시작했다. 고문을 폐지하고 자유심증주의가 채용됐고, 수사와 소추, 재판 기능이 서로 분리됐다. 행정과 재판 기능도 분리되고 대심원이 설치됐다. 문준영의 『법원과 검찰의 탄생』, 이준보·이완규의 『한국 검찰과 검찰청법』을 통해 일본의 형사사법제도가 변모하는 모습, 우리나라에 근대적 사법제도가 도입되는 풍경을 간략하게 살펴본다.

일본은 1880년 형법과 치죄법을 공포한다. 프랑스 법률가 보아소나드Gustave É. Boissonade를 초빙하여 프랑스법을 본받아 만들었다. 프랑스의 치죄법에서처럼 예심제도를 두고 공판 전에 예심판사가 조사하는 절차(예심조사)를 두었다. 예심판사는 영장을 발부하여 구속, 압수수색 등 강제처분을 할 수 있고 피고인신문, 증인신문, 대질신문하는 등의 증거조사도 할 수 있었다. 범죄의 증거가 충분하지 않다거나 할 때는 면소판결을 하고 예심을 종결하지만 증거가 충분할 때에는 죄의 종류에 따라 중죄재판소, 경죄재판소 등 해당 재판소로 이송했다. 재판소에 검찰관(검사)을 두었는데 '예심, 소추, 재판의 분리'라는 프랑스법의 대원칙에 입각해 예심은 예심판사, 공소의 제기와 유지는 검찰관, 재판은 판결을 언도하는 재판소(법원)가 각각 담당하는 구조였다. 검찰관이 직접 수사하는 것은 이례적이었다.

1890년 형사소송법을 제정하였고('메이지 형사소송법'이라 함) 재판소구성법도 공포했다. 모두 독일법의 영향을 받았다. 독일제국 법원조직법과 비슷하게 재판소마다 검사국을 두었다. 검사는 그 직위에 따라 검사총장, 검사장, 검사정, 검사의 직명을 가지는데 검사는 상관의 명령에 복종하도록 하고 검사총장과 검사장, 검사정은 관할구역 내의 재판소 검사의 직무 범위에 있는 사무를 스스로 취급하거나 다른 검사에게 이전하게 하는 권한을 갖도록 했다. 직무승계권과 이전권을 규정한 것인데 '검사동일체의 원칙'의 표현으로 볼 수 있다. 검사동일체의 원칙은 일정한 범위의 검사들이 불가분하고도 단일한 단위로 취급된다는 원칙이다.

1890년 재판소구성법 시행 후부터 검사는 신분이 보장되고 재판관에 준하는 사법관이란 인식이 강화되면서 검사의 역할과 지위에 큰 변화가 일어났다. 이제 검사는 경찰의 조사 내용을 그대로 받아들이는 것에 만족하지 않고 점차 직접 조사하는 방향으로 가게 되었고, 형사사법에서 검사가 점점 주도적인 지위에 서게 되었다.

우리나라는 1894년 7월부터 1896년 2월까지에 걸쳐 추진된 갑오개혁을 통해서 근대적 사법제도가 도입되었다. 1895년 3월 25일 법률 제1호로 재판소구성법이 공포됐다. 이에 따라 법부 산하에 재판소가 설치되었고 검사는 재판소의 직원이었다.

1922년 다이쇼 형사소송법이라 불리는 새로운 형사소송법이 제정된다. 그동안 일본 검찰이 꾸준히 주장해 온 강제처분권한의 확대, 기소편의주의의 명문화, 예심의 기능 축소가 실현되었고, '급속처분'과 '재판상 수사처분'이 도입되었다.

급속처분은 검사가 요급사건, 즉 현행범·준현행범 사건 외에도 급속을 요할 때에는 피의자를 구인·구류하고 피의자·증인을 신문하며 압수·수색·검증 등의 처분을 할 수 있도록 한 것이다. 검사는 수사상 필요한 경우 공소제기 전이라도 예심판사 또는 구 재판소 판사에게 압수·수색·검증, 피의자 구류, 피의자·증인의 신문·감정 등의 처분을 청구할 수 있는데 '재판상 수사처분'이라 불렸다.

이렇게 검사의 권한이 강화됨에 따라 예심판사의 객관적, 중립적인 역할 수행이 더욱 기대되었으나 예심판사가 해당 재판소 검사정의 동의를 얻어 임명되는 관행, 그리고 예심판사와 검사 간에 존재하는 동료라는 인식이 더해져서 예심은 검사의 수사를 확인하거나 검사의 수사를 보조하는 위치로 전락되었다.

이렇게 하여 일본에서 수사권을 가진 소추기관으로 출범한 검사 제도는 점차 예심판사를 압도하면서 형사사법의 시작부터 끝까지 압도적인 영향력을 행사하는 기관이 되어간다.

식민지 시대의 형사사법

1910년 일본의 식민지가 된 조선에서는 1912년 조선형사령과 조선민사령이 제정되었다. 기본적으로 일본의 법률을 빌려다 쓰는('의용'하는) 법 체제였다.

1922년 일본에서 다이쇼 형사소송법이 제정되면서 인권 보호와 피고인의 지위를 강화하는 등의 민주화 조치들도 이루어졌지만, 식민지 조선은 일본의 형사법을 빌려다 썼음에도 이러한 제도들의 적용은 배제됐다. 이에 따라 공판절차는 사법경찰관과 검사의 수사 결과, 그 연장인 예심판사의 예심 결과, 그리고 수사기관이 작성한 신문조서의 서면심리를 위주로 하는 '조서재판'이 될 수밖에 없었다. 예심절차는 원래는 공판에 앞서서 사건이 공판에 회부될 만큼 충분한 혐의가 있는지 예심판사가 조사하는 절차인데 검사의 인원 부족 등의 이유로 당시 실무상으로는 공판에서 유·무죄를 판단하기 위해 조사·심리해야 할 사항들까지 가급적 예심에서 조사한다는 식으로 운영되었다. 이렇게 예심의 조사범위가 넓어지면 공판은 형식적으로 운영될 수밖에 없었다. 다이쇼 형사소송법은 미결 구금기간을 최장 2개월로 했고 조선형사령은 3개월로 했지만 예심 전담 판사의 인원 부족 등을 이유로 4개월 이상, 6개월 이상, 1년 이상 예심 구류 상태에 있는 사람들이 많았다. 식민지 시대 예심제도의 가장 큰 문제 중 하나였다. 또한 조선에서는 조선형사령에 따라 검찰과 경찰에 폭넓은 강제처분권이 부여됨으로써 강제처분 중심의 수사실무와 고문, 수사기관이 작성한 신문조서가 재판을 지배하는 '조서재판'의 재판실무가 뿌리를 내리게 되었다(문준영, 『법원과 검찰의 탄생』).

검사의 역할과 지위가 본국인 일본과 비교할 때 식민지 조선에서 훨씬 강화됐음을 잘 알 수 있다. 경찰 역시 폭넓은 강제처분 권한 등을 토대로 강력한 권한을 행사했다. 일본이 식민지 치하에 있던 조선인들에 대해 검찰과 경찰의 강제력을 십분 발휘하여 통제하는 식민지 사법 체제였던 것이다.

해방 후 형사소송법의 제정

제국주의 일본의 정점에 있던 히로히토 천황은 1945년 8월 15일 육성으로 일본의 패전과 항복을 선언했다. 천황을 신으로 떠

받들던 일본인들에게는 상상도 못할 충격이었지만 한국인들에게는 해방이요 광복이었다. 일본이 이렇게 패전하자 맥아더 장군을 사령관으로 한 연합국 최고사령부가 점령군으로 일본에 진주했다. 당시 히로히토는 비밀리에 맥아더 장군을 찾아갔다. 둘 사이에 무슨 이야기가 오고 갔는지는 공개되지 않았지만, 이때 맥아더의 지시로 미군 병사가 찍은 맥아더와 천황의 사진이 공개되어 세계를 놀라게 했다.

키가 크고 풍채가 좋은 60대 중반의 사진 속 맥아더는, 넥타이도 매지 않고 뒷짐까지 진 여유로운 포즈였던 반면 그 왼편에 나란히 선 젊은 히로히토는 비록 서양식 연미복을 잘 차려입고 금테 안경에 짧은 콧수염까지 멋지게 기르고 있었지만 너무나 왜소한 모습으로, 부동자세로 서 있었다. 히로히토는 그 뒤 맥아더가 참관한 가운데 자신은 신이 아니고 인간이라면서 '천황의 인간선언'에 서명까지 했다. 이런 이유 때문인지 히로히토는 A급 전범이었지만 전범재판을 받지 않았고 천황의 지위도 그대로 유지했다.

연합국 최고사령부 체제에서 1946년 11월 3일 일본의 새로운 헌법이 제정되었다. 일본 측의 헌법안을 맥아더가 거부하고 독자적인 초안(맥아더 초안)을 들이밀자 일본이 다시 안을 만들어 제정된 헌법이었다. 일본은 이어서 1948년 새로운 형사소송법을 제정, 시행했다. 법원과 검찰을 분리하고 당사자주의를 도입, 예심제도를 폐지하고 검·경 간의 상호협력관계를 설정하며 영장주의를 도입하는 등의 내용이었다. 수사는 1차적으로 경찰이 하고 검찰은 2차적, 보완적 수사권을 가지면서 공소의 제기와 유지를 담당하는 구조였다.

1945년 8월 일제강점기에서 해방된 우리나라에서도 형사사법제도를 어떻게 설계할 것인지에 대한 논의가 시작되었다. 영미식으로 법원 중심의 형사사법을 하자는 주장과 일제강점기의 형사사법의 틀을 유지하면서 점진적으로 개혁하자는 주장이 서로 대립했다. 결국 후자의 견해가 채택되었고, 형사소송법으로 성안되는데 중심 역할을 한 사람 중 하나가 검사 재직 경험도 있던 엄상섭 위원이었다.

1954년 1월 9일 형사소송법 제정을 위해 개최된 공청회에서 서일교 전문위원이 범죄 수사에 있어서 사법경찰관에게 주도권을 주어 검사와 사법경찰관의 관계를 상호협력적 관계로 할 것인지, 사법경찰관리를 검사의 지휘하에 두어 상명하복 관계에 둘 것인지의 문제에 대해 주제 설명을 한 뒤 엄상섭 위원이 형사소송법 초안에 대해 다음과 같이 설명했다.

엄 위원은 "우리는 대륙법 계통인 독일법계의 형사소송법을 연구했습니다. 우리의 생각은 검찰관이 수사의 주도체가 되는 것입니다. 그러나 영미식의 형사소송법이라는 것은 그렇게 되어 있지 않습니다. 미국의 예를 들면 미국은 수사는 경찰관, 기소는 검찰관, 재판은 법관, 이렇게 나누어져 있습니다. 그리고 일본도 지금은 형사소송법에 이 점이 명확하게 나와 있습니다.

그러나 우리는 여러 가지 우리나라 실정에 비추어 역시 검찰관이 수사의 주도적 입장에 있어야 되겠다, 이렇게 생각해 왔습니다. 그런데 미국에 있어서 왜 수사는 경찰관, 기소는 검사, 이렇게 나누어 놓았느냐 하면 이것은 역시 미국 사람들 생각에는 권력이 한군데에 집중되면 남용되기 쉬우므로 권력은 분산이 되어야 개인에게 이익이 된다, 이렇게 생각했던 것입니다. 그런데 우리나라 실정으로 보면 검찰기관이 범죄 수사의 주도체가 된다면 기소권만 가지고도 강력한 기관이거늘 또 수사의 권한까지 '프라스'하게 되니 이것은 결국 검찰 '팟쇼'를 가지고 온다는 것입니다.

그런데 지금 일본이나 미국 같은 데 있어서는 경찰기관이라는 것은 자치단체에 들어가 있어요. 혹은 영국 같은 데서도 그렇습니다. 이런 나라에서도 '수사는 경찰관이 해라, 기소 여부는 검찰관이 해라' 또 '증거가 모자라면 경찰에다 의뢰해라' 이렇게 되어 있는데, 우리나라는 경찰이 중앙집권제로 되어 있는데, 경찰에다가 수사권을 전적으로 맡기면 경찰 '팟쇼'라는 것이 나오지 않나, 검찰 '팟쇼'보다 경찰 '팟쇼'의 경향이 더 세지 않을까? 이런 점을 보아가지고 소위원회나 법제사법위원회에서는 오직 우리나라에 있어서 범죄 수사의 주도권을 검찰이 가지는 것이 좋다는 정도로 생각을 했던 것입니다. 그러나 장래에 있어서는 우리나라도 조만간 수사권하고, 기소권 하고는 분리시키는 이러한 방향으로 나가는 것이 좋겠다는 생각을 가지고 있습니다."라고 설명했다.

엄상섭 위원의 이런 설명대로 제2차세계대전 패전 후 일본에서는 미국의 영향 때문인지 기본적으로 수사는 경찰, 기소와 공소 유지는 검찰이 하는 구조로 신 형사소송법이 제정됐다. 그러나 한국의 경우는 다른 길을 걸어야 한다는 것이 엄 위원의 설명이었다. 엄 위원은 경찰에 수사권을 부여하는 법제를 취하는 나라들에서 자치경찰제가 행해지고 있는 점과 당시 우리나라에서는 중앙집권적 경찰제도를 가지고 있는 점 등을 거론하면서 범죄 수사의 주도권을 검찰이 가지는 것이 좋다고 주장한 것이다.

이후 한격만 검찰총장이 "이 문제는 대단히 중요한 문제라고 생각합니다. 해방 전에도 사법경찰관리가 검사의 보조로서 검사의 지휘명령을 받아 왔었는데 그때에도 인사권까지 검찰에 주도록 해야 명령이 잘 이행된다, 이 인사권은 다른 데에서 하게 되면 잘 복종하지 않으니까 인사권까지 검사에게 주어야 한다는 의논이 있었습니다. 그것은 대단히 실행되기 어려운 문제이고 이제 여러분이 말씀한 바와 마찬가지로 각국의 입법례가 경찰관과 검사와 대등한 입장으로 수사권을 가지는 그런 예도 있고 또한 대륙법계에서는 검사의 지휘를 받아 가지고 경찰관이 수사를 하는 예도 있을 줄로 압니다. 또한 경찰에게는 수사를 맡기고 기소는 검사가 한다. 이런 데도 있을 줄로 압니다. 그러나 이제 엄 위원과 서 전문위원께서 여러 가지 설명한 바와 마찬가지로 우리나라의 실정은 해방 이후 오늘날까지 여러 가지 실정은 제가 말씀드리지 않더라도 여러분이 잘 아실 줄로 압니다만, 수사의 일원화 또 검사의 지휘권을 강화해야 된다는 것은 다 추측하실 줄로 압니다. 그래서 지금까지 시행해 온 형사소송법에는 사법경찰관은 검사의 한 보조역으로서 수사를 한다고 이렇게 되어 있는데 이 문제에 대해서는 법전편찬위원회에서도 여러 가지 논의가 많이 있었습니다. 그래서 여러 가지 절충해 가지고 이 원안이 나왔는데 저는 원안을 찬성합니다. 그러나 이론적으로 말하면 아까 엄 위원이 말씀하신 바와 마찬가지로 수사는 경찰에 맡기고 검사에게는 기소권만 주자는 것은 법리상으로서는 타당합니다만 앞으로 100년 후면 모르지만 검사에게 수사권을 주는 것이 타당하다고 생각합니다."라고 언급했다.

한격만 검찰총장이 수사를 경찰에 맡기고 검사에게는 기소권만 주게 하려면 앞으로 100년 후면 모르지만, 당시로서는 타당하지 않다고 말한 것은 경찰에 수사권을 맡기려면 그 전제로서 다른 여건이 갖추어져야 하고 그러한 여건 중에 중요한 것이 자치경찰제 등 권력의 분산구조인데 당시 대한민국의 정부 구조상 자치경찰제가 시행될 정도로 권력 분산구조가 되는 것은 100년 후에나 가능할 것이라는 취지로 이해된다.

이후 국회 논의 과정에서 검사의 사법경찰관에 대한 수사지휘 관계는 다시 쟁점이 되지 않았고 1954년 9월 23일 형사소송법이 제정되었다(시행일은 같은 해 5월 30일). 검찰과 경찰의 상호협력관계와 검·경 수사권 조정이 반영된 개정 형사소송법이 시행되고 공수처가 출범한 2021년 1월까지 70년 가까이 걸린 것이다. 이전까지 검·경 간의 관계는 검사가 수사절차의 주재자로서 사법경찰관은 수사에 있어서 검사의 지휘를 받는 체제, 기소권을 독점한 검찰이 (직접) 수사권과 경찰에 대한 수사지휘권까지 가진 체제였다.

고비처인가 공수처인가

앞서 공수처 설립 운동은 김영삼 정부 시절, 1996년 11월 참여연대가 '고위공직자의 권력형 비리를 조사할 특별한 조사기구'의 설립을 포함한 종합적인 부패방지법 제정을 입법청원한 것이 효시가 됐다고 했다. 입법청원 후 1996년 12월 유재건 의원 등이 발의한 '부패방지법안'에 가칭 '고위공직자비리조사처('고비처')'의 설립이 포함되어 있었다. 고비처는 대통령, 국무총리, 국회의원, 행정 각부의 장·차관 등 고위공직자의 부패행위와 관련하여 범한 범죄의 수사, 공소제기·유지 등을 담당하는 기관으로 처장, 차장, 특별검사 등을 두도록 했다.

그 뒤 김대중 정부 역시 '공직비리수사처'의 신설을 추진했으나 실패했고, 노무현 정부는 앞서 본 것처럼 공수처 설치를 위해 2004년 정부안으로 입법을 추진했지만 무산됐다. 2004

년 11월 정부안으로 국회에 제출된 '공직부패수사처의 설치에 관한 법률안'이 그것이었다. 현재 널리 쓰이고 있는 '공수처'란 이름은 '고위공직자범죄수사처'의 줄임말이 아니라 '공직부패수사처'의 줄임말이다.

이명박 정부 시절에는 정권 차원의 공수처 설치 논의는 없었지만 국회 차원에서는 2010년 양승조 안, 2011년 주성영 안, 박영선 안, 2012년 김동철 안, 이상규 안, 이재오 안 등의 법률안이 발의됐었다. 모든 법률안들에 있어서 고위공직자의 범죄행위 등에 대한 수사와 공소제기·유지가 그 임무였음은 공통된다.

특히 2012년 12월 이명박 정부 초기에 국민권익위원회 위원장을 역임한 이재오 의원은 2012년 11월 29일 당시 최재경 대검 중수부장에 대한 내부 감찰과 한상대 검찰총장과의 충돌 등 '검찰 내분' 사태와 관련하여 이제야말로 검찰개혁을 할 때라면서 "판사, 검사, 국회의원, 장·차관, 경무관, 지자체장, 대통령 친인척 등 고위공직자의 부정부패를 우선 척결하는 게 시급하다."라고 밝혔다.

그러면서 여야 의원들에게 공수처 설치 법안의 공동발의를 요청하며 다음과 같은 서신을 보냈다.

"제가 국민권익위원장 시절, 그리고 이번 대통령 경선 과정에서 '고위공직자비리조사처'의 신설이 필요하다고 했을 때 일각에서는 검찰을 염두에 두고 '옥상옥'을 거론했습니다. 권력형 부정부패도 검찰에서 처리하면 된다는 논리였습니다. 물론 이론적으로는 수긍이 가지만, 우리는 그런 말들이 얼마나 의미 없는 말들인지 역사적인 경험을 통해 잘 알고 있습니다. 오히려 우리 국민은 검찰이 자기 개혁을 통해 거듭나기를 기대하고 있습니다. 검찰 또한 이번 뇌물·성추문 검사 사건을 도약의 계기로 삼아야 합니다."

이재오 의원이 대표 발의한 '공직자비리수사처 설치 및 운영에 관한 법률안'은 고위공직자와 그 가족의 범죄행위 등에 관한 수사를 관장하기 위해 대통령 산하에 '공직자비리수사처'를 두고 여기서 수사가 종료되면 관할 검찰청, 군검찰 등에 송치하도록 하되 검사 또는 검찰관에게서 공소를 제기하지 않는다는 통보를 받은 때에는 처장이 감사위원회의 의결을 거쳐서 공소를 제기할 수 있도록 하는 내용이었다.

박근혜 정부 들어서도 공수처 설립을 위해 국회에서 여러 법률안이 발의되었으나 모두 무산됐고, 박 대통령이 2017년 3월 10일 헌법재판소의 결정으로 파면된 후 치러진 제19대 대통령선거에서는 대선 후보들 대다수가 공수처 설치를 대선공약으로 내세웠다.

2017년 5월 문재인 정부 취임 직후 법무·검찰의 개혁방안 마련을 위해 법무부 산하에 법무·검찰 개혁위원회가 설치됐다. 형사법, 헌법 등을 전공한 대학 교수, 형사법 변호사, 중견 언론인, 시민단체 대표 등 전원 민간위원(총 17명)으로 위촉된 위원회였다. 이들은 9월 중순까지 다섯 차례 심도 깊은 논의와 조문화 작업을 거쳐서 2017년 9월 18일 공수처 신설을 위한 권고안을 발표하고 총 31개 조항(부칙 제외)으로 된 '공수처의 설립과 운영에 관한 법안(이하 '개혁위안'이라 함)'을 발표했다. 새로 신설된 기관의 명칭을 '고위공직자범죄수사처'로 통일했는데 현재의 명칭이 됐다. 고위공직자의 '비리'라면 '조사'하는 것이 맞고, '범죄'라면 '수사'하는 것이 맞는데 후자라는 것이었다. 개혁위는 신설 기관의 정식 명칭이 '고위공직자범죄수사처'여서 '공수처'라는 줄임말이 나오지 않지만 이미 20년 이상 국민들이 '공수처'라는 이름에 익숙해 있다는 이유로 '공수처'라는 줄임말을 그대로 사용했다.

공수처법을 권고받은 법무부는 검사들로 구성된 '공수처 TF'를 구성하고 같은 해 10월 15일 공수처 설치에 관한 자체 방안(이하 '법무부안'이라 함)을 발표했는데, 그 뒤 국회 입법과정에서 2018년 11월 13일 송기헌 의원에 의해 대표 발의된 공수처법과 2019년 4월 26일 백혜련 의원에 의해 대표 발의된 공수처법은 개혁위안보다는 법무부안을 많이 반영한 것으로 평가되고 있다. 현행 공수처법은 백혜련 의원 대표 발의 법률안이 2019년 12월 24일 발의된 윤소하 의원 안에 의해 일부 수정된 내용이다.

백혜련 의원 법률안을 비롯한 공수처 법안들의 제안이유를 보면, 대체로 공수처를 설치하여 고위공직자의 범죄 및 비리 행위를 감시하고 이를 척결함으로써 국가의 투명성과 공직사회의 신뢰성 제고를 목적으로 한다는 것이다. 권력기관 견제(검찰견제)에 대한 언급은 특별히 없었다.

백혜련 의원(안)의 입법 제안이유를 보면, 백 의원은 공직자의 부정부패는 국민의 정부에 대한 신뢰를 훼손하고 공공부문의 투명성과 책임성을 약화시키는 중요한 원인이 되고 있음을 지적하면서 이런 취지와 기조로 설치된 홍콩의 염정공서, 싱가포르의 탐오조사국은 공직자 비위 근절과 함께 국가적 반부패 풍토 조성에 성과를 거두고 있는 것으로 나타나고 있다고 강조했다. 그러고 나서 결론적으로 "고위공직자의 직무 관련 부정부패를 독립된 위치에서 엄정 수사하고 판사, 검사, 경무관급 이상 경찰에 대해서는 기소할 수 있는 기관인 고위공직자범죄수사처를 설치하여 고위공직자의 범죄 및 비리행위를 감시하고 이를 척결함으로써 국가의 투명성과 공직사회의 신뢰성을 높이려는 것임."을 입법 이유로 제시했다.

각국 검찰의 수사 · 기소권 비교

구분	우리나라	프랑스	독일	일본	미국	영국
수사권	○	○	○	○	○	△
수사지휘권	○	△	○	△	×	×
영장청구권	○	○	○	○	○	○
자체수사력	○	×	×	○	×	×
수사종결권	○	△	○	△	×	×
기소독점주의	○	×	○	○	×	×
기소편의주의	○	○	×	○	○	○
공소취소권	○	×	×	○	○	○

※출처 : 고위공직자범죄수사처에 관한 연구, 박준휘 외 5인, 한국형사정책연구원, 2019

해외 반부패 수사기관의 특징

구분	싱가포르 탐오조사국	대만 염정서	영국 SFO	홍콩 염정공서	한국 공수처
소속	총리 직속	법무부 소속	독립기구	행정장관(행정부) 직속	독립기구
근거	부패방지법 부패재산압류법	부패방지청 조직법(설치법)	영국 형사사법법(The Criminal Justice Act 1987)	홍콩기본법(Basic Law)과 염정공서 조례	고위공직자범죄수사처 설치 및 운영에 관한 법률(약칭: 공수처법)
수장 임명	총리 추천 → 대통령 임명(부패방지법 제3조)	13~14직급 공무원 중 임명	법무부장관이 임명	행정장관 추천 → 의회 임명	처장후보추천위원회 추천(2명) → 대통령이 그중 1명을 지명한 후 인사청문회를 거쳐 임명
인력	108명(2018년)	222명(2020년 현원, 정원 240명)	604명(2020년~21년 기준)	1,417명(2020년 기준, 정원 1,511명)	85명(2022.9.30)
인구	568.6만(2020년)	2,357만(2020년)	6,722만(2020년)	748.2만(2020년)	5,178만(2020년)
수사 대상	제한 없음(민간인 포함)	공무원	제한 없음(중대하고 복잡한 사기사건)	제한 없음(민간인 포함)	고위공직자 및 배우자, 직계존·비속(다만, 대통령의 경우에는 배우자와 4촌 이내의 친족)
대상 범죄	뇌물수수죄, 부패방지법상 부패범죄 및 그 예비·음모죄 등에 대하여 연루된 공무원 및 관련 민간인 부패범죄만을 담당하는 것은 아니고 이와 관련 있는 다른 범죄의 수사도 담당	뇌물 범죄, 횡령 권한 남용 등 부패범죄	중대하고 복잡한 사기 사건 1) 사기 피해금액이 100만 파운드(약 21억 원)가 넘는 경우 2) 사기 범행이 상당히 국제적으로 관련 있는 경우 3) 광범위하게 공익이 관련된 경우 4) 수사에 있어 금융시장에 대한 지식과 같이 상당한 전문지식이 필요한 경우 5) SFO의 막강한 권한행사가 필요한 경우 등	민간과 공공분야의 부패범죄 수사	고위공직자로 재직 중에 본인 또는 본인의 가족이 범한 죄. 다만, 가족의 경우에는 고위공직자의 직무와 관련하여 범한 죄에 한정
권한	수사권 ○ 기소권 ✕ – 타기관 중복수사 가능 – 사건을 검찰총장에게 송부(검사 기소 승인)	수사권 ○ 기소권 ✕ – 署검찰관(파견검사) 수사 지휘 – 타기관 중복 수사가능(駐署검찰관 조정) – 駐署검찰관이 소속 검찰청 결재로 기소	수사권 ○ 기소권 ○ – 수사 및 소추 기관의 다원화 – 내부가 법무 기능 겸직	수사권 ○ 기소권 ✕ – 부패수사는 염정공서 전담(부패범죄발견시 이첩) – 율정사(법무부) 검사가 기소	수사권 ○ 기소권 △ – 고위공직자범죄의 혐의가 있다고 사료하는 때에는 범인, 범죄사실과 증거를 수사 – 다른 수사기관의 범죄수사에 대하여 이첩 요청 및 타 수사기관에 사건을 이첩

※출처 : 고위공직자범죄수사처 조직역량강화 방안 마련 정책연구, 박병식 외, 한국정책능력진흥원, 2022

Q&A

공수처장이 말한다

김진욱 × 오병두 대담

오병두
서울대학교 법과대학 공법학과 졸업
서울대학교 대학원 법학과 졸업
현, 홍익대학교 법과대학 교수
    한국형사정책학회 회장

김진욱 초대 공수처장(이하 간단히 '김 처장'이라 함)과의 인터뷰는 대면과 지상 인터뷰를 병행하는 방식으로 여러 차례 이루어졌고, 마지막 대면 인터뷰는 76주년 제헌절에 이루어졌다. 아래는 그동안의 인터뷰 문답을 정리한 것이다.

Q. 초대 공수처장의 3년 임기를 마치고 2024년 1월 19일 퇴임식을 했다. 공수처장은 어떤 자리였나?

참 무겁고 힘든 자리였다. 초대여서 더 그랬던 것 같다.

Q. 무겁고 힘든 자리라고 간단히 표현했는데 좀 더 설명한다면?

취임할 때부터 공수처는 민주공화국 대한민국에서 법의 지배를 확립하는 데 중추적인 역할을 할 기관으로 생각했던 데다가 국민 여러분의 공수처에 대한 기대가 워낙 컸다. 역할과 기대가 큰 만큼 부응하기 힘들었던 것 같다. 또한 어느 기관이나 초대는 아무것도 없는 상태에서 일하면서 동시에 앞으로 일해 나갈 모든 여건을 조성해야 하는 시기여서 저뿐만 아니라 구성원 모두가 힘들었을 것이다.

Q. 임기 끝나자마자 산티아고 순례길을 갔던데 그 이유는? 가서 어땠나?

퇴임 몇 달 전부터 퇴임 직후 산티아고 순례길을 걸어야겠다고 생각했다. 한국을 좀 떠나서 인생을 돌아보면서 삶을 리셋 reset할 필요가 있다고 생각했다. 실제로 외국에 가 있으니까 국내 뉴스를 볼 일도 별로 없고 생각이 아주 단순해졌다. 9kg 정도 배낭을 지고 하루에 10시간 정도 걷는, 일어나서 걷고 먹고 쉬고 자는 것이 반복되는 단순한 일과였다. 단순한 생활이 생각도, 삶도 단순하게 만들었던 것 같다.

Q. 공수처장 퇴임 후에 지금까지의 근황은?

지난 2월 김 처장이 변호사 개업했다는 보도가 있었다. 그러나 사실은 1998년~2010년 이미 변호사로 개업해서 활동하다가 공직으로, 즉 헌법재판소로 갈 때 변호사 휴업계를 낸 상태가 계속 이어졌는데 공직에서 퇴임하고 이제 휴업 사유(공직 취임)가 없어졌으니 다시 개업하겠다는 신고서(휴업 중 개업 신고서)를 제출한 것에 불과하다. 퇴임 후에 사건 한 건 한 일이 없고 집에서 쉬었다. 이 책을 쓰는 외에는 그야말로 백수로 지냈다. 1988년 대학 졸업 후 처음으로 제대로 쉰 것 같다. 한주에 3~4일 이상을 동네 도서관에서 독서하면서 이 책도 쓰고, 그렇게 소일했다.

Q. 마지막 대면 인터뷰를 2024년 제헌절에 하게 되었다. 김 처장에게 제헌절은 어떤 의미인가?

헌법을 제정하는 일은 한마디로 '나라 만들기'라고 생각한다. 이 책을 읽어 보시면 알겠지만, 민주공화국 대한민국의 헌법과 법 일반에 관한 내용이다. 제헌절의 의미가 뜻깊을 수밖에 없다.

Q. 이 책은 언제부터 준비한 것인지?

2023년 3월 어느 로스쿨에서 「법의 지배와 공수처 제도」란 제목으로 특강을 했다. 특강 후 어느 학생이, 처장님 지금 말씀하신 내용으로 저서가 혹시 있냐는 질문을 했는데 그때 책을 하나 써야겠다는 생각이 들기는 했다. 그러나 시간이 없어서 쓰지 못하던 중에, 헌법재판소와 공수처에 있으면서 헌법과 법 일반에 관해 여기저기 써 놓은 글들을 공수처장 퇴임 후에 큰 주제별로 이어보고 모자라는 부분은 고치고 새로 써야 할 부분은 더 쓰고 수정하고 했는데 그 작업만도 몇 달이 걸린 것 같다.

Q. 이 책의 처음을 '법 없이도 살 사람'으로 시작했다. 이 책은 법학 교양서적이라 할 수 있는데 이런 책을 '법 없이도 살 사람'으로 시작한 이유가 궁금하다.

책에도 썼지만 우리 한국인들은 조선시대와 그 이전 시대를 살면서 '법 없이 사는 삶'이 좋은 삶이라는 사고방식 속에 살았지만, 이제는 '법과 더불어 사는' 시대를 살고 있다. 좋든 싫든 법과 더불어 살아야 하는 시대가 됐고, 민주공화국 대한민국의 일원으로 살고 있다. 그렇다면 대한민국이란 국가와 나와의 관계가 정말 중요한 문제가 되는데 법적으로 보면 대한민국 국민인 내가 국가에 대해 권리도 주장하고 의무도 부담하는 법률관계라 할 수 있다. 이런 대한민국과 나와의 법률관계를 민주공화국의 맥락에서 풀어 보자면, 대한민국이 헌법 제1조가 말하는 민주공화국이라면 합리성과 객관성을 내용으로 한 법, 정의롭고 공정한 법이 지배하는 나라가 되어야 하고, 나는 대한민국의 주권자로서 대한민국을 이런 의미의, 법이 지배하는 나라로 만들 책임이 있는 깨어 있는 시민이 되어야 한다.

Q. 이 책의 1장에서 '유전무죄, 무전유죄'와 '권력형 비리'를 언급한 뒤 공수처 설립 경위에 대해 설명했다. 공수처 설립의 동력은 무엇이라고 생각하나?

책에도 썼지만 1996년부터 시작된 공수처 설립의 동력은 우리 사회에서 소위 힘 있는 사람이 그동안 제대로 수사받거나 처벌받지 않았다는 문제의식에서 비롯된 것이다. 그 위에 최근에 권력기관 견제라는 화두가 크게 대두되면서 실제 기관 설립에까지 이르게 됐다고 보고 있다. 그래서 학자들도 이 2가지를 공수처 설립의 목적이나 공수처의 존재의의로 보는 것 같다. 권력형 범죄/비리의 척결과 권력기관 견제 말이다.

Q. 이 책에서 삶의 두 유형으로 '법 없이 사는 삶'과 '법대로 하는 삶'을 대비시키면서 동양과 서양의 법 문화와 언어의 차이 등을 언급한 것이 재미있다. 어떤 맥락인가?

중국의 춘추전국시대를 통일한 진나라의 사상적 토대는 법가사상이었다. 그러나 중국이나 우리나라에서는 법가사상이 아닌 유교 사상이 주류가 됐고, 법이 아니라 덕에 따른 통치를 추구했다. 반면 서양에서는 고대 그리스 시대부터 법에 따른 삶을 강조해 왔다. 이런 차이에 대한 문화인류학적, 지리학적 설명들을 소개했다. 그리고 문장에서 주어가 빠지면 문장으로 성립하지 않는 서양 언어와 주어가 자주 생략되는 한국어 사이의 언어적 차이에도 주목하고 책에 썼다.

Q. 이 책은 '법의 지배'와 '법에 의한 지배'를 구분해 말하고 있다. 그동안 수사에 있어서 법의 지배가 잘 안 지켜진 경우도 있는 것 같은데 형사사법에서 법의 지배의 의미는 무엇이라고 보나?

법의 지배rule of law는 권력자에 의한 자의적 지배가 아니라 합리성과 객관성을 갖추고 모두에게 공평하게 적용되는 법이 지배한다는 말이다. 반면 법에 의한 지배rule by law는 권력자가 법을 수단 삼아서 자의적 통치를 할 수도 있는 체제이다. 그러나 대한민국은 민주공화국으로 시작하는 우리 헌법의 공화국 정신은, 법에 의한 지배를 더 이상 허용하지 않고 법의 지배를 지향할 뿐이라고 생각한다. 형사사법에서 법의 지배는, 권력자의 자의에 따라 법이 적용되고 처벌이 이루어지는 것이 아니라 제정된 법의 명백한 위반(지금 식으로는 실체 형사법 위반)이 확인이 된 경우에만 처벌된다는 의미이다. 1885년 법의 지배rule of law란 말이 처음 쓰여졌을 때의 의미대로 말이다. 예전에 권위주의 정권 하에서 자백을 강요하고 여론몰이식으로 수사하던 관행이나 일단 구속하고 보자는 식의 관행 등은 이런 법의 지배 원칙상 문제가 있는 것이었다.

Q. 초대 공수처장 자리는 처음부터 논란의 소지가 큰 자리였고 누가 봐도 어려운 자리였다. 어떻게 갈 결심을 했나?

말씀대로 막상 그 자리에 가보니 어려운 일이 많아서 애초에 고사할 걸 그랬나 하는 생각도 가끔 했다. 그러나 대한민국의 법조 기관 중 하나로 신설되는 곳이고 국민의 기대도 큰 자리인데 법조인 중 누구라도 맡아서 해야 할 자리 아닌가 생각했다. 이런 자리에 우연히 내가 와서 일하게 된 것뿐이라고 단순하게 생각하고자 했고, 누가 와도 어려움을 겪었을 자리인데 그냥 주어진 자리에서 최선을 다하자는 생각을 했다. 다른 건 몰라도 주말에도 거의 나오고 평일에도 약속이 없는 날은 으레 사무실에서 늦게까지 일하는 생활을 계속했다. 그러나 역량과 덕의 양면에서 모자라고 많이 부족했던 것 같다.

Q. 처음에 공수처장 후보 제안이 왔을 때 고사했다고 들었다. 그 이유는?

말씀대로 처음에는 고사했지만, 대법원과 1988년 신설된 헌법재판소 간에 상생과 협력의 관계가 만들어지는 것을 보면서 새로운 수사/공소 기관인 공수처에서 내 역할이 있을 수도 있겠다고 생각을 바꾸게 되었다.

Q. 공수처장 후보로 2020년 11월 9일 11명이 나왔고 판사 출신 4명, 검사 출신 7명이었다. 본인이 될 거라고 생각했나?

그런 생각은 전혀 없었다. 모두 법조계에서 쟁쟁한 분들이고 법조 선배 되시는 분들이 많으셔서 공수처장 후보추천위원회가 추천하는 최종 후보 2인에 들겠다고도 생각하지 못했다. 초대 처장이 된다고는 더더욱 생각지 못했다.

Q. 후보 추천은 어떻게 받았나?

국회의장 산하에 설치된 공수처장 후보추천위원회의 구성이 야당 추천위원 2명, 여당 추천위원 2명, 그리고 법무부장관, 법원행정처장, 대한변협 회장의 총 7명이었다. 대한변협 회장의 추천을 받은 세 사람 중 하나였다.

Q. 당시 정부나 여당에 잘 아는 사람이 있거나 뭔가 믿는 데가 있었던 것 아닌가?

그 당시 신문 기사를 보면 '헌법재판소 선임연구관 김진욱은 무명 인사다, 의외의 인물이다'는 보도들이 있었다. 실제로 당시 정부와 여당의 유력한 분들 중 아는 분도 하나 없었는데 초대 공수처장이 된 게 의외였다고 생각한다. 공수처장 후보 중 하나로 공수처장 후보추천위원회의 심사를 받으면서 지원 동기에 대한 자소서를 제출해야 했는데 로버트 프로스트의 시 〈가지 않은 길〉을 인용하며 자소서를 시작하고 끝맺었던 것 같다. 새로 생긴 공수처야말로 가지 않은 길을 가는 거란 생각이 들었기 때문이다. 이런 생각으로 공수처장이 되어서도 구성원들에게 우리는 가지 않은 길을 가는 것이라는 말을 많이 했던 것 같다.

Q. 공수처 설립 직후 신평 변호사가 김진욱 초대 처장 임명에 대해서 평가한 글이 있었다. 봤는지?

공수처장 되고 나서 신평 변호사님이 2021년 6월에 출간하신 『공정사회를 향하여』란 제목의 책을 읽은 적이 있다. 그 책의 공수처 관련 부분에 보면, 공수처장 후보로 원래 훨씬 편향성이 심한 사람들이 거론되다가 마지막에 비교적 중립적인 김진욱 처장으로 선회한 것으로 알고 있는데 다행으로 생각한다는 내용이 있었다. 참 과분한 평가 말씀이란 생각이 들었다.

Q. 임기 중 공수처에 대한 비판과 비난이 참 많았다. 어떠한 심정이었나?

개인적인 역량이나 리더십에 있어서 부족하고 부덕해서 하시는 질책의 말씀으로 듣고자 했다. 공수처에 대한 큰 기대를 보여주신 국민 여러분들을 생각하면, 공수처가 그 기대에 걸맞게 좀 더 잘하는 모습 못 보여드려 늘 빚진 마음, 송구한 마음이다. 그렇지만 어느 기관이나 신설되어 자리를 잡는 데에 상당한 시간이 걸리는 법이고 공수처 구성원들이 애쓰고 있으므로 인내심을 가지시고 지켜봐 달라는 말씀을 드리고 싶다.

Q. 중간에 그만두고 싶은 적은 없었나?

공수처는 처장뿐만 아니라 검사나 수사관에게도 참 어렵고 신분도 불안한 자리여서 그런지 상당수가 임기 중도에 사직했다. 이렇게 사직이 있을 때마다 기관장으로서 무력감과 좌절감이 컸고 조직을 좀 더 안정적으로 이끌지 못했다는 자괴감도 많이 느꼈다. 이런저런 이유로 중간에 그만두고 싶은 적도 있었다. 그러나 초대 처장이 임기를 마치지 않고 중간에 그만두는 것은 새로 생긴 조직이 자리 잡는 데에 큰 장애가 될 것으로 생각했고, 어떤 어려움이 있어도 국민과의 약속인 3년 임기는 반드시 지켜야 한다고 생각했다.

Q. 퇴임사 첫머리에서 "우리 공수처가 왜 생겼는지, 우리가 왜 이 자리에 있는지 초심 잃지 말고 소임을 다하자."라고 말했다. 어떤 취지로 이런 말을 했나?

초대 공수처 구성원들이 정말 어려운 여건 속에서 힘들지만 묵묵히 일해 온 것에 대해 같이 일하다가 먼저 퇴임하게 된 공수처장으로서 미안하고 감사하면서 초심을 잃지 말고 각오를 다지자는 취지로 말한 것이다. 힘들 때마다 공수처가 왜 생겼는지 국민께 받은 그 소임, 우리가 공수처에 왔을 때 가진 각자의 각오를 되새겨 본다면 넉넉히 이길 수 있다고 보았기 때문이다. 제가 초대 처장으로 있으면서 구성원들에게 여러 차례 나의 수고가 아니어도 누군가의 수고로 공수처는 언젠가는 자리를 잡을 텐데 그때 보람을 느낄 수 있도록 오늘 노력하고 수고하는 한 사람이 되자, 그때 자식들에게 자랑스럽게 이야기할 수 있는 사람이 되자고 했는데 같은 맥락이다. 그런 마음으로 불철주야 청사 방호에 힘쓰거나 공용차 운전에 수고한 실무관들에게 먼저 고마운 마음 전한 것이다.

Q. 퇴임사를 마치면서 "아직도 미비한 것이 많은 상태에서 임기를 마치고 떠나게 되어 미안하게 생각한다."라고 하면서도 "그러나 우리가 언제까지나 법이나 제도의 미비함만 탓하고 있을 수는 없다."라고 했다. 어떤 취지의 말이었나?

공수처의 구성원들이 모든 여건이 미비한 상태에서, 그리고 공수처에 대해 성과가 별로 없다며 여론이 별로 좋지 않은 환경에서도 묵묵히 자기 소임을 다해 온 것에 대해 먼저 떠나는 처장으로 미안한 마음을 표현한 것이다. 물론 구성원들이 아무리 열심히 일하더라도 공수처법이라는 제도상의 한계 내에서 일하는 것이다. 공수처 제도의 한계가 드러났다면 제도적 개선이

공수처, 아무도 가지 않은 길

뒤따라야 할 것이지만, 그래도 공수처 구성원의 자세는 주어진 여건에서 최선을 다하는 것임을 강조한 것이다.

Q. 퇴임 때 "수고했다"라는 말을 듣는 초대 처장이 되고 싶다고 취임시 말했다. 공수처장의 임명은 문재인 대통령으로부터, 퇴임은 윤석열 대통령의 집권 시기였다. 퇴임 전후로 "수고했다."라는 말을 들은 적 있는지?

말씀대로 처장에 취임한 지 1년 좀 지나서 여야 간에 정권 교체가 있었다. 퇴임 때 수고했다는 말은 국민 여러분들 중 일부라도 그런 말씀을 하시는 분이 있으면 참 감사한 일이라고 생각했다. 임기 중 문재인 대통령이나 대통령실로부터 공수처의 사건 선정, 수사나 기소 업무와 관련하여 전화 한 통 받은 적 없고, 윤석열 정부 들어서도 마찬가지였다. 문재인 정부와 윤석열 정부 모두 공수처의 독립성과 중립성 보장에 유의해 주셔서 감사하다.

Q. 취임 전 당시 야당 내에서는 공수처가 살아 있는 권력(당시 문재인 정부)을 봐주려고 "다른 수사기관에서 사건을 이첩받아 깔아뭉갤거고, 죽어라고 야당만 수사할 것이다."라는 우려의 목소리가 높았다. 이런 우려에 대해 3년 임기를 돌아보고 스스로 평가해 본다면?

공수처가 생기기 전부터 공수처가 '정권 비호처'가 될 것이라며 우려하고 반대하시는 분이 많았다고 알고 있다. 정부와 여당 사건은 달라고 해서 받아 처리하지도 않고 가지고 있으면서 뭉

갤 것이라는 주장인데 제가 아는 한 임기 중에 그런 사건은 없었다는 말씀을 드리고 싶다. 아울러 저희가 사건 처리한 내용을 보시면 초대 공수처는 그동안 여야를 가리지 않고 수사하고 처리했다는 것을 알 수 있으실 것이다. 공수처의 독립성, 중립성에 대한 평가는 부족했다고 보시는 분들도 꽤 있으신 것 같다. 궁극적으로 역사가 평가할 문제 같다. 다만, 초대 공수처장으로서 공수처의 독립성과 중립성은 공수처의 생명선 같다고 생각해서 나름대로 최선을 다하려고 노력했다는 말씀은 드린다.

Q. 초대 공수처장으로서 자신의 역할은 뭐라고 생각했나?

공수처는 신설된 지 얼마 안 된 기관으로 수사나 공소 등 중요 업무를 처리할 장기적인 기반 마련이 정말 중요하다고 봤다. 이런 기반 마련과 조직 세팅 단계에 처장을 맡았으므로 공수처의 인적, 물적, 규범적 토대(기반)를 마련하는 것을 가장 큰 역할로 생각했다. 다음으로는 '소통'이라고 생각했다. 기관장으로서 언론이나 국회를 통한 국민의 목소리를 공수처 내부에 전달하고, 공수처의 목소리는 외부에 잘 전달되도록 하는 소통 말이다. 또 공수처 내부적으로도 소통이 잘될 수 있도록 '소통'의 매개자가 되는 것이 처장의 역할로 생각했다. 이렇게 내·외부로 소통이 잘되어야 일 처리도 원활하고 오해도 최소화될 것으로 생각했다.

Q. 국민들은 고위공직자 부패 척결과 검찰개혁을 염원했다. 그러나 초대 공수처로서 장기적인 기반 마련에 더 주안점을 뒀다고 말했다. 국민의 바람과는 다른 지향점 아니었나?

그렇게 보실 수도 있겠지만 새로운 국가기관이 생겼다면 초기에 그 기관의 기반을 잘 마련하는 것이 최우선 과제가 되어야 한다고 생각했다. 관훈토론에서도 공수처가 사건 한두 건을 하고 성과를 내고 하는 것이 물론 중요하겠지만 초대의 경우는 그보다는 장기적인 기반 마련이 중요하다고 말씀드린 기억이 있다. 기반 마련에는 시간과 노력이 꽤 들고, 잘못 마련하면 그 영향은 아주 오래 가기 때문이다. 기관으로서 지속가능성 sustainability이 없게 되거나 문제가 생기는 것이다. 특검의 경우도 특검법에 준비기간은 별도로 두고 수사기간에 포함시키지 않는다. 일할 사람도 뽑아야 하고 사무실을 구해 사무환경도 조성해야 하는 식으로 준비할 게 아주 많다. 그런데 공수처는 공수처법상 그런 준비기간이 없었다. 공수처장으로 부임한 다음 최우선 과제로 검사와 수사관들을 선발하고 있었는데, 그러고 있던 2월 초부터 공수처 1호 사건은 무슨 사건으로 하실 거냐는 질문을 출근길에 거의 매일 받았다. 당시에 벌써 어떤 언론에서는 공수처가 별 성과가 없기 때문에 폐지되어야 한다고 했다. 설립 초기라서 그런지 관심이 과하셨던 것 같다.

Q. 초대 공수처장에 취임한 한 달 뒤 2021년 2월 관훈토론에 나가서 '민주공화국과 법의 지배'를 주제로 기조발제를 하고 한 시간 넘게 질의응답도 했다. 어떻게 나가게 되었나? 그리고 형사사법기관의 수장으로서는 이례적인데, 어떤 마음에서 나가기로 결정하였나?

당시는 공수처에 대한 기대와 관심이 정말 높았던 시기였는데 초대 처장으로서 언론의 인터뷰 요청이 참 많을 것이고 개별적으로 응하기도 어려울 텐데 언론인들의 모임인 관훈클럽에 나와서 한 번에 하는 것이 어떻겠냐는 관훈클럽 간부의 권유를 듣고 고민 끝에 수락했다.

Q. 관훈토론의 질의응답 과정의 답변 중에 "대통령과 핫라인, 앞으로 없을 것", "살아 있는 권력도 수사할 것이다."라고 강조했다. 대통령과 핫라인 정말 없었나? 또 수사하는 데 있어서 살아 있는 권력인지 아닌지는 어떻게 알 수 있나?

대통령이나 대통령실과 핫라인은 실제로도 없었다는 말씀을 드린다. 살아 있는 권력 여부는, 살아 있는 권력이라면 수사하면 가만히 있지 않을 것이다. 반응이 없거나 약하면 이미 죽은 권력일 수 있다. 살아 있는 권력을 수사하려면 강단과 기개가 있어야 할 텐데 구체적인 사건으로 들어가면 이는 참 쉽지 않은 문제 같다. 수사하는 사람의 신분보장이나 임기 등도 문제가 될 수 있다.

Q. 초대 처장으로서 최우선적으로 추진했던 과제를 꼽는다면?

말씀드린 대로 제가 초대 처장이기 때문에 공수처가 영속적인 조직이 될 수 있도록 인적, 물적, 규범적 기반을 마련하는 것이 최우선 과제일 수밖에 없었다. 수사할 검사와 수사관을 선발하고, 공수처의 장기적인 수사환경 조성을 위해 수사 보안이 완비된 청사로의 이전을 추진하되 당장 현 청사의 부족한 시설을 보완하며, 수사나 기소 등 각종 업무 처리를 위한 규정을 빠짐없이 마련하고 완비하는 작업 등 말씀이다. 이런 작업을 하나씩 하나씩 하는 데에 생각보다 시간과 노력이 많이 들었다. 또 중요한 것으로 시스템적 기반 마련이 있었는데 검찰, 경찰, 법원 등 다른 형사사법정보 처리 기관과 연계되는 형사사법정보시스템(킥스)을 구축하여 연결작업도 마친 것이 성과라면 성과겠다.

Q. 인적 기반 마련에는 어떤 주안점을 두었나?

어느 수사기관이나 수사력의 관건은 역량 있고, 그러면서 책임감과 성실성 등 자세를 갖춘 좋은 인재 선발과 그 후 교육과 훈련 등에 있을 것이다. 검사, 수사관의 인선 과정에서 이런 점에 유의하여 좋은 분들을 뽑으려고 했지만, 조직이 완전히 안정화되기 전에 이탈한 분들이 많아서 참 안타까웠다. 물론 동료의 사직에도 동요하지 않고 흔들림 없이 공수처에서 묵묵히 일해 온 검사와 수사관들이 많다. 초대라 처음에 아무것도 없는 상태에서 시작해서 수사나 공소 등 업무 처리할 여건도 제대로 마련되지 않았고, 수사 상대방이 고위공직자이다 보니 수사하기도 어렵고 부담감도 컸는데 맡은 소임을 끝까지 다하며 묵묵히 일해준, 많은 검사와 수사관들을 생각하면 참 감사한 마음이다. 제가 기회가 되는 대로 초대 공수처를 구성하는 우리가 여기 와서 사서 고생하고 있는데 이런 고생과 수고로 공수처가 조만간에 결국 자리를 잡을 것이니 나중에 큰 보람을 느낄 날이 반드시 올 것이라는 취지로 여러 차례 독려한 기억이 있다.

Q. 입법, 행정, 사법 어디에도 속하지 않는 독립된 수사기관임에도 불구하고 독립청사가 마련되지 못한 채 출범했다. 그 부분 아쉽지 않나?

물론 그 부분이 참 아쉽다. 그러나 법 시행일로 예정된 2020년 7월 15일을 목전에 두고 급하게 공수처 청사가 준비되는 상황이라서 공수처 설립준비단으로서도 임시적이고 한시적인, 어쩔 수 없는 장소 선택으로 현 과천청사를 선택했다고 생각한다. 공수처의 장기적인 수사/공소 업무 처리를 위해, 독립청사 이전을 위한 장소 물색 등 준비와 검토는 이루어지고 있으므로 앞으로 시간이 좀 걸리더라도 독립청사가 마련될 것으로 생각한다.

Q. 재임 기간 동안 규정을 많이 만들고 또 어떤 규정은 개정도 여러 번 하였다. 규범적 기반 마련의 취지로 보이는데 특별히 기억나거나 중점을 두었던 규정은 어떤 것이 있나?

처음 몇 달 동안은 규정만 수십 개 만들었던 것 같다. 다른 수사기관의 규정을 그대로 가져와 쓰기보다는 차장과 검사들과 함께 공수처 실정에 맞게 규정들을 만들었다. 취임 후 차장과 함께 공수처의 수사, 공소 등 업무 처리를 위한 「사건사무규칙」의 초안을 마련했지만 1차로 검사들 13명이 2021년 4월 16일 부임할 때까지 파이널하지 않고 있었다. 검사들이 온 다음에 전체 검사들의 의견도 들어서 수정하고 최종 검토해서 2021년 5월 4일 공포했다. 「사건사무규칙」하나 만드는 데에도 몇 달 걸린 것이다. 이런 규정 제정 작업을 공수처 설립 후 1~2년 이상 지속했던 것 같다.

Q. 공수처는 극심한 논란 끝에 태어났고 출범 후에도 논란이 많았다. 이런 논란들도 운영과정에 영향을 미쳤나?

당연히 공수처 운영에 큰 부담으로, 구성원들에게 큰 압박으로 작용했다. 단지 공수처가 여야 간의 극심한 정치적인 대립과 논란 속에 태어났다는 사실뿐만 아니라 수사대상이 고위공직자이다 보니 공수처의 수사나 기소에 대해 정치적으로 바라보시는 분들이 많았다. 물론 공수처 내부적으로, 우리는 목표를 정하지 않고 증거가 가리키는 대로 수사한다는 원칙을 기회 있을 때마다 강조하면서 좌고우면하지 말고 우리 소임을 다하면 된다고 했지만, 수사할 사건의 입건 단계에서부터 논란이 생기고 편향적이라는 비난도 꽤 들었던 것 같다. 사실 모든 것을 새로 세팅하는 초대여서 수사할 여건을 조성하고 시스템 만드는 작업도 일이 많고 힘들었는데 국민께서는 그런 것보다는 수사/기소 성과에 대한 기대를 많이 가지셨다. 이런 성과에 대한 압박 속에서 사건 입건을 비롯한 업무 처리에 관한 비판도 많이 받다 보니 구성원들의 사기가 많이 저하되었을 것이다. 진영 간 극심한 대립 속에서 태어난 공수처가 편향성 시비를 피하는 것은 참 어려운 일이었다는 생각도 든다.

Q. 1기 공수처가 시작도 하기 전에 성과를 바라는 이들이 많았다. 그러다 보니 조급해지지 않았나?

성과에 대한 압박이 크면 당연히 처장을 포함해서 구성원들의 마음이 조급해지는 것은 사실이다. 시간이 지나고 나서 이제 되돌아보면 그때 그런 압박에 대해 그러려니 하고 보다 느긋하게 대처했으면 우리가 실수를 좀 줄일 수 있었겠다는 반성적 생각이 든다. 다만 마음이 조급해진다고 해서 보여주기식 수사를 하거나 기소한다는 식의 목표를 정해 놓고 하는 식의 수사를 하는 것은, 공수처로서는 지양하고자 했다. 사실 요새는 수사가 신속하게 되지도 않는다. 핸드폰 등을 압수하면 포렌식 하는데, 포렌식을 위해 변호인과 참관 일정 등 조율하고 하다 보면 생각보다 시간이 오래 걸릴 수 있다. 수사환경 자체가 예전과는 많이 달라진 것이다. 더구나 공수처의 수사대상은 고위공직자이고 공수처가 인권친화적 수사를 지향하다 보니 수사 진행 속도가 더욱 더뎌 보일 수 있다.

Q. 공수처가 초기에 '그럴듯한 수사 성과'에 매달렸다는 지적도 있었다. 어떻게 생각하나?

그런 지적도 있었던 것으로 알고 있다. 그러나 그럴듯한 사건이든, 그럴듯하지 않은 사건이든 공수처가 어떤 수사 성과 없이 국민의 신뢰를 얻을 수 있는, 다른 방법은 없다고 본다. 국민의 눈높이에서 볼 때, 1년에 한 건이든 두 건이든 국민이 중요하다고 보시는 사건에서, 국민이 납득할 만한 수사 성과를 내야 공수처가 국민의 신뢰를 얻고 자리 잡을 수 있다고 생각한다. 이렇게 국민의 눈높이에 맞는 수사/공소의 성과를 내라는 것은, 거부할 수 없는 국민의 지상명령으로 보고, 다른 방법은 없다고 생각한다. 이런 이유로 공수처가 아직 설립 초기이기 때문에 그럴듯한 수사 성과에 얽매여서는 안 된다는 식의 주장은, 국민의 눈높이를 생각할 때 받아들이기 어려운 주장이다.

Q. 공수처에 대해 직권남용 위주의 수사가 문제라는 지적이 있다. 어떻게 생각하나?

공수처의 사건통계상 직권남용 사건이 약 30% 차지하는 등 비율이 상당히 높다. 공수처에 직권남용 사건이 많다 보니 수사 사건도 많을 수밖에 없다. 일반적으로 뇌물은 보통 은밀하게 주고받으므로 적발이 어려운 반면 공무원이 업무 처리하는 과정에서 문제가 되는 직권남용은 어떤 식으로든 드러나는 경우가 많아서 그런지 제일 비중이 높은 것 같다. 공무원의 업무 처리에 대해 직권남용이라고 많이 문제 제기되고 고소·고발도 많이 제기되는 우리 사회의 현실을 반영하는 것 같아 씁쓸하기도 하다.

Q. "3년간 구속영장 발부받은 사건이 없다." 또 "임기 중 사표 쓴 검사와 수사관이 두 자리 숫자가 된다."고 하면서 이렇게 무능하기 때문에 공수처를 폐지해야 한다는 주장도 있다. 이에 관한 생각은?

공수처 설치가 25년 동안이나 논의되고 2017년 19대 대선 때 거의 모든 대선 후보들의 공약이었던 것은 그만큼 공수처가 대한민국에 필요한 조직임을 말해 준다고 생각한다. 이렇게 필요한 조직이라고 해서 만들었는데 제 역할을 하지 못한다면, 물론 없애 버리는 방법도 있겠지만 왜 제 역할을 못 하는지 원인을 분석하고 대책을 세우는 것이 현명하다. 고위공직자와 그 친인척의 부패범죄 척결, 성역 없는 공정한 수사라는 공수처 설립의 대의와 명분은 지금도 여전히 유효하고 많은 국민들이 동의하시리라 생각한다. 이렇게 공수처가 대한민국에 꼭 필요한 조직인데 목적을 달성할 수 있는 수단이나 자원이 부족해서 목적 달성이 어렵다면 수단이나 자원을 보완해서 제대로 일할 수 있는 여건을 마련하는 쪽으로 대처하는 것이 바람직해 보인다.

Q. 공수처의 고위공직자범죄 인지수사 능력이 떨어져서 감사원, 경찰, 검찰 등 다른 수사기관이 이첩한 사건 위주로 수사하였다는 주장도 나온다. 이에 대해 어떻게 생각하나? 그리고 이 정도의 실적은 설립 취지에 비해 아쉬운 것 아닌가?

공수처의 범죄 인지 능력이 떨어지고 고위공직자범죄 적발이 0건이었다는 주장도 있던데 이건 정확하지 않다. 예를 들어 언론에 보도된 사건으로 고위 경찰관이 뇌물을 받았다는 혐의로 공수처가 불구속·기소한 사건이 있는데 언론에 보도된 대로 인지사건이다. 인지사건은 고소·고발 사건이 아니라 수사기관이 자체적으로 알아본 사건이다.

Q. 공수처가 다른 수사기관에 3,000여 건을 이첩한다는 기사가 있던데 맞는지?

사건통계상으로 공수처가 1년에 3,000건을 접수해서 3,000건을 다 이첩하고 그런 것은 아니다. 물론 상당히 많은 사건을 이첩하는 건 맞다. 이첩하는 사건을 보면 대부분 고소·고발 사건인데 내용을 보면 판·검사들이 수사나 재판 과정에서 자기 사건을 처리함에 있어서 직권을 남용했다거나 직무를 유기했다는 등을 주장하면서 공수처에서 다시 조사해서 판단해 달라는 사건의 비중이 높다. 공수처가 사건을 다른 기관에 이첩하는 기준은 공수처법 제24조 제3항에 명시되어 있는데 사건의 규모나 내용 등에 비추어 다른 수사기관이 수사하는 것이 더 적당한 사건은 이첩한다는 것이다. 아주 소규모의 조직으로 설계된 공수처로서는 그중 일부 사건에 집중해서 수사할 수밖에 없는 형편이므로 이런 기준에 따라 수사 인원이 충분한 다른 기관에 이첩하고 있다. 사건 이첩은 공수처법에 처장의 권한으로 되어 있지만, 실무적으로 검사들의 이첩 의견을 존중하여 진행한다.

Q. 2022년 통계를 보면 공수처의 사건 처리율이 약 74.77%로 조직구성이 완성되지 않은 상태에서도 처리 자체는 신속하다는 평가도 있다. 이에 대해 공수처가 대충 빨리 처리한 것 아니냐는 의견도 있다. 어떤지?

사건 처리율이 높게 나온 것은 공수처 검사와 수사관들이 그만큼 일을 열심히 한 덕분으로 생각한다. 공수처의 구성원들이 인원도 절대적으로 부족하고 여건이 미비하여 하나씩 마련하고 있는, 좋지 않은 여건에서도 최선을 다한 점 고맙게 생각한다. 사실 공수처법 제정에 관여하신 분들 이야기를 들어보니 공수처는 중요 사건으로 1년에 몇 건 하는 조직으로 설계되었다고 하고, 고소·고발 사건이 1년에 3,000건 가까이 접수되는 것은 전혀 예상 못했다고 한다. 학계 역시 공수처는 중요 사건으로 1년에 몇 건 이내로 수사하고 중요 사건 아닌 사건들은 전부 다른 수사기관에 이첩해서 처리하도록 하는, 소위 선택과 집중을 권고하고 있다. 일리가 있는 지적으로 생각하지만 어쨌든 공수처로서는 소위 말하는 '중요 사건' 이외에도 1년에 3,000건 가까이 접수되는 고소·고발 사건들도 꾸준히 처리하고 있는 형편이므로, 이런 현실에 맞추어 검사나 수사관 인력을 증원하는 것이 맞겠다고 생각한다. 중요 사건 처리도 물론 중요하지만 국민 여러분들의 눈물을 닦아 드리는 사건도 최대한 많이 처리하는 것이 공수처의 역할이라고 생각한다.

Q. 공수처 사건통계를 보면 2021년 1월 말 개청 이래 2022년 3월 중순 「사건사무규칙」 개정까지 공수처에 약 3,025건의 사건이 접수됐다. 이 개정으로 선별입건제도에서 현재의 자동입건제도로 규칙이 개정되었다. 그런데 그 뒤 형사법학계에서는 오히려 선별입건제도를 부활하여 공수처가 선택과 집중해야 한다는 의견도 나오고 있다. 어떻게 생각하나?

공수처가 2022년 3월 14일부로 「사건사무규칙」을 개정하여 종전의 선별입건제도에서 자동입건제도(전건입건제도)로 바꾼 것은 사실 불가피한 선택이었다. 선별입건이란 것은 고소·고발 등이 제기됐다고 해서 사건번호를 부여하고 고소·고발 당한 사람을 자동적으로 입건하여 피의자로 만드는 제도(자동입건제도)가 아니고, 처장이 수사할 필요가 있다고 판단하여 사건으로 입건하는 결정을 해야 사건번호도 부여되고 피의자도 되는 구조(선별입건제도)이다. 고소·고발이 제기됐다고 해서 자동적으로 입건하고 피의자를 만드는 기존 제도를 인권친화적으로 개선한, 취지가 좋은 제도이다. 그러나 검찰이나 경찰이 지난 수십 년 동안 자동입건제도를 취해서 사람들이 이 제도에 익숙해서 그런지 공수처가 2021년 6월 몇몇 사건들을 입건했을 때부터 왜 그 사건을 입건했냐며 편향적이라는 비난을 많이 받았다. 그래서 도저히 못 견디고 선별입건제도 시행 1년여 만에 검·경과 마찬가지로 자동입건제도로 변경한 것이다. 그 뒤 공수처의 사건 입건을 가지고 편향적이라고 하는 비판은 없어졌지만, 오히려 학계에서는 조직이 아주 작고 인력이 부족한 공수처가 선택과 집중을 통해 수사력을 강화하기 위해서는 과거의 선별입건제도를 부활해야 한다는 의견들이 나오고 있다. 숙고해야 할 문제로 생각한다.

Q. 공수처장 취임사에서 '국민의 신뢰를 받는 인권친화적 수사기구'로 자리매김하겠다고 했다. 소기의 목적을 이뤘다고 생각하는가?

먼저 '국민 신뢰'의 면에서 공수처가 아직 국민의 충분한 신뢰를 얻지 못하고 있는 점, 초대 처장으로 매우 송구스럽게 생각한다. 그러나 보다 정확히 보자면 공수처가 신설될 때 국민의 '기대'가 높았을 뿐으로, '신뢰'는 일을 하면서 성과를 보여줄 때 생기고 쌓이는 것이라 생각한다. 따라서 공수처로서는 한 건 두 건 성과를 보여드리면서 국민 신뢰를 얻을 수밖에 없는 형편인데 그러기 위해 부단히 노력하는 중이라고 말씀드린다. 결국 이 문제는, 공수처가 국민이 중요하다고 생각하시는 사건에서 한 건 두 건 국민이 납득하실 만한 수사/공소의 성과를 내면서 차츰차츰 쌓아 나아가야 할 일로 생각한다. 다음으로 인권친화적 수사기구를 만든다는 것은 참 어려운 목표 같다. 그러나 공수처의 분명한 지향점으로 생각하고, 공수처가 명실상부하게 인권 친화적 수사기관이 되기 위해 더욱 분발하고 노력해야 한다고 본다. 2021년 연말 통신자료조회 문제로 공수처가 언론의 비난을 참 많이 받은 기억이 있다. 통신자료조회는 어떤 전화번호의 가입자가 누구인지 조회하는 가입자 조회 방법이고, 검·경도 오랫동안 실시해 온 전기통신사업법에 따른 적법한 수사 방법이다. 다만 통신자료조회가 법률에 근거가 있는 적법한 조회라 하더라도 인권친화적 수사를 표방한 공수처에 대한 국민의 기대가 그만큼 높았고, 새로운 수사기관 공수처가 기존 수사기관의 수사 관행을 답습하는 것이 아닌 다른 면모를 보여주기를 원한다는 국민의 눈높이를 충분히 헤아리지 못한 점, 송구하게 생각하며 2021년 12월 말 대국민사과를 했다. 이런 국민의 눈높이를 헤아려서 2022년 초 공수처 내부적으로 '통신자료조회심사관'을 두고 통신자료조회를 필요 최소한으로 하도록 하는 내부 지침을 마련하고 시행하기 시작한 일이 있다.

Q. 최근에 공수처의 사찰 의혹에 대한 서울중앙지법의 판결이 나왔다. 어떤 내용인가?

이 사건은 언론에 보도된 것처럼 공수처가 앞서 본 통신자료조회를 한 것이 통신 사찰에 해당하고 불법행위라면서 조회당했다는 원고들이 국가를 상대로 손해배상을 청구한 사건이다. 그러나 법원에서는 이런 조회가 불법행위가 아니라는 이유로 손해배상 청구를 기각한 것으로 알고 있다. 모르는 전화번호의 주인, 즉 가입자의 인적사항을 확인하기 위한 통신자료조회(통신가입자조회)를 통신 사찰이라는 불법행위라고 할 수는 없을 것이다.

Q. 취임사에서 성찰적 권한 행사, 오만하지 않은 권력, 수평적 조직문화를 지향하겠다고 했다. 어떤 취지로 말한 것인지?

기존의 수사/기소 문화를 바꾸겠다는 식의 거창한 생각을 하고 이런 말을 한 것은 아니다. 수평적 조직문화라는 말은 많이 쓰이는 말이지만 '성찰적 권한 행사'라는 말은 사실 제가 만든 말이다. 헌법 제1조에서 시작한 발상이다. 우리 헌법 제1조는 제1항에서 "대한민국은 민주공화국이다.", 제2항에서 "대한민국의 주권은 국민에게 있고, 모든 권력은 국민으로부터 나온다."라고 규정한다. 여기 쓰여 있는 대로 대한민국의 모든 권력이 국민에게서 나왔다면 국민께 받은 권력, 국민께 되돌려 드리겠다는 마음가짐으로 일하는 게 맞겠다는 생각에서 이런 말을 만들어 보았다. 그런 마음가짐으로 일한다면, 우리가 국민의 눈높이에 맞게 일하고 있는지, 법과 원칙에 맞게 일하고 있는지 항상 스스로 되돌아보면서 권한 행사하게 될 것으로 생각했다. 늘 자기를 되돌아보면서, 성찰하면서 권한 행사를 하는 것인데 그래서 '성찰적 권한 행사'라고 이름 붙였다. 만일 이런 식으로 권한을 행사한다면 국민 앞에서는 늘 겸손할 수밖에 없다. 스스로 늘 되돌아보면서 권한 행사를 하는데 어떻게 '오만한 권력'이 되겠는가.

『논어』에 '과이불개 시위과의過而不改是謂過矣'라는 말이 있다. 허물이 있어도 고치지 않는 것, 그것이 잘못이라는 말이다. 스스로 되돌아본다는 것은 이런『논어』의 말씀대로 과오가 있으면 인정하고 시정하겠다는 의미로 새겼다. 과오가 있는데 인정도 하지 않고, 시정은 더더욱 안 한다면, 그건 되돌아보는 게 아니라고 생각했다. 겸손의 반대로 가면서 오만하게 되는 것이다. 공수처가 처음 생겨서 가지 않은 길을 가는 만큼 시행착오는 어차피 불가피하다고 보았고, 다만 시행착오에 대해 어떤 태도로 임하는지가 중요하다고 생각했다. 시행착오가 있으면 바로 인정하고 사과하고 고치는 것이 중요하다고 본 것이다. 서산대사가 〈답설야중거踏雪野中去〉 시에서 말했듯이 눈 덮인 들판을 걸어갈 때는 어지럽게 걷지 말고 바르게 걸으면서 길도 고쳐야 한다. 내가 오늘 가는 길이 뒷사람에게 이정표가 되기 때문이다.

Q. 공수처장 인사청문회에서 "처장이 자의적으로 수사할 사건을 선택할 것이다. 공수처장의 권한이 너무 많다."라는 식의 우려의 목소리가 있었다. 이에 대해 견제/자문하는 장치를 두겠다고 답변했는데 실행되었나?

그런 점을 의식해서 공수처 내에 여러 위원회 제도를 두었다. 예를 들어 공소심의위원회가 있는데 공수처가 수사를 마친 다음 기소/불기소와 같은 처분을 할 때 법률전문가들의 의견을 들는 제도이다. 이 위원회에 중요 사건들이 꽤 회부되었는데 언론에는 공수처가 위원회의 권고를 무시하고 기소했다고 보도된 사건도 실제 그 내용을 보면 가장 논의가 집중되고 중한 혐의에 대해 공수처는 위원회의 의견을 존중하여 불기소 처분한 일이 있다. 공수처가 내부적인 견제를 받고 수용하면서 작동되고 있는 것이다.

Q. 공수처의 '조용한 수사'가 주목받았다. 인권친화적 수사라고 볼 수 있지만 밖에서 보기에는 일을 안 하는 것처럼 보일 수도 있는 양면적 평가가 있다. 예를 들어 공수처는 압수·수색이 끝난 후 며칠 뒤에 압수·수색 뉴스가 나오는데 다른 수사기관의 경우에는 압수·수색하면 바로 뉴스가 나오기도 한다. 어떻게 생각하나?

공수처 설립 1주년에 참여연대에서 평가보고서가 나왔다. 〈공든탑, 공수처〉란 제목으로 "위기의 공수처 무엇이 문제인가?"라는 주제였다. 이 보고서를 보면, 공수처의 성과가 미비하다고 평가하지만, 단 하나의 성과가 있다면? 하고서 꼽은 것이 '조용한 수사'다. 다른 수사기관의 경우 주요 사건 수사할 때 강제수사를 예고하거나 하는 식으로 조용하지 않게, 수사하는 경우들이 있었던 것으로 언론 보도를 통해 알고 있다. 그러나 공수처는 피의사실공표나 공무상 비밀누설 없는 '조용한 수사'를 지향하고자 했다. 공수처의 '조용한 수사'를 높이 평가하시고, 또 공수처는 존재 자체가 성과라고 평가하시는 분들도 있는 것으로 알고 있는데 더욱 잘해야겠다는 생각이 든다.

Q. 수사정보를 외부에 유출하지 않는 태도는 바람직하다고 본다. 물론 공수처에 대변인이 있지만 기관장으로서 정례적인 언론 브리핑도 필요하지 않았나? 공수처의 사정을 알지 못하니 공수처가 도대체 뭐하고 있는지 모르겠다는 평가가 초기에는 적지 않았다. 어떻게 생각하나?

언론 종사하시는 분들이 많이 답답해했다는 얘기를 전해 들어서 알고 있다. 공수처가 조용한 수사를 지향하다 보니 제가 처장으로 재임 중 수사 정보 등이 밖으로 많이 나오지 않았던 게 사실이다. 처장으로서 정례적으로 적어도 1년에 한 번은 언론 브리핑과 자유로운 질의응답도 한 것 같다. 수사기관은 피의사실공표나 공무상 비밀누설에 해당하지 않는 선에서 공보해야 하고, 정례적인 언론 브리핑은 꼭 필요하다고 생각한다. 사실 대국민 공보를 제대로 하기 위해서는 어느 정도 인원이 필요한데 현재 공수처처럼 대변인 1명, 대변인실 직원 1명의 인원 갖고는 하기가 참 어렵다. 공수처의 전체 행정인력이 정원 20명으로 공수처법에 못이 박혀 있고, 그래서 대변인실의 인원 역시 제한될 수밖에 없었다는 한계 때문에 일하는 데 어려움이 참 많았다.

Q. 공수처에서 조사받고 나온 분들의 표정이 나쁘지 않다는 말도 있고 공수처의 수사가 검찰에 비해 편안하다는 이야기도 나온다. 이것은 어떤 의미인가? 수사 강도가 약했다는 말로도 들리는데 어떤지?

그런 평가에 대해 제가 뭐라고 말씀드리기 어렵지만, 인권친화적 수사라는 것이 결국은 과학수사이고, 쉽게 말하면 사람 불러서 압박하는, 진술 위주의 수사를 하지 말고 물적 증거를 찾으라는 것으로 생각한다. 포렌식이라든지 그런 방법을 사용하라는 것인데 물론 이런 수사 방법이 시간이 오래 걸리기는 한다. 그러나 무죄추정이라는 헌법상 대원칙을 감안할 때, 수사 과정에 있는 사람은 그 누구도 죄가 있다고 확정된 것이 아니므로 수사기관으로서는 인권친화적인 자세로 진술과 정보를 얻어야 한다고 생각한다.

Q. 취임사에서 수평적 조직문화를 지향한다고 했다. 그렇지만 수사기관에서 수평적 조직문화 구축이 과연 가능한가?

그 배경은, 전·현직 검사들을 꽤 많이 만났는데 "기존 수사기관의 조직문화가 너무 경직되고 수직적, 폐쇄적, 상명하복식이어서 구성원들이 자발적, 창의적으로 일하지 않는다, 조직문화만 바뀌어도 조직이 참 많이 달라질 것이다."라는 취지의 말씀들을 많이 했다. 이런 말을 듣다 보니, 그렇다면 우리 공수처는 수평적 조직문화를 지향해야겠다는 발상을 한 것이다. 개인적인 경험도 물론 작용했다. 12년 동안 로펌에서 투입input 대비 산

출output을 따지면서 팀으로 효율적으로 일하는 문화에서 일한 것이다. 그 뒤 헌법재판소에서 11년 일했는데 토론문화가 정착되어 있다. 위헌인지 합헌인지, 위헌이면 왜 위헌인지, 합헌이면 왜 합헌인지를 서로 계급장 떼고 토론하면 수평적 조직문화가 된다고 생각한다. 어떤 것이 맞는지 틀린지, 진리인지 아닌지, 옳은지 그른지를 따질 때는 이제 막 변호사 자격을 취득한 사람인지, 법조경력이 20년 된 사람인지와는 아무 상관이 없다. 수사업무도 마찬가지라고 생각했다. 결국 진실, 실체적 진실을 찾고 밝히는 것이 수사이기 때문이다. 제가 로펌과 헌법재판소에서 총 23년 재직하면서 수평적 조직문화가 어느 정도 몸에 뱄기 때문에 취임사에서 수평적 조직문화를 구축하자고 제안할 수 있었다. 예컨대 공수처법에 다른 수사기관에 대한 이첩 결정이 공수처장의 권한으로 되어 있지만, 내부적 위임이나 권한 배분에 따른 검사들의 건의에 따라 상당히 많은 사건들을 이첩처리해 왔다.

Q. 수평적 문화가 듣기에는 좋지만 폐단이 있을 것 같은데?

수평적 조직문화의 폐단은 구성원들이 자기 권리만 주장하면서 자기 편한 대로 업무 처리를 하고, 서로 간에 갈등만 많이 생기며, 정작 일하는 것은 자발적이고 창의적이지도 않아서 별 성과도 안 나는 그런 조직이 될 수도 있다는 것이다. 있을 수 있는 이런 폐단을 극복하고 수평적 조직문화가 긍정적으로 자리 잡으려면 시간이 좀 걸릴 것이다. 결국 전통과 문화로 정착시킬 필요가 있다고 생각한다. 구성원들 간에 일하면서 언제든 생길 수 있는 갈등을 잘 조정, 해소하면서 상하좌우로 활발하게 잘 소통되는 문화를 정착시키는 노력을 조직과 구성원들이 꾸준히 하는 것이 꼭 필요하다고 생각한다.

Q. 수평적 조직문화를 만들려고 할 때 구성원들의 노력도 필요하지 않나?

창의적으로 자발적으로 일하는 것이 필요하다. 공수처가 하는 수사는 어려운 사람들을 상대로 한 어려운 수사이다. 그리고 수사라는 것이 결국 모래알을 찾듯이 증거를 찾고 숨어 있는 사실을 밝혀야 하는, 무에서 유를 창조하는 작업이기 때문에 상당한 창의성이 필요하다고 본다. 고위공직자의 부패범죄 혐의를 밝히는 것은 정말 어려운 작업이고 창의적인 발상을 요구하는 작업이기 때문에 이런 일을 잘해야 하는 공수처의 검사나 수사관은 정말 창의적으로 또 자발적으로 일해야 한다. 창의성은 상명하복의 구조에서 위에서 지시한다고 나오는 것이 아니라 자발성에서 나온다고 생각한다.

Q. 처장 재임 3년 동안 수평적 문화가 어느 정도나 구축되었다고 보는가?

3년 만에 수평적 조직문화가 전통과 문화로 자리 잡기는 어려웠다고 평가한다. 상당한 시간이 필요하다고 생각하는데, 시간이 지난다고 저절로 전통과 문화로 자리 잡는 것은 아니므로 구성원들의 부단한 노력과 소통이 필요하다. 공조직이든 사조직이든 간에 어떤 조직은 서로 간에 소통이 잘 되고 생산성도 높고 신바람 나게 일하는 조직이 되어서 서로 가고 싶어 하는 조직이 있는 반면에, 어떤 조직은 소통이 잘 안 되고 일하기도 싫은 조직도 있는데, 이것은 결국 문화의 문제이고 소통의 문제라고 생각한다.

Q. 취임사에서 검찰과 공수처의 관계에 대해 상호 경쟁하면서도 협력하는 상생관계가 되리라 확신한다고 말했다. 실제로 다른 기관과 상생·협력관계가 되던가?

대법원과 헌법재판소가 서로 갈등도 많이 있었지만 결국 상생하는 관계가 된 것을 염두에 두고 드린 말씀이다. 반부패 수사기관으로 유명한 홍콩의 염정공서도 설립 초기에 경찰과 갈등이 심각했다고 들었다. 없던 수사기관이 신설되고 게다가 기존 기관의 권한을 나누어 가지는 것이면 갈등은 필연적이라 볼 수도 있다. 이런 상황에서 상호 협력한다는 것은 우선 상대방의 존재를 인정하는 바탕 위에서 상호 협력의 필요성이 우선 있어야 하고, 소통과 협력의 채널도 확립되어야 한다. 대법원과 헌법재판소 역시 그동안 갈등을 빚은 경우도 많지만 36년이 지난 지금은 협력의 상생 관계가 자리 잡은 것 같다. 대한민국이 법이 지배하는 나라가 되기 위해서는 시간이 좀 걸리더라도 공수처와 다른 수사기관들 사이에 서로 협력하면서 상생하는 관계가 구축되어야 할 것이다. 결국 그렇게 되리라 생각한다.

Q. 수사에도 레드오션/블루오션이 있을 수 있나?

수사에도 레드오션이나 블루오션이 있을 수 있다고 생각한다. 수사기관들 사이에서 경쟁적으로 서로 하려고 하는 수사를 레드오션으로 본다면, 부담스러워서 아무도 안 하려고 하고 실제로도 잘 안 하는 수사는 블루오션이라 하겠다. 공수처는 이런 블루오션에 대한 수사를 하라고 만들어졌다고 생각한다. 물론 이런 수사는 상당한 위험 부담이 있고 아주 어려운 수사가 될 것이다. 그러나 대한민국이 법이 지배하는 나라라면 반드시 필요한 수사 영역으로 생각한다.

Q. 공수처법이 2019년 12월 30일 국회 본회의를 통과할 때 공수처법에 대한 제안설명을 보면 공수처에 대해 고위공직자범죄 수사에 있어서 '컨트롤타워'라는 표현이 나온다. 어떤 취지였나? 앞으로 공수처가 컨트롤타워가 되리라 생각하나?

공수처가 규모가 너무 작게 설계되다 보니 '미니 공수처' 또 '초미니 공수처'란 말을 많이 쓴다. 공수처가 이렇게 규모가 작게 설계된 것은 여러 이유가 있겠지만 고위공직자범죄 수사에 있어서 소위 '컨트롤타워'로 설계됐기 때문으로 볼 수 있다. '컨트롤타워'라는 것은 공수처가 다른 수사기관에 대해 고위공직자범죄 수사 사건을 달라고 하면 주고, 반대로 공수처 입장에서 다른 수사기관에서 수사할 사건은 재량에 따라 보내고, 이런 식으로 고위공직자의 부패범죄 사건을 컨트롤(통제)할 수 있는 기관이라는 취지 같다. 그러나 현실적으로는 공수처가 실제로 고위공직자범죄 수사에 있어서 컨트롤타워가 되는 것은 쉽지 않을 텐데 그렇다면 수사기관들이 각자 수사를 하고 각자 결과를 내고 하는 식으로 할 수밖에 없다고 보인다. 이 경우 검사 23명, 수사관 40명의 아주 적은 인원을 가진 공수처가 다른 수사기관과 경쟁하기는 매우 어려울 것이다. 다른 나라의 유사 기관 예를 참고하여 규모를 적정하게 늘릴 필요가 있을 것이다.

Q. 공수처가 "매년 140억여 원의 국가 예산을 사용하면서 단 3건만 기소하는 데 그쳤다."라는 언론 기사가 있었다. 공수처의 수사 역량이 상당히 미흡하다는 지적인데 어떻게 생각하나?

공수처의 수사대상이 입법부를 구성하는 국회의장과 국회의원 전원, 행정부를 구성하는 대통령과 국무총리, 행정 각부의 장관과 차관, 검찰총장과 검사 전원, 사법부를 구성하는 대법원장, 대법관과 판사 전원, 헌법재판소 재판관, 특별시장, 광역시장과 도지사 같은 광역 단체장(다만 기초단체장은 제외) 등을 포함하여 7,300명 가량 된다. 그러나 공수처법에 따라 기소권은 판·검사, 경무관 이상 고위경찰관으로 매우 제한되어 있다는 점을 고려해야 한다. 공수처가 직접 기소하고 공소 유지할 수 있는 사건이 매우 제한적이고 그런 맥락에서 공수처의 기소 건수를 이해해야 한다는 말씀이다. 그럼에도 불구하고 국민 여러분의 높은 기대를 생각할 때 그동안 공수처의 수사/공소 성과에 대해 송구한 마음이다. 공수처의 수사 능력(역량)이란 것은 결국 소속 검사와 수사관들의 수사 능력(역량)의 총합이므로 공수처가 점차 자리를 잡아감에 따라 구성원들의 역량이 제고되면서 기관으로서의 공수처 수사 역량도 자연스럽게 제고될 것으로 생각한다.

Q. 공수처가 2021년 232억여 원, 2022년 197억여 원, 2023년 176억여 원의 예산을 배정받았지만 60%의 예산밖에 사용하지 않았고, 실적도 미미하다는 지적이 국회에서 있었다. 어떻게 평가하나?

초대 공수처였기 때문에 예산집행률도 다른 기관에 비해 낮았던 면이 있다. 예를 들어서 2021년 예산은 예비비로 편성된 예산인데 그 절반가량은 형사사법정보시스템(킥스) 구축 비용이었다. 그런데 그 구축 사업 중 일부가 다음 연도로 이월되는 바람에 집행률도 낮았던 것 같다. 예산집행률의 경우 3년 동안 기관장으로 있으면서 예산집행률이 60%대에서 70%대로, 다시 80%대로 계속 올라가고 있는데 이것은 공수처가 점차 자리를 잡아가고 있음을 보여주는 긍정적 신호라고 생각한다. 공수처의 실적에 관해 말씀드리면, 수사와 기소의 사건통계와 같은 실적은 공수처 사건의 경우 처리하는 검사나 수사관에게 상당히 난이도가 높고 부담감도 큰 사건이라는 등의 사정들이 같이 고려되어야 한다. 공수처와 규모가 비슷한 검찰의 지청과 가끔 비교가 되던데 거의 대부분 경찰에서 송치되는 사건(송치 사건)을 처리하는 경우의 실적과 공수처를 수평 비교할 일은 아니라고 생각한다.

Q. 형사법 연구자로서 공수처의 설립은 고위공직자와 관련된 구조적 부패범죄를 전문적으로 다루는 검찰기구를 신설한 것이고, 공수처법 제정 의의는 단일한 검찰체제에서 복수검찰체제로 전환한 것으로 보고 있다. 공수처의 정체성에 관한 김 처장의 의견은?

공수처는 고위공직자와 친인척의 부패범죄 척결이라는 시대적 과제 해결을 위해 탄생한 기관이므로 공수처의 정체성은 반부패 수사/공소 기관으로 본다. 공수처 검사는, 부패범죄의 수사뿐만 아니라 공소를 제기하고 유지하는 역할을 담당한다는 점에서 검찰청 검사와 그 본질에 있어서 같다고 본다. 그런 의미에서 공수처는 특별한 검찰청으로 볼 수 있을 것이다.

Q. 공수처가 청사도 없고, 조직도 정말 작은 사실을 잘 모르는 사람이 많다. 실제는 검사 23명, 수사관 40명으로 설계됐다. 어떻게 그렇게 됐나?

공수처법의 제정과정을 보면 2017년 5월 문재인 정부 취임 후 법무부장관 산하에 법무·검찰 개혁위원회(이하 '개혁위')가 설치되고 여러 개혁 과제를 검토하는 중에 공수처 제정이 우선 과제가 되어 2017년 9월 18일 개혁위의 공수처법안(이하 '개혁위안')이 발표됐다. 이에 대해 법무부에서는 검사들 중심으로 공수처법 TF가 구성되고 검토하고 2017년 10월 15일 법무부안을 내놓았다. 공수처 검사 23명의 근거는 법무부안에 대한 보도자료를 보면 있다. 처장, 차장 제외하고 부장검사 1명에, 검사 6명으로 된 총 7명의 수사팀이 3개 있는 것으로 구성되어 21명이다. 여기에다가 기획검사 1명, 공보검사 1명으로 합계 23명이 되는 것이다. 그런데 공수처는 수사만 하는 것이 아니라 기소도 하는 기관이다. 중요 사건 공소 유지에 최소 3~4명이 필요하다. 그런데 사건이 누적되면 한 10명은 공소 유지에 붙어 있어야 한다. 그러면 수사는 누가 하나? 공수처 검사가 23명으로 충분하지 않은 이유 중 하나다. 또 한 가지 중요한 점은, 공수처는 수사기관일 뿐만 아니라 독립된 중앙행정기관이기도 하다. 즉 공수처는 예산도 독자적으로 편성하고, 수사할 인원도 자체적으로 선발하며 총무, 기획, 감찰, 대변인실, 사건접수, 민원 응대, 국회에 대한 답변 등등 행정업무가 아주 많다. 그런데 행정직원의 정원이 공수처법에 20명으로 상한이 설정되어 있다. 국회에서 수시로 자료 제출이나 답변 요청도 하고 처장은 국회에서 부르면 부득이한 사정이 없는 한 국회에 출석해서 답변해야 하는데, 이런 기능을 수행하려면 여기도 검사나 수사관이 최소 3~4명은 필요하다. 공수처의 수사/기소 관련한 답변은 행정 직원이 할 수 있는 사항도 아니기 때문이다. 어느 기관이나 기획 기능이 중요한데 각종 규정을 만들고 국회에 대응하고 법 개정 등

관련 연구용역도 발주하고 제도 개선을 모색하는 등 검사 1명이
할 일은 아니다.

Q. 공수처가 아주 작은 규모로 출범한 것은 정치적 타협의 산물로 볼 수 있을 것 같다. 어느 정도로 인원을 늘려야 한다고 보나?

설립 당시 공수처가 무소불위의 권력기관이 될 것이라는 우려를 반영한 견제론이 부상하다 보니 규모가 당초 설계보다 작아진 것 아닌가 짐작하는데 앞으로 인원 증원은 국회에서 입법적으로 논의해서 결정하실 문제 같다. 공수처의 적정 인원 문제에 대해 공수처가 할 만한 사건에 대한 수요와 공급에 따라 봐야 한다는 견해도 상당히 설득력이 있다. 예컨대 국민들께서 공수처가 처리해 주었으면 하는 사건이 중요 사건 중심으로 1년에 몇 건인지, 그 정도 사건이면 검사 몇 명, 수사관 몇 명이 어느 정도의 수사기간(예컨대 6개월, 1년 등) 수사하는 것이 필요한지, 수사 후에 공소제기를 하게 되면 공소를 유지하는 데에 사실심 법원(1심, 2심)과 대법원까지 다해서 얼마나 걸리고, 어느 정도의 인원이 필요할지 등등을 다 고려해서 인원을 정하면 될 것이다. 인원 산정에 있어서의 고려 요소로 공수처가 독립된 중앙행정기관으로 모든 업무도 처리하고 있어서 수사나 공소 업무 외의 다른 업무를 처리하는 사람도 많다는 점도 고려해야 한다. 국회를 상대하면서 국회의 각종 질의 사항에 대한 답변 작성과 공수처장의 국회 출석·답변, 독자적인 예산의 편성, 법령

353

작업, 민원 처리 업무, 공보 업무, 감찰 업무 등도 하므로 기획 업무나 공보 업무 등을 하는 검사나 수사관도 상당수 필요하다. 앞서 말씀드린대로 당초 예상과 달리 공수처에 1년에 3,000건 가까이 고소·고발 사건이 접수되는 것도 고려하여 이런 사건들 처리를 위한 검사나 수사관 인원 증원도 검토해야 한다.

Q. 공수처가 부패범죄 수사/기소 기관이라 하지만 공공부문, 그 중에서도 장·차관 이상의 고위공직자와 판·검사에 한정해서 수사/기소하도록 제도를 설계한 것은 다른 나라에서 유사한 예를 찾기 어렵다. 왜 이렇게 되었다고 보나?

사실 뇌물죄 같은 부패범죄의 경우 대개 민간부문에서 공무원들에게 뇌물을 주는 사건인데 그렇다면 뇌물을 준 민간부문도 수사할 수 있어야 하고, 장·차관 이상의 최고위층 공직자만 상대로 뇌물 수사를 해서는 제대로 밝히기가 어려울 수 있다. 다른 나라의 유사한 기관의 예를 보더라도 공수처가 상당히 특이한 구조로 제도가 설계된 것은 맞다. 그러나 1996년부터 시작된 공수처 설립 운동의 맥락을 보면 이렇게 설계된 이유는 있는 것 같다. 우리나라에서는 '권력형 비리'라고 해서 고위공직자나 그 친인척의 부정부패 등이 문제가 되고 제대로 수사되거나 처벌되지 않았다는 문제의식이 늘 존재해 왔고, 그것이 공수처 설립으로 이어졌기 때문에 현재와 같은 공수처 제도로 만들어진 것 같다. 조선시대를 보면 공수처와 유사한 기관으로 의금부가 있었는데 국가에 대한 반역 사건 등 중요 사건을 의금부에서 처리했다고 한다.

Q. 공수처 제도 같은 수사대상자에 따른 기준이 아니라 다른 기준은 없나?

영국의 SFO 같은 경우에는 수사대상자가 아니라 수사대상 사건을 기준으로 하는데, 예를 들어서 100만 파운드 이상 피해 금액의 사기 사건 등을 기준으로 설정했다. 이 기준에 해당하면 수사대상이 민간인이든 고위공직자이든 상관없이 SFO가 수사한다는 말이다. 부패범죄 수사/기소라는 관점에서 볼 때, 수사 대상자 기준이 아니라 수사대상 범죄를 기준으로 한 이런 식의 기준 설정이 일리 있다고 생각한다. 수사대상자를 기준으로 고위공직자를 수사대상으로 하는 경우에도 대개 '고위공직자'라고 하면 고위공무원단(고공단)도 포함시켜 생각하는 것이 일반적이라는 점을 고려하여 중앙부처 국장급 이상의 고위공무원을 수사대상에 포함시켜야 한다는 학자들 견해가 있는데 참고할 만한다고 생각한다.

Q. 공수처법 제3조를 보면 공수처의 권한을 규정하면서 수사권과 기소권을 모두 가지는 경우와 수사권은 있으나 기소권은 없는 경우로 구분해 놓았다. 이 점에 대해 어떤 의견인가?

공수처법의 제정과정을 앞서 살펴봤는데, 2017년 9월 18일 발표된 법무·검찰 개혁위원회안이나 2017년 10월 15일 나온

법무부안이나 공히 공수처에 수사권과 기소권을 모두 주는 것으로 성안되었다. 그러나 2019년 이후 국회에서 법 제정과정에서 수사와 기소 분리라는 대원칙이 강조되면서 공수처의 경우도 이런 식으로 고위공직자 중에서 판·검사 등에 대해서만 공수처에 기소권을 주는 것으로 성안된 것으로 알고 있다. 그런데 공수처 출범 후에 일을 해보니 공수처에 기소권이 없는 사건의 경우 효율적으로 일이 진행되지 않고 다른 수사기관과 권한 다툼이나 갈등 요인만 되는 등 어려움이 많았다. 이 부분은 결국 입법적으로 해결해야 할 문제라고 생각한다.

Q. 현재 공수처법에 따르면 수사대상 범죄가 29개로 한정적이다. 증거인멸죄나 청탁금지법 위반, 이해충돌방지법 위반 등은 수사대상 범죄에서 빠져 있다. 이로 인한 애로점과 해법은?

공수처법상 수사대상 범죄는 말씀대로 관련 범죄를 빼고 29개 정도로 아주 제한적이다. 청탁금지법 위반이나 이해충돌방지법 위반은 수사대상 범죄가 아니다. 이해충돌방지법은, 공수처가 설립되기 전에는 없었던 법이라서 빠져 있는 것이지만 원래 공수처법 원안에 있던 증거인멸죄 등 많은 범죄가 빠져 있는데 공수처의 수사대상 범죄에 추가하는 것을 검토할 필요가 있다고 본다.

Q. '공수처 검사는 3년 임시직'이라는 말이 있을 정도로 신분보장이 취약하다는 평가가 있다. 이로 인한 조직 이탈 문제가 지적돼 왔다. 이 문제는 어떻게 해결해야 하나?

앞서 말씀드렸듯이 제가 초대 처장으로서 부덕하고 리더십도 부족하여 그런 것 아닌가 싶어 송구하게 생각한다. 그러나 이탈한 검사들을 이런저런 기회에 만나서 물어봤더니 공수처 검사의 임기가 3년으로 되어 있고 연임 여부도 불투명해 보이기 때문에 자신들은 임기 3년의 절반 정도 지나기 전에 벌써 신분 불안을 느꼈다는 말을 많이 들었다. 인원도 적은 데다가 민감하고 중대한 사건을 맡아서 수사해야 하는 검사 입장에서 신분 불안을 느끼는 것은 사실이다. 신분보장이 필요하다.

Q. 수사할 범죄 자체가 다양해지고 있어서 이에 대응하여 검사나 수사관의 자격을 다양화할 필요도 있을 것 같다. 예컨대 강효백 교수가 쓴 『공수처』 책을 보면, 공수처를 다른 나라의 유사한 기관과 비교하면서, 공수처가 검사나 수사관 자격 등을 너무 폐쇄적으로 만들어서 검찰청 같은 기존 수사기관과 동일하게 만들어 버렸다는 취지의 지적을 한다. 이에 대한 생각은?

지금 공수처법이나 관련 규정에 몇 년 이상의 어떠어떠한 경력의 자격요건이 있다. 형사법 교수님들 의견을 들어보면 공수처가 검찰청 모델을 취하여 자격요건도 검찰청과 유사하게 만든 것이라 한다. 이런 자격요건을 좀 더 개방적으로 운영하자는 것인데 검토해 볼 필요가 있다고 생각한다. 특히 수사관의 자격에 있어서 회계전문가, 금융전문가, 포렌식 전문가 등의 전문가로 자격요건을 넓히는 방안도 검토할 필요가 있는 것 같다. 강효백 교수는 이렇게 자격을 확대하고 외국의 유사 기관들의 규모와 비교할 때 공수처의 인원을 650명 정도로 늘리자고 주장하는 것으로 알고 있다.

Q. 지금 공수처는 검사와 수사관 배치가 검찰청과 같은 모델로 보인다. 이러한 근무형태로 한 이유는 무엇인가?

2021년 1월 공수처장으로 부임하고 사무실 배치를 보니 수사관실이라고 해서 10명 정도의 수사관이 한 방에 모여 있는 구조였고, 검사실에는 책상 하나에 소파가 놓여져 있어 검사 1인이 근무하는 방식의 배치였다. 팀제(프로젝트) 방식으로 수사를 진행하는 배치였던 것 같다. 그러나 이에 대해서는 수사의 보안 유지가 안 되고 검사와 수사관 간에 소속감, 유대감이 많이 떨어져서 곤란하다는 수사 전문가들의 강력한 조언이 있어서 4월 16일 검사들이 오기 전에 배치를 바꿨다. 검찰청사와 비슷하게 검사와 수사관이 한방을 쓰는 것으로 사무실 배치를 바꾼 것이다.

Q. 공수처가 팀제(프로젝트) 수사를 하는 방식으로 갔으면 어땠을 것 같나?

사실 2021년 2월 관훈토론에서의 공수처장의 문답 내용을 보면 질문하는 언론인도 그렇고 답변하는 처장도 팀제 수사를 염두에 두고 문답을 한 것임을 알 수 있다. 팀제는 로펌이 프로젝트별로 사건을 진행하는 것처럼 수사하는 사건별로, 프로젝트별로 일하는 방식이다. 반면 검찰청 방식은 검사 1인에 수사관 1~2명 이렇게 한 방에 배치하여 수사를 진행하는 것인데 서로 간에 소속감, 유대감도 강하고 조직도 상당히 안정적이기는 한데 검사실 하나에서 할 수 없는 대형 사건의 처리에 있어서 효율성은 다소 떨어질 수도 있다. 그러나 조직을 유연하게 하고 사건에 따라 융통성 있게 이합집산하면서 일하는 팀제 수사가 우리나라 수사환경에서 과연 현실성이 있는지 의문이 제기되기도 한다. 공수처가 앞으로도 계속 지금처럼 적은 인원으로 수사할 수밖에 없다면 수사하는 사건별로 팀을 짜서 수사하는 방식도 장기적으로는 고려해 봄 직하다. 그게 아니라면 인원을 많이 늘려야 한다고 생각한다.

Q. 공수처에 파견된 경찰 수사관 등을 수사에 참여시키는 것이 위법하는 주장도 제기된 적이 있다. 파견된 경찰 수사관 등의 수사 참여 자격에 대한 의견은?

공수처법 제44조에 파견조항이 있다. 공수처의 업무처리를 위해서 다른 국가기관으로부터 파견받을 수 있다는 조항이다. 그래서 국가기관인 경찰, 해경 등으로부터 상당수 파견을 받았고 처음에 40명 정도가 왔다. 그런데 인원을 파견받아서 수사하는 것이 위법하다는 주장이 제기됐다. 공수처법 제44조가 행정업무 처리를 위한 파견 규정이라는 주장인데 이 주장은 법원에서 기각되었다. 만일 공수처법 제44조가 행정업무 처리를 위한 파견 규정이라고 한다면 이 규정이 없더라도 국가공무원법에 공무원 파견에 관한 일반 조항이 있으므로 그것을 적용하면 되는데 공수처법에 왜 별도로 파견 규정을 두었겠는가. 앞으로의 논란을 피하기 위해서라도 입법을 통한 해결을 검토할 필요가 있다.

Q. 공수처가 아주 소규모의 조직으로 설계된 것은 공수처법 제24조를 보더라도 검·경과 협력이 잘 이뤄진다는 전제하에 그렇게 된 것으로 보인다. 그런데 설립 초기 2021년 3월 검찰과 경찰 간부가 참석하는 3자 간 공식 회의가 한 번 있었으나 그 뒤에는 회의 개최도 없는 것 같은데 그 원인은 무엇인가?

말씀대로 공수처장의 요청에 따라 다른 수사기관이 공수처에 사건을 이첩하도록 하고, 공수처장의 재량에 따라 공수처 사건을 다른 수사기관에 얼마든지 이첩할 수 있도록 한 공수처법 제24조는 검·경과 같은 기존 수사기관과 협조가 잘 된다는 전제하에 만들어진 것이다. 그러나 제도의 설계와 실제 상황은 얼마든지 다를 수 있으므로 상호 협력의 유인과 협력의 시스템이 구축되어야 할 것으로 본다. 2021년 3월은 공수처의 「사건사무규칙」 제정 전이었고 공수처 차장과 검·경에서 온 간부들이 만

공수처, 아무도 가지 않은 길

나기는 했는데 서로 간에 의견이 너무 다르고 서로 평행선만 달려서 논의가 잘 안 됐고 결렬되고 말았다. 그 뒤에는 사실 별 진전이 없었다.

Q. 그렇다면 공수처와 다른 수사기관(검찰 등)과의 상호 협력은 난망한 것인가?

공수처뿐만 아니라 다른 수사기관도 상호 협력의 필요를 느낄 것이므로 장래에 어떤 식으로든 상호 협의와 협력은 이루어질 것으로 본다. 상시적인 협의기구가 있으면 상호 협력에 큰 도움이 될 것이다. 수사기관들 간에 중복수사의 문제나 권한 다툼의 문제 등이 언제든 제기될 수 있으므로 기관들 간에 협력하고 조정할 채널과 절차 등은 꼭 필요하다고 본다.

Q. 그런 방안의 하나로 공수처를 포함한 수사기관들 사이에 상설적인 수사협의체가 제안되고 있다. 공수처와 다른 수사기관 사이의 이견을 조정할 수 있는 공통된 상급 기관이 없는 것이 현실이다. 국무총리실에 이런 역할을 부여하거나 아니면 고위공직자의 부패범죄 사건에 대해서는 공수처장에게 '소집관'으로서 이견 조정권한을 주는 방안도 있을 것 같다. 김처장의 의견은?

형사법학계에서 주장하고 있는 이런 방안도 검토해 볼 만하다고 생각한다. 공수처법의 원안에는 있다가 실제 공수처법에 반영되지는 않은, 수사기관들 간에 협의/협력해야 한다는 원칙적인 조항만이라도 공수처법에 규정되어 있으면 적지 않은 도움이 될 것 같다.

Q. 많은 사람들이 공수처가 상설 특검과 같다거나 상설 특검을 대신하는 기구로 이해한다. 이런 인식은 공수처의 정체성 인식에도 영향을 줄 것 같다. 공수처와 상설 특검은 어떻게 다르다고 생각하나?

특검과 공수처는 맥락이 다르긴 하다. 특검은 원래 어떤 개별 사건이 터졌을 때 발동되는 제도인데, 예컨대 미국에서 클린턴 대통령이 부동산 비리에 연루되었다거나 백악관 인턴 관련 스캔들이 있다고 해서 특검을 실시한 일이 있는 것으로 알고 있다. 개별 사건에 대한 특검인데 공수처는 개별 사건의 수사/기소를 위한 것이 아니라 고위공직자범죄 등을 수사/기소하는 상설적인 조직이다. 양자가 서로 다르긴 하지만 많은 분들이 공수처를 특검을 상설화한 조직으로 보고 있다. 대한변호사협회도 전에 공수처는 특검이 상설화된 것으로 성격 규정한 적이 있는 것으로 알고 있다.

Q. 공수처를 검찰과 경찰의 인력이 함께 수사하는 상설 특검의 형태로 운영해야 된다는 주장에 대해서는 어떻게 생각하나?

상설 특검이라는 새로운 조직을 만들지 않더라도 수사기관들이 모여서 합동수사본부식으로 수사할 수는 있을 것이다. 잘 운영이 되면 좋을 것이라고 생각하는데, 문제는 아마 어느 기관

공수처, 아무도 가지 않은 길

이 수사의 주도권을 가지는지가 될 것이다. 누가 이 수사를 주도적으로 지휘하고 끌고 나가느냐는 문제인데, 이 부분이 해결되면 수사기관들이 협업하여 함께 수사하는 것이 좋은 방안이 될 수 있을 것으로 생각한다.

Q. 앞으로 공수처법 개정에 있어서 주안점을 둬야 할 포인트는?

앞에서 인원 증원이나 신분보장 문제, 수사권/기소권의 조정 문제 등을 말씀드렸는데, 요컨대 공수처의 설립 목적에 비추어 목적 달성을 위한 수단이나 자원 등이 충분히 제공되고 있는지의 관점에서 보아야 한다고 생각한다. 첫 번째로 공수처에서 일할 충분한 인원이 확보되고 여유 인원도 두어야 한다고 생각한다. 공수처에서 할 일은 태산 같은데 일할 사람이 참 적기 때문에, 결국은 월화수목금금금 하거나 오버타임 할 수밖에 없는 경우가 많았다. 이렇게 해서는 지속가능성sustainability이 없다. 재임 중에 토요일이나 일요일, 공휴일에 청사에 나와서 종일 있다 보면 일하러 나온 검사나 수사관이 꼭 있어서 격려를 하곤 했다. 그러나 이렇게 휴일에도 일하는 것은 예외적인 현상이 되어야 한다. 결국 인원을 늘리는 수밖에 없다. 사실 공수처에서 그동안 아파도 병가도 못 쓴다, 휴가도 제대로 못 간다는 문제가 있었다. 병원 치료를 위해 병가 쓰는 것도 눈치 보는 상황이 됐다. 특히 공수처법에 행정인력을 20명으로 제한한 것은 여기서 근무해 본 사람뿐만 아니라 사정을 아는 분들이 이구동성으로 일하기 불가능한 구조라고 말씀한다. 반드시 증원이 되어야 한다. 두 번째는 권한이다. 일부 고위공직자에 대서는 수사권만 주고 기소권은 안 줬는데, 수사를 효과적으로 하기 어렵다. 특별 수사를 하는 공수처의 경우에는 예외적으로 수사권과 기소권을 일치시키는 방향이 맞다고 본다. 아울러 다른 수사기관과의 관계에 있어서, 공수처가 수사했으면 공수처가 공소 유지하고 책임을 지는 것이 다른 수사기관에도 부담을 주지 않는 것이고, 수사/기소의 구분 때문에 지금 생기고 있는 문제나 분쟁도 예방할 수 있게 된다. 세 번째는 공수처의 불기소 권한에 대해 다른 수사기관과 해석상 다툼이 생겼는데 이 부분 정리도 필요하다. 또 공수처의 구속기간이 며칠인지 규정이 없는데 이런 법적 미비점도 보완해야 한다.

Q. 공수처 사무실이 법무부가 있는 정부과천청사에 소재하여 독립성을 우려하는 목소리가 많다. 독립청사의 필요성에 대해서는?

당연히 독립청사가 필요하다. 공수처는 법무부나 다른 정부 기관으로부터의 독립성이 아주 중요한 조직이기 때문이다. 현재 공수처와 법무부 간 거리가 불과 몇백 미터다. 독립청사가 없는 수사기관은 공수처가 유일한 것으로 알고 있다. 민감하고 중요한 사건들이 많은 공수처인데 피의자나 참고인 등 사건관계인을 소환하고 조사함에 있어 현 과천청사의 경우, 청사 안내동에서 출입증을 받아서 출입해야 하는 문제로 출입자의 신원

노출이 불가피하다. 그러다 보니 소환해도 잘 안 나오려는 경향도 있다. 이 때문에 공수처에서 관용 차량을 보내면 탑승해서 오겠다는 분들도 꽤 있는데 응하고 있는 실정이다.

Q. 취임 전 "수사 경험이 부족하다, 학자 같다, 형사사법기관 수장으로서의 리더십을 발휘할 수 있을까"라는 등 우려의 목소리가 있었다. 한편으로는 "살아 있는 권력 수사 못할 바에야 우리는 없는 게 낫다."라는 취지로 공·사석에서 여러 차례 강조한 적도 있고, 조용한 수사, 성찰적 권한 행사나 수평적 조직문화 같은, 남들이 하지 않는 시도를 하려고 했다는 평가도 있다. 어떻게 생각하나?

초대 공수처장의 3년 임기를 마친 지금 시점에서 성찰해 보면, 취임 후 초기 몇 달 동안은 경험 부족으로 나이브하게 일 처리한 경우도 있었던 것 같다. 제가 법조인으로 살면서 성공한 경우도 실패한 경우도 있지만, 그럼에도 불구하고 새로운 일을 시도해 보려는 노력은 꽤 해온 것 같다. 그러나 25년간의 논의와 논란을 거쳐서 국민이 새로운 길로 공수처 설립을 선택하신 것이라면, 공수처 제도는 대한민국의 미래를 위해 반드시 정착시켜야 한다고 생각한다.

Q. 공수처의 지휘부를 구성하는 처장과 차장이 수사기관 출신이 아니라 판사 출신이었다. 또한 수사 실무진 중에도 특수 수사 경험이 있는 인력이 부족하여 수사력이 떨어진다는 비판이 있었다. 이에 대해서는 어떻게 생

각하나?

수사도 경험이나 전문성을 요하는 영역인 것은 맞다. 이런 점에서 지휘부를 구성하는 처장, 차장 중에 한 사람은 수사 유경험자면 좋겠다고 생각한다. 그러나 공수처 지휘부, 특히 처장에 있어서는, 법조인으로서의 균형 감각과 법률가로서의 판단 능력, 성역 없이 공정하게 수사하겠다는 의지가 수사 경험보다 훨씬 중요할 수 있다고 생각한다.

Q. 공수처 검사들에게 요구되는 역량이나 자질은?

공수처 부장검사와 같은 간부의 경우, 수사 보직이 아닌 기획이나 공소 보직인 경우에는 기획 경험이나 재판 경험이 있는 분이면 되지만 수사부장 같은 경우에는 구체적인 사건의 수사를 지휘할 뿐만 아니라 휘하의 검사들을 지도하는 역할도 하므로 수사 경험 있는 사람이 필요하다고 본다. 공수처에서 수사하는 사건은 특수 수사 사건 성격을 지닌 사건도 있지만 공안 수사 성격을 지닌 사건도 많아서 공안 사건 처리 경험이 많은 사람도 필요하다고 본다. 부장검사와 달리 (평)검사의 경우 수사 경험이 없어도 무방하다고 생각한다. 대신 잘 훈련된 법률가여야 한다. 처음에는 공수처 검사의 변호사 자격요건이 10년 이상이었다가 2021년 12월 10일 공수처법 개정안에서 7년으로 낮췄다. 지원자가 없을까 봐 그런 것 같다. 어쨌든 7년이든 10년이든 법률가로서 훈련이 잘되고 충분한 소양을 갖추면 수사는 공수처에 와서 배우면 된다고 생각한다. 공수처 검사의 경우는 지금 말씀드린 역량이나 능력의 문제보다 자세나 태도가 훨씬 중요하다고 생각한다. 능력이나 역량은 훈련받고 교육받으면 향상될 수 있지만 자세는 잘 안 바뀌기 때문이다.

Q. 어렵고 민감한 사건을 수사해야 할 공수처 검사가 수사 경험이 없어도 된다는 말인지?

공수처에는 수사부서가 다수를 이루지만 기획이나 공소 부서도 꼭 필요하고 여기서 일할 유능한 검사가 필요하다. 수사부서 검사의 경우에도 수사 경험은 여기 와서 배우면 된다고 생각한다. 최소한 1~2년 이상 꾸준히 배워야 할 일인데 경험 있는 부장검사의 지도 하에 수사하면서 훈련받으면 된다고 본다. 그러자면 학습 능력은 있어야 하는데 잘 훈련된 법률가라면 이런 학습 능력이 있다고 생각한다. 공수처가 검찰 견제 기관으로 인식되어 있어서 평검사의 경우 수사기관 출신이 잘 안 오는 면이 있는 것 같다. 그렇다면 이런 현실을 인정하고 수사 경험은 없지만 훈련이 잘된 법률가를 뽑아서 수사를 같이 해 가면서 능력을 배양하는 구조로 가야 하고, 훈련된 검사들을 부부장이나 부장으로 승진시켜서 조직을 운영할 수밖에 없지 않나 생각한다. 소위 말하는 스펙이 화려하지 않더라도 책임감 있게, 우직하게 성실하게 일하는 사람이 장기적으로 조직에 기여함을 공수처에서 경험했다.

Q. 그들에게 기대하는 자세는?

책임감, 성실성, 사명감이다. 책임감이 가장 중요하고 다음으로 성실성, 마지막으로 사명감이다. 그리고 팀으로 일할 수 있는 능력이다. 제 경험상 공수처에서 검사 선발 면접을 참 많이 하게 되었는데 면접에서 "제가 수사 관련 경험은 없지만 사명감과 열정으로 일하겠다."는 분들이 참 많았다. 그런데 공수처에는 중요 사건들이 많고 민감하고 어려운 사건들인데다가 반면에 수사 여건은 좋지 않기 때문에 열정은 계속해서 갖기가 어렵고, 처음에 품었던 사명감도 오래 가지 않을 수 있다. 그래서 책임감, 성실성이 중요하다는 말씀이다. 책임감 있고 거기다가 성실한 사람은, 기본적으로 자기가 하기 싫은 것을 맡겨도 끝까지 해내는 성품을 가지고 대개 포기하지 않고 끝까지 한다. 일을 하다가 중도에 그만두지도 않는다. 마지막으로 사명감인데 사명감은 '정의의식'이라고 생각한다. 정의의식은, 어떤 것이 옳다, 그르다는 생각이나 원칙, 불의를 참지 못하는 정의감으로 본다. 이런 생각에 따라서 내가 좀 불이익을 받아도, 이건 옳은 일이니까 내가 힘들어도 끝까지 하겠다는 생각이나 마음가짐인 것이다. 따라서 사명감 역시 그냥 사명감이 아니라 불의를 참지 못하는 정의감을 기반으로 한 사명감이어야 한다. 공수처 검사에 필요한 강단과 기개는, 이런 정의의식에 따라서 옳고 그름에 대해 나름대로 세운 원칙을 잘 지키는 것이라고 생각한다. 다음으로 다른 사람들하고 한 팀을 이루어서 일을 잘할 수 있는 팀워크 능력이 있는지가 중요하다고 생각한다. 검사 혼자, 검사실 하나에서 중요 사건을 처리하는 경우는 없고 대개 팀으로 일하게 되기 때문에 팀워크가 정말 중요하다.

Q. 공수처는 지방에 지부가 있는 것도 아니고 일단 검사나 수사관으로 임용이 되면 공수처장의 인사권도 보직을 주거나 바꾸는 것 정도인데 보직이 맞지 않는다고 바꿔달라고 하는 경우도 있었나? 검사나 수사관 인사나 보직 부여 등에 어려움은 없었는지?

말씀대로 공수처장의 인사권은 보직 부여나 재배치, 검사의 경우 부부장 승진이나 부장검사(인사위원회의 심의·의결을 거쳐) 승진 등에 불과하여 인사권이 매우 제한적이다. 그렇지만 이런저런 사유로 보직을 바꿔달라고 희망하면 가능한 바꿔주려고 했다. 그러나 진행 중인 수사나 공소 유지, 조직의 안정성 등 때문에 다 받아줄 수는 없었다. 보직 문제 때문에 사직한 경우도 있는 것 같아 참 안타깝다. 검사는 물론이고 수사관의 경우도 대개 수사 부서에 있으려고 하고 기획이나 공소 유지 부서 등에는 안 가려고 하는 경향이 있어서 인사에 어려움이 많았다. 그러나 영속적인 조직으로서 공수처에 기획이나 공소 부서 역시 꼭 필요한 부서이므로 2022년 10월 인사부터는 순환 근무를 인사 원칙으로 세우고 인사 전에 간부들에게도 검사 임기가 3년으로 되어 있으니 부장검사의 경우 짧으면 1년에서 길면 1년 6개월 정도 한 보직(예컨대 수사부장)에 있으면 다음 인사 때는 비수사 부서로 이동하는 것을 원칙으로 한다고 공포하고 시행했다. 공수처로서 아주 중요한 사건의 수사를 계속하고 있다는 등의 예외가 없는 한 이런 순환 근무의 인사 원칙을 지키는 것이 중요하다고 보았는데 보직 문제 때문에 불만이 생기거나 섭섭한 경우도 분명히 있었을 것이다.

Q. 공수처가 자리 잡는 데 어느 정도의 기간이 필요하다고 보나?

새로운 기관이 생겨서 자리 잡는 데에는 최소한 10년 정도는 걸린다고 본다. 그러나 성과에 대한 압박이 있고 성과가 목마르다고 해서 졸속으로 수사하고 무리하게 기소하는 기관이 되어서는 안 된다고 생각한다. "언론에서는 공수처가 공功이 없다고 보는 것 같은데 그럴 리가 있겠느냐"고 말한 적이 있는데 공은 없고 과만 있는 조직, 공만 있고 과는 없는 조직이 있을 수 있냐는 취지였다. 어느 조직이나 공과가 있는 것이 정상이지 않나?

Q. 공수처 같은 수사기관에 대한 국민적 감시·통제는 어떻게 해야 하나?

초대 공수처장에 대한 인사청문회를 할 때부터 이런 문제 제기를 하는 분들이 있었다. 공수처 사건에 대해 제한적으로 배심제도를 도입하자는 주장들을 하는 형사법 학자들도 꽤 있는 것으로 알고 있다. 국민적 감시나 통제의 의미도 있고 공수처 수사에 대해 힘을 실어주자는 의미도 있다. 공수처는 규모도 작고 사회적으로 이목이 집중된 사건들을 다루니까 제한적으로 배심제를 실시하자는 것이다. 제 생각에도 공수처 사건 중에서 공수처법 제3조 제1항 제1호 사건, 즉 공수처가 수사권만 있고 기소권은 없는 사건의 경우, 공수처가 수사를 마친 다음 제한적으로 국민 배심에 회부하여 기소/불기소에 대한 의견을 묻는 방안을 강구해 봄 직하다고 생각한다.

Q. 그렇게 생각한 이유나 근거는?

헌법 제1조에 따르면, 대한민국은 민주공화국이고, 대한민국의 주권은 국민에게 있고 모든 권력은 국민에게서 나온다. 헌법 제1조에 따라 공수처가 국민께 받은 권력을 국민께 되돌려 드린다는 차원에서, 공수처 사건 중 기소권 없는 사건에 한정하여 국민 배심원단에 회부하여 판단 받는 제도를 생각해 볼 수 있을 것 같다. 제가 초안 마련하여 형사법 학자들 의견도 청취한 안이 있다.

Q. 서울지방법원, 김앤장, 헌법재판소, 공수처 등 법률가라면 가보고 싶은 재판기관이나 수사기관, 그리고 대형 로펌 변호사를 거쳤다. 젊은 법률가들에게 해주고 싶은 말이 있다면?

이제 법과 더불어 사는 시대가 되고 법조인에 대한 접근 가능성이 개선되고 있다. 이런 환경에서 살아가는 법조인들의 경우, 인공지능 AI의 시대에서 살아남기 위해서는 법적인 사고, 즉 리걸마인드Legal Mind를 잘 키워야 한다고 본다. 리걸마인드가 있는 사람은 법과 규정, 판례의 결론만 외우는 게 아니라 법적 추론 과정에서 문제점이 뭔지 파악하고 합리적인 해법(솔루션)이나 대안을 제시할 수 있을 것이다. 이런 비판 능력, 창의력, 문제 해결 능력은 인공지능이 할 수 없는 일이다.

Q. 3년 임기를 마무리하고 이 책을 출간한다. 이 책의 출간 의의, 그리고 이 책을 꼭 읽었으면 하는 독자가 있다면?

우리는 좋든 싫든 법과 더불어 사는 시대를 살고 있는데 그렇다면 법의 기본적인 내용은 알아야 한다. 이런 차원에서 법에 관심을 가지고 법에 대해 알고자 하는 사람들이 법과 관련하여 한 번쯤은 생각하고 고민할 만한 중요한 쟁점들을 폭넓게 체계적으로 다루는 책을 쓰고자 했다. 법을 전공하고자 하는 사람들뿐만 아니라 고등학생 이상이면 누구나 쉽게 읽으면서 유익한 내용을 많이 얻어갈 수 있는 책이 되었으면 한다. 우리는 또한 대한민국 국민으로서 민주공화국 대한민국의 주권자이므로 헌법과 법의 지배의 기본적인 내용을 알아야 주권자의 권한도 올바르게 행사할 수 있다. 이 책은 이런 측면에서 헌법과 법의 지배에 관한 기본적인 내용도 다루었다. 그리고 초대 공수처장으로 임기를 마친 필자가 아는 공수처 관련 내용도 중간중간에 언급했다. 책을 쓰면서 동양과 서양, 그리고 옛날과 오늘날 법을 둘러싼 문제들을 바라보는 다양한 시각을 제공한다는 차원에서 필자의 역량이 허락하는 대로 고전을 최

대한 많이 인용하면서 소개하려고 노력했다. 법에 대해 알고자
하는 분들이 제일 먼저 집어 드는 책이 되길 바란다.

참고문헌

도서

『갈리아원정기』 율리우스 카이사르 저, 천병희 역, 숲

『감시와 처벌 : 감옥의 탄생』 미셸 푸코 저, 오생근 역, 나남

『공리주의』 존 스튜어트 밀 저, 류지한 역, 울력

『공수처』 강효백 저, 메이킹북스

『공정사회를 향하여』 신평 저, 수류화개

『공정하다는 착각』 마이클 샌델 저, 함규진 역, 와이즈베리

『국부론』 애덤 스미스 저, 김수행 역, 비봉출판사

『권리를 위한 투쟁』 루돌프 폰 예링 저, 윤철홍 역, 책세상

『금오헌록 역주』 박명양·이의현 공편, 김영석 역주, 서울대학교출판문화원

『기독교 강요』 존 칼빈 저, 원광연 역, 크리스천다이제스트

『니코마코스 윤리학』 아리스토텔레스 저, 박문재 역, 현대지성

『대명률직해』 김지·고사경 저, 조지만 역, 아카넷

『대한민국헌법사』 성낙인 저, 법문사

공수처, 아무도 가지 않은 길

『**독립정신**』 이승만 저, 동서문화사

『**디케의 눈물**』 조국 저, 다산북스

『**리바이어던**』 토마스 홉스 저, 진석용 역, 나남

『**미국의 민주주의**』 알렉시스 드 토크빌 저, 임효선·박지동 역, 한길사

『**민법총칙**』 곽윤직 저, 박영사

『**법률**』 플라톤 저, 박종현 역, 서광사

『**법률론**』 마르쿠스 툴리우스 키케로 저, 성염 역, 한길사

『**법 앞에서**』 프란츠 카프카 저, 전영애 역, 민음사

『**법원과 검찰의 탄생**』 문준영 저, 역사비평사

『**법의 지배**』 톰 빙험 저, 김기창 역, 이음

『**법철학**』 구스타프 라드브루흐 저, 윤재왕 역, 박영사

『**불멸의 신성가족**』 김두식 저, 창비

『**사회계약론**』 장 자크 루소 저, 이재형 역, 문예출판사

『**사피엔스**』 유발 하라리 저, 조현욱 역, 김영사

『**생각의 지도**』 리처드 니스벳 저, 최인철 역, 김영사

『**서유견문**』 유길준 저, 허경진 역, 서해문집

『**선택할 자유**』 밀턴 프리드먼·로즈 프리드먼 저, 민병균·서재명·한홍순 역,
　　자유기업원

『**세상을 바꾼 법정**』 마이클 리프·미첼 콜드웰 저, 금태섭 역, 궁리

『**소크라테스의 변론**』 플라톤 저, 천병희 역, 숲

『**실천이성비판**』 임마누엘 칸트 저, 백종현 역, 아카넷

『**역사**』 헤로도토스 저, 천병희 역, 숲

『**오딧세이아**』 호메로스 저, 천병희 역, 숲

『**왕도와 패도**』 심재우 저, 박영사

『**우남 이승만 연구**』 정병준 저, 역사비평사

『**이사야 벌린의 자유론**』 이사야 벌린 저, 박동천 역, 아카넷

『**인권**』 토머스 페인 저, 박홍규 역, 필맥

『**인간 불평등 기원론**』 장 자크 루소 저, 이충훈 역, 도서출판비

『일리아스』호메로스 저, 천병희 역, 숲

『자유론』존 스튜어트 밀 저, 서병훈 역, 책세상

『정의란 무엇인가』마이클 샌델 저, 이창신 역, 김영사

『정의론』존 롤스 저, 황경식 역, 이학사

『정의를 위하여』강남순 저, 동녘

『정치학』아리스토텔레스 저, 김재홍 역, 그린비

『총 균 쇠』재레드 다이아몬드 저, 강주헌 역, 김영사

『크리톤』플라톤 저, 천병희 역, 숲

『타키투스의 연대기』타키투스 저, 박광순 역, 범우

『토머스 페인 상식』토머스 페인 저, 남경태 역, 효형출판

『통치론』존 로크 저, 강정인·문지영 역, 까치

『펠로폰네소스 전쟁사』투퀴디데스 저, 천병희 역, 숲

『플라톤의 국가』플라톤 저, 박종현 역, 서광사

『하이켈하임 로마사』프리츠 하이켈하임 저, 김덕수 역, 현대지성

『한국 검찰과 검찰청법』이준보·이완규 저, 박영사

『한국법제사』박병호 저, 민속원

『한국의 평등주의, 그 마음의 습관』송호근 저, 삼성경제연구소

『헌법기초회고록』유진오 저, 일조각

『헌법학 입문』알버트 다이시 저, 안경환 역, 경세원

『후불제 민주주의』유시민 저, 돌베개

『흠흠신서』정약용 저, 박석무·이강욱 역, 한국인문고전연구소

공수처, 아무도 가지 않은 길

학술지

「고위공직자범죄수사처에 관한 연구」 박준희 외 5인, 한국형사정책연구원, 2019

「고위공직자범죄수사처 조직역량강화 방안 마련 정책연구」 박병식 외, 한국정책능력진흥원, 2022

「공정성 원칙으로서 능력주의와 불평등 인식」 우명숙남은영, 고려대학교 아세아문제연구원, 2021

「조선시대의 권력분립과 법치주의」 정긍식, 서울대법학 제42권 제4호

「한국사회의 불평등과 공정성 의식의 변화」 석현호차종천 등, 성균관대학교출판부(한국사회과학연구협의회)

「헌법상 평등의 이념과 심사기준」 김진욱, 저스티스 제134, 135권

공수처, 아무도 가지 않은 길

1판 1쇄 인쇄 2024년 8월 26일
1판 1쇄 발행 2024년 9월 2일

지은이 김진욱

발행인 양원석
펴낸 곳 ㈜알에이치코리아
주소 서울시 금천구 가산디지털2로 53, 20층 (가산동, 한라시그마밸리)
편집문의 02-6443-8842 　 **도서문의** 02-6443-8800
홈페이지 http://rhk.co.kr
등록 2004년 1월 15일 제2-3726호

ISBN 978-89-255-7462-2　03300